L'ANCIENNE
CHANSON POPULAIRE
EN FRANCE
(16ᵉ et 17ᵉ siècle)

AVEC PRÉFACE ET NOTICES

PAR

J. B. WECKERLIN

BIBLIOTHÉCAIRE DU CONSERVATOIRE DE MUSIQUE

---

30 ANCIENS AIRS NOTÉS ET CHROMOTYPOGRAPHIES

PARIS

GARNIER FRÈRES, LIBRAIRES-ÉDITEURS
6, RUE DES SAINTS-PÈRES

L'ANCIENNE
CHANSON POPULAIRE
EN FRANCE

L'ANCIENNE
CHANSON POPULAIRE
EN FRANCE
(16ᵉ et 17ᵉ siècle)

AVEC PRÉFACE ET NOTICES

PAR

J. B. WECKERLIN

BIBLIOTHÉCAIRE DU CONSERVATOIRE DE MUSIQUE

---

30 ANCIENS AIRS NOTÉS ET CHROMOTYPOGRAPHIES

PARIS

GARNIER FRÈRES, LIBRAIRES-ÉDITEURS

6, RUE DES SAINTS-PÈRES

—

1887

PRÉFACE

On a songé un peu tard, en France, à recueillir nos chansons populaires; cependant un beau zèle, qui paraît durable, s'est emparé de nos bibliophiles depuis quelques années, et nous a déjà valu un certain nombre de recueils et de dissertations sur les chansons populaires de diverses provinces de la France; nous avons ajouté par-ci par-là un caillou à ce monument futur, qui ne sera jamais terminé, heureusement pour les bibliophiles de l'avenir, car il reste encore bien des choses à glaner et bien des provinces à représenter dans ces intéressantes monographies, où dominent jusqu'ici la Bretagne et les départements avoisinants; ajoutons-y quelques provinces du Midi.

L'idée de rassembler et de publier les *anciennes* chansons populaires de la France n'est pas nouvelle, M. Gaston Paris l'a même mise à exécution en partie, selon un point de vue qui lui est personnel. Dans son projet domine la publication d'après les anciens manuscrits, et en cela nous nous éloignons complètement l'un de l'autre.

L'examen d'un certain nombre de manuscrits conservés dans nos grandes bibliothèques nous a convaincu que ce n'est pas là qu'il faut aller chercher la chanson populaire, et cela par la simple raison que les princes et les grands seigneurs dédaignaient trop l'humble chanson du peuple pour se la faire transcrire par leurs calligraphes. Il fallait à ces personnages des *poésies,* des chansons de trouvères, de troubadours ou de leurs imitateurs, de leurs successeurs, des poètes enfin. Les airs aussi leur paraissaient communs, sans doute, car ce ne sont pas des airs populaires.

Qu'on examine, par exemple, le splendide manuscrit de Bayeux[1], ayant appartenu au connétable de Bourbon, et en exceptant : *Beuvons ma commère, Ne l'oseray-je dire*, et deux ou trois autres, on ne trouvera que des chansons de poètes, à commencer par celles de

---

1. Bibliothèque nationale, supplément français, 5594.

Basselin, si elles sont de Basselin[1]. Qui croira que le peuple a jamais chanté :

Ce moys de may, par un doux asserant,
J'ouy chanter une josne pucelle ;
Par une sente je m'en vins au devant,
En lui disant : Dieu vous gard', damoiselle.

Ou bien les vers suivants, sur le même sujet :

Vecy la doulce nuyt de may,
Que l'on se doibt aller jouer,
Et point ne se doibt-on coucher :
La nuyt bien courte trouveray.

Devers ma dame m'en yray,
Si sera pour la saluer,
Et par congié luy demander
Si je luy porteray le may.

(G. Paris, d'après le man. Suppl. fr., n° 169.)

Jamais, au grand jamais le peuple n'a inventé ni chanté de ces choses-là, il n'y aurait rien compris. On trouverait de ces pièces dans Clément Marot, qu'on n'en serait pas surpris.

---

1. A ce sujet, on pourra lire les *Vaux de Vire* de Jean Lehoux. publiés par A. Gasté, 1875.

Au XVᵉ siècle pas plus qu'au XVIᵉ, le peuple français n'était pas aussi poète que cela.

Veut-on comparer une chanson de 1530 vraiment émanée du peuple ? Voici :

> *Nous estions trois compaignons,*
> *Qui alions delà les monts,*
> *Nous voulions faire grant chère,*
>   *Sen devant derrière,*
> *Et sy n'avions pas un solz,*
>   *Sen dessus dessoubz.*

Quant aux airs de ces chansons dans les manuscrits, avec leur tournure contrepointée et leurs vocalises, ils n'ont jamais pu être chantés par le peuple, qui ne vocalise pas.

Ce manuscrit, Supplément français 169, dans lequel M. Gaston Paris a puisé largement, nous avait tenté à mainte reprise, et depuis des années, car il contient réellement un certain nombre de chansons du peuple. Ce sont les airs qui nous ont fait hésiter jusqu'ici à les prendre pour des chansons populaires. C'est toujours cette même forme sèche, froide et raide, usitée par les musiciens du XVIᵉ siècle, sauf peu d'exceptions, tandis que les vrais airs du peuple ont plus de désinvolture, d'irrégularité dans le ryhtme. On trouvera, au reste, quelques exemples tirés de ce manuscrit, comme *Yo, yo, compère, commère; Réveillez-vous, Piccards; Marguerite, ma doulce amie.*

Nos recherches sur les chansons populaires dans les manuscrits nous ayant un tant soit peu découragé, par suite de nos hésitations à propos de l'origine réellement populaire de la plupart de ces pièces, nous avons entamé une autre voie, exploité une autre mine, celle des chansons imprimées au XVI⁰ et au XVII⁰ siècle.

En examinant avec un peu d'attention ces petits volumes, on n'est pas longtemps à s'apercevoir que les libraires, ne comptant pas uniquement sur la classe riche pour le débit de leurs impressions, ont eu soin de mettre dans leurs volumes des *poésies* pour les gens de la belle société, et des *chansons populaires* pour les bourgeois et les gens du peuple : on s'adressait ainsi à une double clientèle [1]. C'est donc dans ces petits volumes rares, énumérés un peu plus loin, que nous avons puisé la plupart des chansons contenues dans notre re-

---

1. Cela explique le titre fréquent : *Chansons tant musicales que rurales.*

cueil, œuvre de patience et de discernement, que nous avons tâché d'accomplir de notre mieux.

Parfois on pouvait hésiter dans ce travail éclectique, mais le plus souvent les deux genres (chansons poétiques et chansons populaires) tranchent d'une façon tellement péremptoire qu'il n'y a pas moyen d'hésiter. Ainsi on trouve dans le même volume :

Chanson nouvelle faicte sur le département de la Royne Descosse disant adieu à son père et à tous ses amys et se chante sur le chant de :

Vienne qui pourra venir,
Il ne m'en chault quoy ni comment[1].

Adieu, mon père, mon amy,
Adieu, le noble roy François,
Donné vous m'avés un mary,
Le prince et Roy des Escossois,
Aller m'en fault à ceste fois
    Hors du pais,
Puisque m'avés donné mary.

Adieu, mes frères et amis,
Adieu vous dis pitieusement,
Les regretz que j'ay à celuy
Qu'on a fait mourir meschamment ;
Croiés tout véritablement

---

1. C'est un de ces vieux airs dont il faut faire son deuil, il y a peu d'espoir de le retrouver.

         Je vous le dy,
Plus de mille sont mors pour luy.

Adieu Orléans, adieu Blois,
Adieu Rouen, adieu Paris,
Gentilz homes, nobles bourgeois,
Toute la fleur de noz amis,
Aller m'en fault à ceste fois
      Hors du pais,
Puisque m'avez donné mary.

Adieu, jeunes dames de choix,
Adieu, damoiselles de prix,
Chanté avons à aulte voix
Maintes fois parmi noz amis ;
Maintenant entrez en souci,
      Puisque m'en vois :
Adieu vous dy à ceste fois.

Aller nous convient par la mer,
Et passer parmi les Anglois;
Il y peult avoir du danger,
Car elle est rude aucune fois,
A Dieu, me confie toutes fois
    Voilà le sy,
Et au Roy est mon mary.

Les regretz que j'ay au païs
D'aller parmy les Escossois,
Je n'y entents mot ne demy,
Sinon de parler bon François.
Quant je y pense maintes fois,
      Je ditz ainsi :
Adieu mon père et mon amy.

Je prie à Dieu de paradis
Qu'il vueille apaiser la fureur,
Que tous royaumes soient unis,
Qu'il vueille amoderer le cueur
Du roy de France et l'Empereur,
   Soyent bons amis,
Dieu nous doint à tous paradis [1].

A quelques pages de distance, on lit :

Dans Orléans, ville de nom,
Il y a tant de bon vin cler,
A la grand'guelle, se dit-on,
Partout n'y en a point de pareil,
Et m'a fait maintes fois chanter :
Gros nez, rougiras-tu jamais ?

REPRINSE

Gros nez, gros nez, gros nez, gros nez,
Gros nez, rougiras-tu jamais ?

Il est hors de doute que ces deux pièces ne sortent pas de la même officine : la première est une composition de quelque poète de cour,

---

[1]. Brantôme, dans les *Vies des Dames illustres*, cite également des *Adieux* de Marie Stuart qui « de sa perte et de son deuil (celui de son mari) fit elle-mesme ceste chanson. » La chanson rapportée par Brantôme diffère complètement de celle-ci.

la seconde aura été enfantée par un soldat aventurier ou par un compagnon de métier, poétisant tant bien que mal durant ses pérégrinations à travers la France. Le peuple a pu adopter cette dernière chanson, tandis qu'il n'aurait jamais rangé la première dans son répertoire.

Un de nos grands regrets a été de ne point posséder les airs de *toutes* ces vieilles chansons, nous les aurions reproduits volontiers ; il a même fallu s'abstenir de donner la notation de celles qui sont tirées du précieux recueil de Pierre Attaingnant (1530), ces pièces étant publiées à quatre voix, remaniées par des compositeurs, et non transcrites à l'état complet.

Les *harmoniseurs* de ce temps-là avaient surtout à cœur de mettre en relief leurs contre-points et leurs imitations, bref, ce qui leur était personnel ; la chanson elle-même les préoccupait beaucoup moins. En réunissant ces phrases coupées, raccourcies, rallongées aussi quelquefois, on parviendrait sans doute à remettre sur pied un à peu près de telle ou telle chanson, mais nous n'avons pas voulu donner des à peu près à nos lecteurs.

a.

En cela, les rééditeurs d'après les manuscrits sont plus heureux que nous, puisqu'ils n'ont qu'à copier les airs tout notés ; mais, comme nous l'avons déjà dit, ce sont là des airs de compositeurs, de maîtres de chapelle : la pauvre chanson populaire ne se notait pas, ne se transcrivait pas en recueils ; l'humble milieu dans lequel elle était née, et dans lequel elle vivait, n'avait pas le savant qu'il fallait, le noteur : généralement c'étaient les moines qui faisoient cette besogne. Tous ces beaux missels, antiphonaires, tous ces recueils princiers de ballades, de lais, de rondels, ont été transcrits à grands frais pour des rois, des princes ou de riches seigneurs.

D'après cela, on peut se rendre compte du grand nombre de chansons populaires qui ne sont point parvenues jusqu'à nous, n'ayant que la transmission orale pour se perpétuer. Ce genre d'archives nous offre certainement bien des choses curieuses et bien des étonnements, en nous conservant certaines chansons pendant plusieurs siècles ; mais ce sont là des exceptions, et ces exceptions elles-mêmes n'ont pu arriver jusqu'à nous sans être altérées et dans le texte et dans la mélodie.

Au temps passé, la composition des chansons populaires se pratiquait absolument comme de nos jours, sauf de rares exceptions : dans la plupart des villages, il y avait et il y a toujours un ou deux metteurs en train, natures généralement mieux douées que le reste de la population ; ces gens illettrés ont un certain sentiment du rythme, même parfois de la rime ; ils possèdent une assez bonne mémoire, et avec ces petits avantages ils se trouvent en état de fabriquer de pièces et de morceaux une chanson nouvelle, dont les trois quarts, paroles et musique, sont empruntés à d'autres chansons déjà connues ; en un mot, ce sont, sinon des auteurs, au moins des promoteurs ; ils mettent la chaîne sur le métier, et plus ou moins aidés par ceux qui les entourent, ils parviennent à y enlacer la trame, si bien que la chanson finit par se faire et par se chanter.

Parmi les recueils que nous allons énumérer, il en est qui n'ont fourni qu'une, ou deux, ou trois chansons à notre collection, tandis que dans d'autres nous en avons bien glané dix, douze ou quinze, ou davantage. Citer chaque fois en entier le titre du volume où nous avions puisé pouvait devenir fastidieux, il nous a donc semblé préférable de donner à chaque ouvrage une lettre de l'alphabet; cette lettre représente le volume pour les renvois aux sources et origines.

Un seul alphabet ne pouvant suffire, nous en avons usé deux, dont le premier en majuscules ; il s'y est même glissé quelques *bis*, qui nous ont permis de tout citer.

La plus grande partie de ces chansons n'ont pas de titres dans les recueils d'où elles sont tirées, ou bien il y a simplement : *Chanson nouvelle, Nouvelle chanson fort récréative*, etc. C'est ce qui nous a déterminé à les classer par lettres alphabétiques du premier vers. Il n'y avait qu'un autre classement rationnel possible, celui par dates; mais qui connaît les vraies dates de naissance des chansons populaires ?

Qu'on ouvre, par exemple, notre volume à la page 328 :

T *bis* — 1576

Mon père et ma mère
N'ont que moy d'enfant.

En consultant la *Bibliographie chansonnière*, on voit que T *bis* se rapporte au

Recueil des plus belles et excellentes chansons en forme de voix de ville, etc. Mais si Chardavoine a publié ce recueil en 1576, est-ce là la vraie date de la chanson? Pas le moins du monde : il fallait bien qu'elle fût antérieure, et peut-être de plusieurs années, pour avoir eu le temps de se répandre, de devenir populaire et de tomber entre les mains du compilateur Chardavoine. Cette remarque peut s'appliquer aux autres pièces que nous donnons, elles sont toutes *antérieures* aux dates indiquées [1].

---

[1]. Les chansons de nos aïeux sont, pour la plupart, un peu légères..., même plus que cela, fort grivoises : il est donc inutile de prévenir que ce volume n'est pas destiné aux jeunes filles ni aux jeunes garçons.

BIBLIOGRAPHIE

CHANSONNIÈRE

A

S'ensuyvent dix-sept belles chansons nouvelles. — Petit in-12 gothique. (Sans date.)

Bibliothèque de l'Arsenal, n° 8801.

(Commencement du seizième siècle.)

B

Chansons musicales à 4 parties, imprimées par Pierre Attaingnant.

Paris, 1530, 4 vol. petit in-4° obl. gothique. (Airs notés).

Bibliothèque nationale, V. 2689.

Il y a 10 livres, exemplaire complet avec les quatre parties.

Le 3° livre porte la date de 1529.

Ce recueil contient à la fin un certain nombre de chansons à 4 voix de A. Janequin, puis encore 2 livres de motets.

B bis

Sensuyvent plusieurs belles chansons composées nouvellement, lesquelles ne furent jamais imprimées et se chantent sur divers chans nouveaulx pour ce quelles sont nouvelles, et le nombre dicelles se treuve en la table qui est à la fin du présent.

Imprimées en la noble citée de Genesve en la rue de la Juifrie, et se vendent auprès Sainct-Pierre, en la boutique de maistre Jacques Viviant.

Goth. pet. in-12 s.d. Publié avant 1530.

(En 1838, M. A. Veinant a fait une réédition de ces chansons.)

C

Sensuyvent plusieurs belles chansons nouvelles, avec plusieurs aultres retirées des anciennes impressions, comme pourrez veoir à la table, en laquelle sont les premières lignes des Châsôs et le fueillet ou se cômêcêt les dictes châsons.

Mil cinq cens XXXV. Paris.

D

Couronne et Fleur des chansons à Troys, imprimé à Venise en 1536, par Anthoine del Abbate. In-12 oblong.

(La bibliothèque de Rouen possède l'exemplaire provenant de M. Leber.)

E

Les Châsons nouvellemêt assemblées oultre les anciennes impressions, 1538 (au verso): Plusieurs belles châsons nouvelles reveues et restitues en leur entier par Clément Marot de Cahors-en-Quercy, valet de châbre du roy. Il y a table en la fin, par laquelle vous trouveres les chansons au nombre des feulletz.

F

Chant natal contenant sept noelz, ung chant Pastoural, et ung chant Royal, avec ung mystère de la Nativité, par personnages, composez en imitation verbale et musicale de diverses chansons, recueilliz sur l'escripture saincte, et d'icelle illustrez.

Apud Seb. Gryphium. Lugduni, 1539, in-8°.

Bibliothèque nationale Y 6090. A.

G

Sensuyt plusieurs belles chansons nouvelles et fort joyeuses, Avecques plusieurs aultres retirées des anciennes impressions, comme pourrez veoir en la table. Deux suites.

1542 (non paginé) et 1543 (paginé).

Paris, Alain Lotrian, petit in-12, gothique.

Bibliothèque nationale Y 6117.

H

Sensuivent seize belles chansons nouvelles, dont les noms sensuyvent, et premièrement :

Aymez-moi belle Margot.
Le roy sen va de la les monts.
Qui la dira la douleur de mon cueur.
Je me repens de vous avoir aymée.

Au boys de dueil à l'ombre dung soulcy.
Je my plains fort amours mont rué sus.
Amy souffrez que je vous ayme.
Adieu amours, de vous suis las.
Ne te repens de mavoir trop aymée.
De bien aymer je te jure.
Ne suis-je pas bien malheureux.
Pour avoir mis la main au bas.
De mon triste et des plaisir.
Si je m'y plains ce n'est pas sans matière.
Puisquainsi est que je nay plus damie.
Vive le roy.

    Petit in-12, goth., s. d.

    Bibliothèque nationale (à la suite du Y 4457).

    Réimprimé par M. Percheron.

I

Sensuyt plusieurs belles chansons nouvelles et fort joyeuses. Avecques plusieurs aultres retirées des anciennes impressions, etc.

    Paris, 1543, Alain Lotrian.

    Bibliothèque nationale Y 6117.

    Petit in-12 goth. (paginé).

I bis

La Fleur de la poésie françoyse, recueil joyeulx contenant plusieurs huictains, dixains, quatrains, chansons et aultres dictez de diverses matières mis en nottes musicalles par plusieurs autheurs, et réduictz en ce petit livre.

    Paris 1543, Alain Lotrian.

Pet. in-12, non paginé, gravures sur bois.
Bibliothèque nationale, Y 6117. C.

J

Le Chant des Seraines, avec plusieurs compositions nouvelles.

A Paris, pour Gilles Corrozet, en la grand'salle du Palays, 1548.

In-32, Bibliothèque nationale, Y.

K

Premier livre de chansons en quatre volumes, nouvellement composées en musique à 4 parties par M. PIERRE CERTON, maître des enfants de la Sainte-Chapelle du Palays, à Paris.

Paris, de l'imprimerie d'Adrian Le Roy et Robert Balard, 1552.

Bibliothèque nationale Vm. 1330.

4 vol. in-12 obl., airs notés, le 2e vol. (l'*Alto*) manque.

Il y a 8 livres. Les sept derniers livres portent comme titre *Livre de chansons* nouvellement mises en musique à 4 parties, par *bons et sçavans musiciens*.

Beaucoup de compositeurs, autres que Certon, sont nommés dans cette collection.

    1er livre 1552.
    2e — 1554.
    3e — 1554.
    4e — 1553 (*sic*). Probablement 1555.
    5e — 1556.
    6e — 1556.
    7e — 1557.
    8e — 1557.

Fétis ne connaissait que le 4ᵉ livre.— Dans le 1ᵉʳ livre il y a un morceau de Certon sur 3 notes. — Presque tous les morceaux sont marqués C barré, il y en a aussi à 3 temps, au 2ᵉ recueil p. 6 verso, de Mithou; p. 11 de Certon, etc.

L

Chansons nouvelles composées sur les plaisans chans qu'on chante à présent. Ensemble des gaillardes verbales : avec un recueil des plus belles chansons anciennes nouvellement corrigées.

Lyon 1553, in-12.

M

Le recueil de toutes les sortes de chansons nouvelles, rusticques et musicales et aussi ceulx qui sont dans la déploration de Vénus.

A Lyon, par George Poncet, 1555, in-24.
Bibliothèque nationale Y 6082.
Non paginé et sans table.

N

Recueil de plusieurs chansons divisé en trois parties : en la première sont les chansons musicales ; en la seconde les chansons amoureuses et rustiques : et en la tierce les chansons de la guerre. Reveu et amplifié de nouveau.

A Lyon, par Benoist Rigaud et Jean Saugrain, 1557.
(Un exemplaire à Vienne, Autriche, Bibl. imp.)

N bis

Le *Recueil de toutes sortes de chansons nouvelles,*

tant musicalles que rustiques, recueillie des plus belles et plus fascecieuses qu'on a sceu choisir, augmentez de plusieurs belles chansons nouvelles, non encore imprimées jusques à présent.

Paris, chez la veufve Nicolas Buffet, près le collège de Reims, 1557.

O

Chansons nouvelles composées par Barthelemy Beaulaigne, excellent musicien. Et par luy mises en musique à quatre parties, et en quatre livres.

A Lyon, de l'imprimerie de Robert Granjon, 1559, avec privilège du Roy.

Bibliothèque nationale, V 2689, in-8° obl.

(Il manque le ténor.)

Ce recueil est dédié à très illustre, haute et puissante princesse Madame Diane de Poictiers, duchesse de Valentinois :

« Barthelemy Beaulaigne enfant de cueur en l'église majeur de Marseille, son très obéissant serviteur, salut et prospérité. »

Il y a aussi le portrait de Beaulaigne.

Ce volume est suivi de mottetz à 4, 5, 6, 7 et 8 parties, par B. Beaulaigne *excellent musicien*, même date,

O bis

Premier trophée de musique, composé des plus harmonieuses et excellentes chansons choisies entre la fleur et composition des plus fameux et excellents musiciens, tant anciens que modernes, le tout à quatre parties en quatre volumes.

A Lyon, de l'impresssion de Robert Granjon, 1559, in-8° obl.

Bibliothèque nationale, V 2689 (il n'y a que 3 vol., manque le ténor).

Cet ouvrage est suivi du *Second Trophée*, même titre, même année de publication.

Imprimé en caractères de civilité.

O ter

Le second et tiers livre du Recueil de toutes belles chansons nouvelles, les plus joyeuses et récréatives qu'on a sceu choisir. Imprimées nouvellement à Paris, chez la veufve N. Buffet, près le collège de Reims, 1559, in-12.

Le quatriesme livre de plusieurs belles chansons nouvelles, tant de la mort du Roy Henry que d'autres, non encores imprimées jusques à présent.

(Même libraire et même date que le précédent.)

P

La suite du quatriesme livre des chansons, ou sont comprinses plusieurs belles chansons, non encores imprimées jusques à présent. A Paris, chez la veufve N. Buffet, près le collège de Reims, 1560, in-12.

Q

Recueil de plusieurs chansons tant musicales que rurales, anciennes et modernes. Augmenté de chansons nouvelles qu'on chante à présent. A Lyon, par Ambroise du Rosne 1567.

R

Premier recueil. des recueils, composé à quatre parties de plusieurs autheurs. Imprimé en quatre volumes.

A Paris, par Adrian le Roy et Robert Ballard, 1567. in-12 obl.

Second recueil des recueils, etc. 1571.

S

Le Recueil de plusieurs chansons nouvelles avec plusieurs autres chansons d'amours, plaisantes et récréatives, qui n'ont jamais été imprimées jusques à présent : Nouvellement composées par divers autheurs. A Lyon 1571.

T

Chansons de P. de Ronsard, Ph. Desportes et autres, mises en musique par M. de la Grotte, vallet de chambre, et organiste ordinaire de Monsieur frère du Roy.

A Paris 1572.

Par Adrian Le Roy et Robert Ballard, imprimeur du Roy, avec privilège de Sa Majesté pour 10 ans, in-12 obl-

L'exemplaire de la Bibliothèque nationale n'est pas complet ; il faut quatre volumes.

T bis

Le Recueil des plus belles et excellentes chansons en forme de voix de ville, tirées de divers autheurs et poëtes français, tant anciens que modernes ; auxquelles a esté nouvellement adaptée la musique de leur chant commun, à fin que chacun les puisse chanter en tout endroit qu'il se trouvera, tant de voix que sur les instruments, par JEHAN CHARDAVOINE de Beau-fort en Anjou.

A Paris, chez Claude Micard, au clos Bruneau, à l'enseigne de la Chaise, 1576. Avec privilège du roy.

Petit in-8º de 281 feuillets ; airs notés.

U

Premier livre de chansons en forme de vau de ville, composé à quatre parties, par Adrian Le Roy.

A Paris 1573. Par Adrian Leroy et Robert Ballard, imprimeurs du roi, avec privilège de Sa Majesté pour dix ans, in-12 obl.

Second livre composé à 4 parties de plusieurs autheurs, 1573.

Tiers livre de chansons à 4 parties de Ja. Arcadet et autres, 1573.

4ᵉ livre
5ᵉ —
6ᵉ —
7ᵉ — 1572. (*sic*)
8ᵉ — 1575.
9ᵉ — 1578.
10ᵉ — 1583.

Livre de chansons à 4 parties d'Orlande de Lassus et autres.

Ce titre reste le même jusqu'au 24ᵉ livre, où il y a 24ᵉ livre d'airs et chansons à 4 et 5 parties de plusieurs excellents autheurs. A Paris 1583.

Adrian Le Roy, etc.

U bis

Sommaire de tous les recueils de chansons, tant amoureuses, rustiques, que musicales 1578 et 1579, in-12.

V

Sommaire de tous les recueils des chansons, tant amoureuses, *rustiques*, que musicales : avec plusieurs chansons nouvelles, non encore mises en lumière.

A Lyon, par Benoist Rigaud 1579, in-12.

V bis

Ample recueil des chansons tant amoureuses que rustiques, musicalles qu'autres, composées par plusieurs autheurs. Auxquelles sont ajoutées plusieurs chansons nouvelles, qui n'on encore esté imprimées.

A Lyon, par Benoist Rigaud 1579, in-12.

V ter

Le Printemps des chansons nouvelles composées sur chants modernes fort récréatifs.

A Lyon, 1579, in-12.

A la Bibliothèque nationale.

W

Le Plaisant jardin des belles chansons, choisies entre les plus nouvelles, qu'on chante à présent, non veuës par cy-devant. Nouvellement imprimées.

A Lyon 1580, in-12.

W bis

La Fleur des chansons nouvelles, traittans partie de l'amour, partie de la guerre, selon les occurrences du temps présent, composées sur chants modernes fort récréatifs.

A Lyon, 1580, in-12.

W ter

Le Rosier des chansons nouvelles, tant de l'amour

que de la guerre, contenant la pluspart des heureuses victoires obtenues en Auvergne et ailleurs.

A Lyon 1580, in-12.

X

Sommaire de tous les recueils des chansons, tant amoureuses, rustiques que musicales, comprinses en trois livres. Adjousté plusieurs chansons nouvelles, non encore mis en lumière. *Livre premier*.

A Paris, par Nicolas Bonfous, rue neuve Nostre Dame, à l'enseigne Saint-Nicolas, 1581.

X *bis*

Chansons françoyses à 5, 6 et 8 parties, mises en musique par Severin Cornet, maistre des enfans de la grande église d'Anvers.

A Anvers, de l'imprimerie de Christofle Plantin 1581. in-4°.

Bibl. nat. V^m 1331. Carton renfermant 5 cahiers ; il manque la *Quinta Pars*.

Cette impression est très belle; les caractères sont infiniment supérieurs à ceux des Ballard de ce temps-là.

Les notes sont carrées ou en losanges. Le poinçon avait son fragment de portée.

X *ter*

Nouveau recueil des chansons qu'on chante à présent, tant de la guerre et voyage de la Fère, de la Mure, et des chansons amoureuses.

A Lyon 1581, in-12.

X *quater*

La fleur des chansons nouvelles, traittans partie de l'amour, partie de la guerre, selon les occurences du temps présent, sur chants modernes, fort récréatif.

Lyon, Benoist Rigaud, 1586, in-12 (Voyez W *bis*).

Réédité par Techener.

Y

Gelodacrye amoureuse, contenant plusieurs aubades, chansons gaillardes, etc., par Claude de Pontoux.

A Lyon, chez Rigaud, 1596, in-16.

Y *bis*

La Folie fainte de l'amant loyal. Histoire nouvelle, contenant plusieurs chansons, stances et sonnets.

A Rouen, chez Adrian de Launay, libraire devant le Palais, au Compas d'Or, 1599, in-12.

Bibliothèque de l'Arsenal, n° 8799

Z

La Fleur des chansons amoureuses où sont comprins tous les airs de court, recueillis aux cabinets des plus rares poètes de ce temps.

A Rouen, chez Adrian de Launay, devant le Palais, au Compas d'or, 1600, in-12, avec privilège du Roy.

Z *bis*

La Fleur de toutes les plus belles chansons qui se chantent maintenant en France, tout nouvellement faites et recueillies. Imprimé à Paris, 1600.

a

Cabinet ou Trésor des nouvelles chansons, 1602 n-12.

a bis

Non le Tresor ny le Trias ne le Cabinet : Moins la beauté mais plus, la fleur ou l'eslite de toutes les chansons amoureuses et airs de court tirez des œuvres et manuscrits des plus fameux poëtes de ce temps.

Rouen, chez Adrian de Launay, 1602.

Bibliothèque nationale Y 6083. + A.

b

Le trésor des chansons amoureuses, recueillis des plus excellents airs de court, et augmentez d'une infinité de très belles chansons nouvelles.

A Rouen, chez Théodore Rinsar, 1606.

Ce vol. est suivi d'un *Second livre*.

c

Airs de cour comprenans le tresor des tresors, la fleur des fleurs et eslite des chansons amoureuses, extraictes des œuvres non encor cy devant mises en lumière, des plus fameux et renommez poëte de ce siècle.
A Poitiers, par Pierre Brossart, 1607.

d

Chansons Folastres et prologues, tant superlifiques que drolatiques des Comédiens François. Reveus et augmentées de nouveau par le sieur Bellone.

A Rouen, chez Jean Petit, tenant sa boutique dans la cour du Palais, 1612. Deux vol. in-12.

Le second volume a pour titre :

Le second livre des chansons folastres, et prologues, tant superlifiques que drolatiques des comédiens Françõis, par ESTIENNE BELLONNE Tourengeau.

Rouen, Jean Petit 1612.

Bibliothèque de l'Arsenal, nos 8802-8803.

e

Le dernier Tresor des chansons amoureuses, recueillis de plus excellents airs de court et augmentez d'une infinité de très belles chansons nouvelles et musicalles.

A Rouen, de l'imprimerie de Martin le Mesgissier, tenant sa boutique au haut des degrés du Palais, 1614, in-12.

e *bis*

La Fleur de toutes les plus belles chansons, qui se chantent maintenant en France. Tout nouvellement faites et recueillies.

Paris, l'an 1614, in-32,

Bibliothèque nationale, Y 6083. A.

f

Recueil des plus beaux airs accompagnés de chansons a dancer, ballets, chansons folâtres et bacchanales, autrement dites vaudevire, non encores imprimés. Auxquelles chansons l'on a mis la musique de leur chant, afin que chacun les puisse chanter et dancer, le tout, à une seule voix.

A Caen, chez Jacques Mangeant, 1615.
2 vol. in-16. (Airs notés.)
Bibliothèque nationale, Y 6083 + B - 2.

Dans le 1ᵉʳ vol. après le feuillet 48, se trouve un nouveau titre : Le *Recueil des plus belles chansons de dances de ce temps*.

A Caen, chez Jacques Mangeant, 1615. La pagination recommence.

Le second volume a pour titre :

Recueil des plus belles chansons des Comédiens Français. En ce comprins les airs de plusieurs ballet qui ont esté faits de nouveau à la cour. Reveu et augmenté de plusieurs chansons non encor veues.

A Caen, chez Jacques Mangeant s. d.

La moitié du vol. est rempli par des Bacchanales. Reproduction des *chansons folastres* 1612. Voy. lettre *d*.

g

Le Trésor des chansons amoureuses, recueillies des plus excellents poëtes de nostre temps, et augmentez d'une infinité de très beaux airs nouveaux.

A Lyon, par Jean Huguetan, 1616.

h

Le Tresor et Triomphe des plus belles chansons et airs de cour, tant pastorales que musicales, propres pour dancer et jouer sur toutes sortes d'instruments, par les sieurs de Saint-Amour et Saint-Estienne, qu'autres beaux esprits de ce temps.

A Paris, chez Jean Borné, au bout du Pont-Neuf, devant la rue Dauphine, 1624.

I

Le Parnasse des muses ou recueil des plus belles chansons à danser, auquel est adjouté le concert des Enfans de Bacchus, dédié à leurs rouges trongnes.

A Paris, chez Charles Hulpeau, sur le pont Saint-Michel, à l'Anchre double, 1627, in-16.

Bibliothèque nationale, Y 6084.

Le second titre de ce volume est :

Le Parnasse des muses ou recueil des plus belles chansons à danser, recherchées dans le cabinet des plus excellents poëtes de ce temps.

Dédiés aux belles dames.

(Il y a une préface *aux dames* assez curieuse).

Comme dans l'édition de 1633, ce volume est suivi du *Concert des Enfants de Bacchus*, assemblez avec ses Bacchantes, pour raisonner au son des pots et des verres les plus beaux airs et chansons à sa louange.

Composées par les meilleurs buveurs et sacrificateurs de Bacchus. Dédié à leurs rouges trongnes.

(Le privilège vaut la peine d'être lu.)

Paris, Hulpeau, 1627.

i *bis*

Le banquet des muses, ou Recueil de toutes les satyres, yambes, mascarades, etc., par Auvray.

Rouen, D. Ferrand, 1627. In-12.

i *ter*

Le Parnasse des muses. édition de 1627, est suivi de : *Les airs du berger amoureux* ou la troisième partie du

Parnasse des chansons à danser et à boire, recherchées par les plus braves poëtes de ce temps.

A Paris, chez Charles Hulpeau, 1627.

Bibliothèque nationale, Y 6084.

j

Le Thresor des chansons nouvelles, Ensemble plusieurs airs de cour nouveaux, recueillis de divers autheurs, non encor' veus ny imprimez.

A Paris, chez Pierre Des-Hayes, rue de la Harpe, à l'Escu de France, proche de la Roze Rouge, 1631, in-24.

Bibliothèque nationale, Y 6083. B.

j bis

Le Cabinet des chansons plaisantes et récréatifves, dédiées aux esprits curieux et amateurs de bien chanter et boire au cabaret.

A Paris, chez Pierre Des-Hayes, rue de la Harpe, à l'Escu de France, proche la Roze rouge, 1631, in-24.

Bibliothèque nationale, V. 6083. B.

j ter

L'Eslite des chansons les plus belles du temps present. Tirées de divers autheurs, tant anciens que modernes, dédiées aux Enfants de Baschus.

A Paris, chez Pierre Des-Hayes, rue de la Harpe, à l'Escu de France, proche la Roze rouge, 1631, in-24.

Bibliothèque nationale Y. 6083, B.

j *quater*

Recueil des chansons amoureuses de ce temps, tant pastorales que musicales, propres pour danser et jouer sur toutes sortes d'instrumens.

Augmenté de plusieurs airs de cour non encor veus ny imprimez.

Paris, chez Pierre Des-Hayes, rue de la Harpe, à l'Escu de France, proche de la Roze rouge, 1631, in-24.

Bibliothèque nationale, Y 6083, B.

k

Les chansons de Gaultier Garguille.

A Paris, chez Frençois Targa, au premier pilier de la grand'salle du Palais, devant les consultations. 1632.

La 1re édit. est de 1631.

Bibliothèque nationale. Y, + 6085.

Les chansons de Gauthier Garguille sont très grasses, mais elles sont bien autrement amusantes que celles du *Savoyard*. Voy. *u*.

l

Le Parnasse des muses ou chansons à danser et à boire.

Paris, Ch. Hulpeau. 1633, in-12.

l *bis*

Le Parnasse des muses, ou recueil des plus belles chansons à danser, auquel est adjousté le concert des enfants de Bacchus; dédié à leurs rouges trongnes.

Paris, chez Charles Sevestre, sur le Pont-Neuf. vis-à-vis la Samaritaine. 1633. In-16.

Bibliothèque nationale. Y 6084. + B 1. (*Voy*. i.)

m

Le concert des enfants de Bacchus, assemblez avec ses Bachantes, pour raisonner au son des pots et des verres, les plus beaux airs et chansons à sa louange.

Composées par les meilleurs beuveurs et sacrificateurs de Bacchus.

Dédié à leurs rouges trongnes.

A Paris, chez Charles Sevestre, sur le Pont-Neuf, vis-à-vis la Samaritaine. 1633.

2 tomes en 1 volume in-24.

Bibliothèque nationale. Y 6084 + Ba. — 1. (*Voy*. i.)

m *bis*

Le second tome du Parnasse des chansons à danser, auquel est adjousté un volume entier des plus belles chansons à danser et à boire, des plus excellents poëtes de ce temps. Avec une table très ample.

A Paris, chez Charles Sevestre, sur le Pont-Neuf, vis-à-vis la Samaritaine. 1633.

Bibliothèque nationale. Y 6084, + B. In-24.

n

L'Eslite des chansons plus belles et amoureuses de nostre temps, recueillies de plusieurs autheurs, tant de Paris, Rouen que de Lyon et autres lieux circonvoisins. Avec une table à la fin, pour facilement trouver les chansons que l'on désirera ehanter.

A Paris, par Fleury Bourriquant, au Mont Saint-Hilaire, près le puits Gertain, aux Fleurs Royalles.

o

Les chants de joye des Enfants de Bachus, ou le nouveau recueil des plus beaux airs à boire, Imprimez nouvellement.

A Paris, chez Jacques Villery et Jean Guygnard, au premier pillier de la grand'salle du Palais. 1635, in-24,

Bibliothèque nationale Y 6084. — Ba. — 2.

p

La Caribarye des artisans, ou recueil nouveau des plus agréables chansons, vieilles et nouvelles, propres pour les gens de métier et autres. Contenant plusieurs airs de cour, chansons musicales, à boire, dancer, pastorales, de guerre, de batailles et victoires obtenues par les François ou leurs alliez, de prises de places et autres, nommément de la mort du feu Roy, d'heureuse mémoire, Louis XIII, et du baptesme du Roy Louis XIV, à présent regnant, et mort d'autres personnes illustres.

A Paris, chez Nicolas Boisset, imprim. et libraire, place Maubert, à l'image Saint-Etienne. 1644, ou 1646, d'après Percheron, in-12.

Bibliothèque de l'Arsenal, n° 8800.

Cat. Nyon 15012.

q

L'Inconstant vaincu, pastorale en chansons, 1661.

r

Recueil de chansons choisies, en vaudevilles, pour

servir à l'histoire annecdote, depuis 1652, jusques et compris 1664.

6 vol. petit in-4° (man.).

Bib. de l'Arsenal. (Belles lettres n° 175.)

On appelle ce chansonnier le Sottisier.

C'est un pendant du man. Maurepas. — Le 2ᵉ vol. comprend 1665 jusqu'à 1688.

s

Airs à boire à 3 parties avec la basse continue par M. Sicard.

Paris, Robert Ballard 1666-1674. Il y a 8 livres.

Bibliothèque nationale, V 2689, in-8° oblong.

(Complet.)

t

Le livre des chants nouveaux de Vaudevire, par ordre alphabétique, corrigé et augmenté outre la précédente impression.

A Vire, chez Jean de Cesne, imprimeur et libraire. Sans date. (Brunet le met entre 1660 et 1670). In-16.

Bibliothèque nationale V 6084 B.

u

Recueil nouveau des Chansons du Savoyard, par luy seul chantées dans Paris.

A Paris, chez la veufve Jean Plomé, demeurant rue de la Bouclerie, au bout du Pont Sainct-Michel. 1665.

Bibliothèque de l'Arsenal 8811, EL.

Chansons prétentieuses et ordurières qui n'ont pas la

tournure des chansons populaires. Il y en a une qui a pour titre : *Courante nouvelle dancée au balet de Monsieur le Cardinal.*

v

8 livres d'airs à boire et sérieux, à 2 et à 3 parties, par M. Sicard.

De 1666 à 1674. Paris, chez Ballard, petit in-4° obl. Bibliothèque nationale, V 2689. — La basse continue manque.

w

Nouveau recueil des plus belles chansons et airs de cour de ce tems.

A Troyes, et se vendent à Paris, chez Jean Musier, rue Petit-Pont, à l'Image Saint-Antoine. Vers 1675, in-16.

Bibliothèque nationale Y 6087.

x

Le mariage de la couture avec la grosse Cathos, mascarade, représentée devant Monseigneur et mise en musique par Philidor L'Aisné, ordinaire de la musique du Roy, 1688.

Bibliothèque de l'Arsenal (man.). Sciences et Arts, 222 S. et A., n° 4830 B.

Petit vol. oblong.

c

y

Les chansons de l'Escalade, faite par le Savoyard contre les murs de Genève, dans la nuit du Samedi 12 au dimanche 13 de décembre, selon le vieux stile de l'an 1602, avec figures.

A Amsterdam, chez Nicolas Chevalier, marchand-libraire, sur le Rockin, 1702.

Bibliothèque de l'Arsenal, 8812 B.

Cat. Noyon 16143.

z

Suite de la muse guerrière ou nouveau recueil de chansons, sur les afaires du temps comme aussi des *Airs d'Opéra* et autres.

A Cremone, chez Pasquin le Savoyard, à la rue des Prisonniers, 1703.

Bibliothèque de l'Arsenal, 8812 B.

(Dans le même volume à la suite) :

Deuxième suite de la muse guerrière ou nouveau recueil de chansons sur les afaires du tems, et quelques autres gaillardes.

A Vigo, la bonne Fortune.

z bis

Ampère. — Instructions relatives aux Poésies populaires de la France. Paris, 1853, in-8°.

z ter

E. de Beaurepaire. — Etude sur la poésie populaire

en Normandie et spécialement dans l'Avranchin. Paris, 1856, in-8°.

z quater

Französische Volkslieder. — (Chansons populaires françaises, rassemblées par MAURICE HAUPT, et publiées d'après la collection qu'il a laissée.) Leipzig, 1877, in-12.

N. B. — Un grand nombre de ces recueils de chansons portent l'indication in-12, quoique ce soient réellement des petits in-8°, un format très usité aux XVIe et XVIIe siècles.

La plupart de ces petits volumes, sans indication d'origine, se trouvent à la Bibliothèque nationale, qui ne les avait pas encore acquis quand on nous les a communiqués.

A ANDELY SUR SEINE.

LES
Chansons Populaires

DES

XVe, XVIe ET XVIIe SIÈCLES

Z et a *bis* — 1600-1602

A Andely sur Seine,
 Trois moulins y'avoit,
  Moulinet,
Le meusnier qui les meine
 Tant brave il estoit,
  Moulinet :

Moulinet, engraine, engraine,
 Moulinet, engraine-my.

Le meusnier qui les meine
 Tant brave il estoit,
  Moulinet,
  De jartières de soye
  Ses chausses lyoit,
  Moulinet :

Moulinet, etc.

De jartières de soye
Ses chausses lyoit,
  Moulinet,
Et par icy si passe
La fille d'un roy,
  Moulinet :

Moulinet, etc.

Et par icy si passe
La fille d'un roy,
  Moulinet :
« Eh ! meusnier, beau meusnier,
Jure-moy ta foy, »
  Moulinet :

Moulinet, etc.

« Eh ! meusnier, beau meusnier,
Jure-moy ta foy,
  Moulinet,
Et quelle mouture
Prendras-tu de moy ? »
  Moulinet :

Moulinet, etc.

« Et quelle mouture
Prendras-tu de moy,
  Moulinet,
Ou de mon avoine,
Ou de mon franc blé ? »
  Moulinet :

Moulinet, etc.

« Ou de mon avoine
Ou de mon franc blé,
  Moulinet,

Ou de ma chambrière
Qui marche après moy ? »
 Moulinet :

Moulinet, etc.

« Ou-de ma chambrière
Qui marche après moy,
 Moulinet. »
— Vostre chambrière,
C'est pour mon valet,
 Moulinet :

Moulinet, etc.

Vostre chambrière
C'est pour mon valet,
 Moulinet,
Et vostre gent corps, belle,
Pour moy, s'il vous plaist,
 Moulinet :

Moulinet, etc.

Et vostre gent corps, belle,
Pour moy, s'il vous plaist,
 Moulinet.
Il l'empoigne, il l'embrasse,
La jette sur son blé,
 Moulinet :

Moulinet, etc.

Il l'empoigne, il l'embrasse,
La jette sur son blé,
 Moulinet.
— Eh ! meusnier, beau meusnier,
Vous m'enfarinez,
 Moulinet :

Moulinet, etc.

— Eh! meusnier, beau meusnier,
Vous m'enfarinez,
   Moulinet. —
« Si je vous enfarine,
Je vous esterdray [1], »
   Moulinet :

Moulinet, etc.

« Si je vous enfarine,
Je vous esterdray,
   Moulinet,
Et de ma vergette
Je vous secourray,
   Moulinet :

Moulinet, engraine, engraine,
   Moulinet, engraine-my.

2 ter

A cheval, à cheval pour aller voir ma mie,
   Lon lon la,
Landerira, landerirette.
Landerira, lan la.

Ma belle n'y était pas, la voilà qui arrive.

Je me marie lundi, je vous prie de mes noces.

---

1. Ce mot indique une origine normande, *éterse*, brosse, du latin *extergere*, nettoyer.

(Ed. Duméril, *Dict. de patois normand*.)

La bell' fut chez l'tailleux, se fit tailler trois robes,
L'une de satin blanc, l'autre de satin rose ;
Et l'autre de drap d'or, la couleur la plus noble.
L'amant, qui la salue, la fait entrer en danse.
Au quatrième tour, la belle est tombée morte.
Elle est tombée à droite, et l'amant à sa gauche.
Et les gens de la noce dirent : quell' triste noce !
Sur la tomb' du garçon on y mit une épine,
Sur la tomb' de la belle on y mit une olive.
L'épine crût si haut qu'elle embrassa l'olive.
On en tira du bois pour bâtir des églises.

**

Adieu ma mie, je m'y en vas,
Adieu ma mie, je m'y en vas;
Je m'en vas faire un tour à Nantes,
Puisque le roi me le commande.

— Ah ! puisqu'à Nantes vous allez,
Un corselet m'en rapport'rez,
Un corselet qu'aura des manches,
Qui s'ra brodé de roses blanches. —

A Nante, à Nante il est allé,
Au corselet n'a plus songé.
Il n'a songé qu'à la débauche,
Au cabaret comme les autres.

« Mais que dira ma mie de moi ? »
— Tu mentiras, tu lui diras
Qu'i n'y a pas d'corselets à Nantes,
De la sorte qu'elle demande.

— J'aime mieux la mer sans poissons,
Ou les collines sans vallons,
Ou le printemps sans violettes,
Que de mentir à ma maîtresse.

Chanson donnée par M. de Corcelle, voy. Ampère, *Instructions*, etc. Elle nous paraît rajeunie.

⁎
⁎ ⁎

A la claire fontaine
Les mains me suis lavé,
  La hi, tra la la.

A la feuille du chêne
Me les suis essuyées.

Sur la plus haute branche
Le rossignol chantait.

Chante, beau rossignol,
Toi qui as le cœur gai.

Le mien n'est pas de même,
Mon amant m'a laissée,

Pour un bouton de rose
Que je lui ai refusé.

Je voudrais que la rose
Fût encore au rosier,

Et que le rosier même
Fût encore à planter,

Et que le planteur même
Ne fût pas encore né.
La hi, tra la la.

Nous donnons cette version d'après E. de Beaurepaire, mais il en existe bien d'autres; on pourra comparer aussi celle que nous avons publiée avec l'air dans le second volume des *Échos du temps passé*, commençant ainsi : *Du rossignol qui chante*.

p — 1644

Chanson lamentable d'un méchant garnement qui, ayant tué une jeune fille qui l'avoit retiré du gibet, a esté exécuté incontinent après.

A la claire fontaine mon amy m'a mandé,
Par une lettre close que j'aille à luy parlé.
  Je n'iray mie,
 Dont j'auray grand regret,
 Tout le temps de ma vie.

Quand j'apperçeus la lettre et de tout loing venir,
Quand j'apperçeus la lettre, et de tout loing venir,
  Lors je m'escrie :
 Mon Dieu, où est mon amy,
 Est-il mort ou en vie?

Quand il fut à l'eschelle, au premier eschelon :
« Messieurs de la Justice, je vous requiers un don.
  S'il y a quelque fille
  Qui m'y veut rachepter,
  Elle y sera ma mie. »

Mais voicy qu'une fille doucement a parlé,
Fouillant en sa bourcette, cent escus a trouvé :
  « Tenez, Justice,
  Voilà cent escus d'or,
  Et luy sauvez la vie. »

Le Bourreau le dévalle comme il l'avoit monté.
La print par sa main blanche, la meine fiancer :
  « Allons, ma mie,
  Et tant que je vivray,
  N'aurez d'autre partie. »

S'en vont parmy la ville comme deux amoureux,
Tout chacun les regarde, disant : voilà deux gueux.
  Il les escoute,
  Il les entend parler,
  Mais il passa tout outre.

La print par sa main blanche, la mène au bois jouer,
Puis de son espée blanche la voulut massacrer.
  Elle s'écrie :
  « Meschant, si tu m'occis,
  « Tu en perdras la vie.

« Hélas, j'ay bien perdu mon or et mon argent,
« De t'avoir racheté de la main des sergens,
  « De la Justice,
  « Et de dix-huit archers
  « Du Prévost de la ville.

Ce meschant l'a tuée, puis voulut s'enfuir.
Le Prévost par là passant, soudain le fit saisir,
    En diligence,
      Voulant de son forfait
    Réprimer l'insolence.

Alors il le condamne par jugement dernier
Que l'amende honnorable il feroit tout premier,
    Puis sans attendre
      Il seroit rompu vif,
    Brûlé et mis en cendres.

« Hélas, noble assistance, la mort ay mérité,
D'avoir tué ma femme qui m'avoit racheté
    De la Justice,
      Et de tous les archers
    Du Prévost de la ville. »

y — 1599

COQ-A-L'ANE

A la foire de Bourgongne,
On y porte des marrons;
Il s'y trouva un yvrongne,
Qui fit prendre trois larrons.
Sus, rendez-moi ma gibecière,
Rendez-la-moi, m'amie chère.

Soudainement le navire
De Marseille départit ;
Tout le monde venoit rire,
Et je crevois de despit.
On me donne une esguillette,
Dont je m'attachay ma chaussette.

Arrivez comme nous fusmes
A la forêt d'Orléans,
Nous y gagnâmes trois reuthmes [1],
Lesquels reposaient léans,
Et soudain vindrent trois corsaires,
Qui prindrent nos appoticaires.

Le frippier tailla des chausses
Où le pourpoint se tenoit.
Illec nous fismes deux pauses,
Quand voicy sire Benoist,
Qui fit venir beaucoup de cire
Que nous commençasmes à frire.

Après je fis une roustie
De la forme de mes soulliers.
Benoist y boutta d'l'eau-de-vie,
Et quatre sergens tous entiers,
Sans escussons ny sans baguettes,
Et dangereux comme tempeste.

B bis — 1530

A l'aprochant du boys
L'herbe se reverdy,
Jen ay le cueur si gay
Que je ne puis dormir.
Cest pour vous ma myette,
Il seroit bien eureux
Qui vous tiendroit seullette!

Mauldit soit le veillard,
Et le jaloux aussy
Qui ont parlé sus moy
Et dessus mon amy,

---

[1]. Rhumes.

Leur fault rompre la teste,
Mais en despit de luy
Seray toujours maîtresse.

Vray dieu, quel passe temps
Et quel plaisy seroit
De vous tenir aux champs,
En cuellant le muguet,
Escoutant lalouete
Qui chante de cueur gay
Quant il voit sa myette.

Le petit oysillon
Qui chante es boys, aux champs,
C'est un vray champion,
Et gentil passe-temps :
La petite alouette
Qui chante de cueur gay
Quand il voit sa myette.

Le mignon, le guerrier
Qui a fait la chanson,
Cest ung adventurier
Et gentil compaignon,
En baisant sa myette
A faict ceste chanson.

Il la tenoit seulette
Auprès du rotisseur,
Fait bon sentir le rotz,
Mais tout il ne vault rien
Qui nen mange son soulz
Avec une michette,
En gagnant les pardons
Avecques sa myette.

i *ter* — 1627

CHANSON A BOIRE

Alexandre dont le nom
　A remply la terre,
N'aymoit pas tant le canon
　Qu'il faisoit le verre.
Si le grand Mars des guerriers
S'est acquis tant de lauriers,
　　Que devons-nous faire
　　Sinon de bien boire [1].

La mer Rouge en sa couleur
　En bailloit à croire ;
Pharaon, mauvais buveur,
　Eust envie d'en boire.
Moyse fut bien plus fin,
Il vit que ce n'estoit vin,
　　Il la passa toute
　　Sans en boire goutte.

Le bon homme Gédéon
　Faisoit des merveilles,
Et si n'usoit sédition
　Rien que de bouteilles.
Servons-nous donc aujourd'huy
De bouteilles comme luy,
　　Et faisons la guerre
　　A grands coups de verre.

Samson, au vieil Testament,
　Acquist de la gloire,
Ne se servant seulement
　Que de la mâchoire.

[1]. On prononçait *baire ;* cette même rime est encore employée au 5ᵉ couplet. On disait aussi *craire.*

Mangeons doncques hardiment,
Car au nouveau Testament,
  Ce seroit opprobre
  D'estre tousjours sobre.

Loth, qui fut homme de bien,
  Se plaisoit à boire,
Dieu ne luy en disoit rien,
  Il le laissoit faire.
Et puis quand il estoit saoul,
Il s'endormoit comme nous,
  Dans une caverne,
  Près de la taverne.

Noé, pendant qu'il vivoit,
  Patriarche digne,
Sçavoit bien comme on beuvoit
  Du fruict de la vigne.
De peur qu'il ne beust de l'eau,
Dieu luy fit faire un batteau
  Pour trouver refuge
  Au temps du déluge.

Cette chanson se trouve aussi dans le Recueil *m* — 1633.

m *bis* — **1633**

Alizon a l'œil charmant
Comme l'escaille d'une huitre,
Quand elle voit son amant,
C'est à travers d'une vitre.

La la deri deri derirette,
La la deri deri deriré.

Elle dit qu'elle a vingt ans
Ce jour des proschaines Pasques,
Mais je sçay qu'elle est du temps
Qu'on fit la porte Saint-Jacques.
La la deri, etc.

Son visage a des appas
Comme le pied d'une grue,
Les fleurs naissent sous ses pas
Comme les pois par la rue.
La la deri, etc.

Son nez qui souffle l'encens,
Le musc, la civette et l'ambre,
A des charmes plus puissants
Que n'a pas un pot de chambre.
La la deri, etc.

Fiacre quitte son brayer
Quand il va voir sa poupée,
Il prend son grand baudrier,
Avec sa belle espée :
La la deri, etc.

Il défie tout chacun
D'en trouver une plus belle,
Les anguilles de Melun
Ne sont pas si belles qu'elle.
La la deri, etc.

Elle a les pieds fort mignons,
Chaussez de mesme manière
Qu'est une botte d'oignons
Dedans une gibessière.
La la deri, etc.

Ses dents ressemblent fort bien
Aux chevilles d'une harpe,
On dirait à son maintien
Qu'elle a le bec d'une carpe.
La la deri, etc.

Elle a le bras potelé
Comme un baril de moutarde,
Son ventre est un choux gelé,
Et sa cuisse une hallebarde.
La la deri, etc.

Sa peau est d'un loup marin,
Son teton une besasse,
Qui veut à un pélerin
Servir d'une callebasse.
La la deri, etc.

On ne voit point de sujet
Qui d'une mine huppée,
Peut prendre comme elle fait
Les diables à la pipée.
La la deri deri derirette,
La la deri deri deriré.

B — 1530

Aller my fault sur la verdure,
Sercher party en quelque bonne part,
Estre hardy, joyeux, frisque et gaillart,
  Onc ne trouva couart pasture,
  Amy je nay qui me procure :
  Aller my fault sur la verdure,
  Amy je nay qui me procure.

Du jeü damours las tant jendure,
Aller my fault sur la verdure,
Si trouvoys ung galloys,
De mon vouloir feroys ouverture;
Si jentrois en ce boys
Rencontroys quelque créature:
Aller m'y fault sur la verdure.

C — 1535

Allons, allons gay m'amye, ma mignonne,
Allons, allons gay, gayement vous et moy.

Mon père a faict faire ung chasteau;
Il n'est pas grant, mais il est beau !
Et allons, allons gay, gayement, ma mignonne.

Il n'est pas grand, mais il est beau,
D'or et d'argent sont les carreaulx :
Et allons, etc.

Et si a troys beaulx chevaulx :
Et allons, etc.

Le roy n'en a point de si beaulx :
Et allons, etc.

L'ung est gris, l'aultre est moreau [1].
Et allons, etc.

Mais le petit est le plus beau :
Et allons, etc.

1. Noir.

Ce sera pour aller jouer :
Et allons, etc.

Pour ma mignonne et pour moy :
Et allons, etc.

J'irons jouer sur le muguet :
Et allons, etc.

Et y ferons ung chappellet
Pour ma mignonne et pour moy :
Et allons, etc.

X — 1581

Allons, gay, gay, bergères ;
Allons, soyez légères,
Suivez moy.

Allons voir le Roy
Qui du ciel en terre est nay :
Gay, gay ;

Allons, gay, gay, bergères ;
Allons, soyez légères,
Suivez moy.

Un beau présent luy feray
De ce flajolet que j'ay,
Tant gay ;

Allons, gay, gay, bergères ;
Allons, soyez légères,
Suivez moy.

Un gasteau luy donneray,
 Gay, gay.

Allons, gay, gay, bergères,
 Suivez moy.

Ho ! ho ! paix, là, paix, là, je le voy !
Dieu gard de mal ce grand roy
 Qui bien me voit,
  Gay, gay.

Allons, gay, gay, bergères,
Allons, soyez légères,
Le Roy boit, le Roy boit.

Cette chanson est traitée trop légèrement pour qu'on puisse l'appeler un noël ; c'est plutôt une des chansons originaires du *Roy boit*.

⁎
⁎ ⁎

Allons, partons, belle,
Partons pour la guerre,
Partons, il est temps.

Brave capitaine,
Que ça n' te fass' pas d' peine,
Ma fill' n'est pas pour toi.

Tu ne l'auras sur terre,
Tu ne l'auras sur mer,
Si ce n'est par trahison.

Le père prend sa fille,
Qui la déshabille,
Et la jette à l'eau.

L' capitaine, plus sage,
Se jette à la nage,
La ramène à bord.

Allons, partons, belle,
Partons pour la guerre,
Partons, il est temps.

A la première ville,
Son amant l'habille
Tout en satin blanc.

A la seconde ville,
Son amant l'habille
En or, en argent.

Elle était si belle,
Qu'on lui tendoit les voiles [1],
Dans tout le régiment.

Chanson citée par Balzac dans *les Chouans*.

R — 1571

A l'umbre d'un verd buisson
　Trouvay amyotte,
Dansames une chanson
　D'une basse note.
　Mais je la fringay,
　　Gay, gay, gay,
　Qu'elle trouva bon.

1. VARIANTE : Qu'on l'app'lait colonelle.

L'embusche fut descouverte
   Par une Margot,
Disant : donnez cotte verte,
   Je n'en diray mot.
   Mais je la fringay,
     Gay, gay, gay,
   Qu'elle trouva bon.

f — 1615

Air n° 1

Amour a prins sur moy rigour,
Adieu vous dis, madame, par amour,
Esbatement et chanterie :
Hélas, il est fait de ma vie.

J'ay veu que m'y soulois esbatre
Avec ces gentis, gentis gallans,
Mais maintenant je suis à l'âtre
Avec mes petits, petits enfans,
Dont l'un brait et l'autre y crie :
Hélas, il est fait de ma vie.

L'un y demande une cotelle [1],
L'autre y demande un caperon [2],
Ma femme est là qui m'y grommelle,
Hélas, mon amy, que feron.
Bat, mais tesiez-vous, tesiez ma mie :
Hélas, il est fait de ma vie.

---

1. Petite cotte. — 2. Chaperon.

Nous reprirons nostre Seignour
Qu'il nous donne du pain, du pain du four,
C'est pour nourrir nostre megnie [1] :
Hélas, il est fait de ma vie !

N bis — 1557

Amours, amours,
Tant tu m'y faictz de mal,
La nuict et le jour,
Sans prendre nul esbat.
Las, depuis quinze jours
J'ay faict cent mille tours
Pour trouver le moyen,
Et si ne puis tenir
Mamye à son plaisir
Une heure seulement.

Quand je la voy
Par devant moy passer
Si doucement,
La voulsisse embrasser,
En luy disant : amye,
J'ay au cœur grand soucy
De vous loyaument aimer,
Mais, belle, vostre amour
Me blesse nuict et jour,
Mais m'y fault endurer.

---

[1]. Famille.

Elle a son père
Qui la tient si de court
Qu'elle n'ose faire
Un tour emmy la court.
S'elle vient à moy parler,
On la vient appeler,
Cela me desplaist bien.
M'amie, un jour viendra
Que mon cœur jouira
De vous à son plaisir.

Hélas, m'amye,
Est-il vray ce qu'on dict,
Que pour un autre
M'avez mis en oubly?
Je veux dire et maintien
Que fille qui ayme bien,
En oyant ses amours,
On luy a beau blasmer,
Se elle peult oublier
Son amy par amour.

Rossignolet
Qui chante au vert buisson,
Va à m'amie
Luy dire une chanson,
Si très joyeusement,
Si amoureusement,
Qu'elle entende raison:
M'amie, le jour viendra
Que mon cœur jouira
De vous à son plaisir.

B — 1530

Amours ont changé de façon,
Sy d'argent n'entendent le son :
 Reculez vous arrière,
   Din din din,
   C'est la façon
Qui veult monter dessus larson [1]
 Et donner tost arrière ;
Ne bailles rondeau ne chanson,
Car pour din din din, gentil garson,
 On choqua [2] la barrière (*bis*).

B — 1520

A Paris a troys fillettes,
Te remu, te remu tu,
Te remu tu, gentil garsette [3];
La plus jeusne est mamiette,
Te remu, te remu tu;
Te remu tu, gentil garsette.
En son sain a deux pommettes,
Te remu, te remu tu,
Te remu tu, gentil garsette.

On trouve cette chanson bien plus complète, comme texte, dans la *Fleur des chansons*, réédition faite en 1857 par Duquesne, à Gand.

1. L'arçon. — 2. *Choque* signifiait au moyen âge une bûche ou une souche, avec laquelle on maintenait la barrière.

3. Ce mot signifie ici fillette.

p — 1644

A Paris, y a une fille mariée nouvellement,
Elle se peigne et se mire dans un beau miroir
[d'argent:

Dieu te gard, la Rose, ne te moque point des gens.

Elle se peigne et se mire dans un beau miroir
[d'argent,
Mais sa mère luy va dire : Marguerite, boutte avant:

Dieu te gard, etc.

Mais sa mère luy va dire : Marguerite, boutte avant,
Regardez si je suis belle, ou si mon miroir n'y ment:

Dieu te gard, etc.

Regardez si je suis belle, ou si mon miroir n'y ment.
Vous estes un peu brunette, vous enchargez d'un
[enfant:

Dieu te gard, etc.

Vous estes un peu brunette, vous enchargez d'un
[enfant,
Quand tu te mis en ménage, tu n'avois vaillant six
[blancs:

Dieu te gard, etc.

Quand tu te mis en ménage, tu n'avois vaillant six
[blancs:
Maintenant que tu es riche, tu portes le satin blanc,

Dieu te gard, etc.

Maintenant que tu es riche, tu portes le satin blanc,
Tu portes robe sur robe, et le demy-ceint d'argent [1]:

Dieu te gard, etc.

Qui a fait la chansonnette? Un bon garçon d'Orléans,
Qui, carressant sa maîtrese, lui levoit son satin
[blanc:

Dieu te gard, la Rose, ne te moque point des gens.

M — 1555

A qui me dois-je retirer,
Puisque mon amy m'a laissée.
Jour et nuict ne faictz que plorer
Comme pauvre desconfortée,
Puis bien mauldire la journée,
Qu'oncques jamais l'aimay si fort.
Je suis pauvre déconfortée,
Je vous prometz qu'il a grand tort.

A tout le moins s'il eust parlé
Ou dit à dieu pour récompense,
Ou bien que je l'eusse accollé,
Se m'eust esté grand' allégeance.
Le cœur me part quand bien y pense,
Et je suis preste à trespasser;
Il m'a faict une grand' oultrance,
S'il n'a desir de retourner.

---

1. Ceinture d'argent avec des pendants que portaient les femmes du peuple. (Roquefort.) Dans la chanson, il s'agit plutôt de la ceinture d'une grande dame.

Quant vint au soir à mon couché,
Au cueur me vint une pensée.
Ne me puis tenir de plorer
Quand je vy la chanse tournée.
Je vouldrois n'avoir esté née,
Puisque j'ay perdu mon amy,
Ou que je feusse trespassée,
Je croy qu'il en seroit marry.

Filles qui voulez faire amy,
Las, regardez ma destinée ;
Ne le prenez pas si joly
Qu'il vous laisse seulle esgarée.
Je lui avois m'amour donnée,
En pensant avoir bien choisi,
Mais il m'a laissée esgarée,
Pauvre fillette, sans amy.

J'avois en luy tout mon cueur mis,
Le voiant à ma fantasie,
Car autres fois m'avoit promis
Qu'il n'auroit jamais d'autre amie.
S'il est ainsi, Dieu luy doint vie
Et grace de bien tost revenir.
Car moy qui suis sa doulce amie,
Je n'atens l'heure de mourir.

Si fortune vouloit souffrir,
Un beau matin à la rousée,
Que je parlasse à mon amy
Pour luy racompter ma pensée,
Las, j'en serois fort allégée,
Et m'osteroit d'un grand soucy.
Mais puisque si tost m'a laissée,
Je croy qu'il m'a mise en oubly.

Amours, ennuitz me font mourir.
Amy, puisqu'il fault que le die,
Quant j'ay de toy le souvenir,
Je suis en grant mélencolie.
Hélas, amy, je te suplie
Que tu aies de moy merci,
Car si pitié n'as de t'amye,
Le cueur auras trop endurcy.

Au bois de dueil je m'en iray
Pour y passer resjouissance,
Un ruisseau de larmes feray,
Metant joye en oubliance,
En ressemblant la turterelle
Qui a le cueur triste et marry
Quant elle a perdu sa pareille,
Sur la branche seiche s'en va mourir.

Le noir il me convient choisir
Sur toute couleur pour livrée,
Puisque j'ay perdu mon amy,
Celuy qui m'avoit tant aymée.
De douleur suis quasi pasmée,
Tant a navré mon pauvre cueur,
Je quite le bleu pour livrée,
Aussi toute belle couleur.

Adieu plaisir, adieu soulas,
Adieu toute resjouyssance,
Plus ne puis avoir de soulas,
Car j'ay perdu mon espérance.
En luy j'avois mon espérance,
Voyant la sienne honnesteté,
Je ne luy fis jamais d'offence,
Pourquoy il me deust délaisser.

Rossignollet du boys joly,
Qui chante au bois soubz la ramée,
Va t'en dire à mon bon amy
Que par luy suis en grand'pensée,
Et qu'il m'enseigne la journée
Et l'heure qu'il doit revenir,
Car oncques nulle femme née
N'eut tant de mal pour son amy.

Qui a faicte ceste chanson?
Ce a esté une jeune fille,
En pensant à son bon amy,
Dedans Lyon la bonne ville,
Tousjours veit en melencolie
Du doute qu'elle a de s'amy :
Qu'il ne face une autre amie
En un autre estrange païs.

Cette chanson se trouve aussi dans le *Recueil de plusieurs Chansons*, Lyon, éditions de 1557, 1567, 1571, et dans le *Sommaire de tous les Recueils*. Paris, 1581.

T — 1572

Argent prent villes et chateaux,
Sans coup ferir, quand il foisonne;
Argent fait courir grans bateaux,
Tant que la mer cerne et vironne;
D'une mauvaise cause bonne
Argent corront loix et edis,
Reste sans plus qu'argent ne donne
Santé, jeunesse et paradis.

w — 1675

Chanson nouvelle sur la Vendange.

Assemblons-nous, filles et garçons,
   De Paris et Coulange,
Prenons la hotte et serpillon,

Et allons en vendange, allons,
   Et allons en vendange.

Sur le chemin nous y rirons,
   Ah! c'est un plaisir d'ange,
Dansans et sautans nous dirons :

Allons donc en vendange, allons,
   Allons donc en vendange.

L'on dit que Fanchon et Suzon,
   Qui sont du Pont-au-Change,
Disoient à deux bons compagnons :

Allons donc, etc.

Cinq ou six filles des Porcherons,
   Qui vendent des oranges,
Ont dit à autant de garçons :

Allons, etc.

Estant arrivez, nous coucherons
   Aux greniers ou aux granges,
Pargué! nous nous divertirons :

Allons, etc.

A travailler nous couperons,
  Nous ferons un mélange,
Vous nous prêterez vos serpillons :
Allons, etc.

Notre devoir bien nous savons,
  Pour en avoir revenge,
Nos paniers nous vous prêterons.
Allons, etc.

Ah! quelle joye que nous y aurons,
  Hors que le temps ne change,
Sur les ceps nous nous culbuterons.
Allons, etc.

Et aussitôt que nous aurons
  Rempli toutes les vidanges,
Nous remplirons nos corbillons.
Allons, etc.

L'argent que beaucoup rapporterons
  Sera pour acheter des langes,
Pour emmailloter les poupons.
Allons, etc.

Dedans la rue de Charenton,
  Une faiseuse de frange
A fait lever son cotillon :

En allant en vendange, donc,
  En allant en vendange.

Babet, de la rue Philipillon
  A un chagrin étrange
De voir du lait dans ses tétons,

Qui vient de la vendange, donc;
  Qui vient de la vendange.

Je crois que tous ces bons garçons,
  Buvans, feront des louanges
De toutes les filles qui vont

Cette année en vendange, donc;
  Allons en vendange.

  As-tu pas vu ma mie?
  Au bois, au bois, au bois,
  Au joli bois m'en vois.

  Je l'ai ouïe et parlée,
  Au bois, etc.

  Quel métier faisait-elle?
  Au bois, etc.

  Elle était couturière,
  Au bois, etc.

  Et en quoi cousait-elle?
  Au bois, etc.

  Ell' cousait en soierie,
  Au bois, etc.

  De quoi qu'était l'aiguille?
  Au bois, etc.

  Elle était d'argentine,
  Au bois, etc.

De quoi qu'était sa pointe ?
Au bois, etc.

Elle était diamantine,
Au bois, etc.

Dans quoi la serrait-elle ?
Au bois, etc.

Dans un coffret d'ivoire,
Au bois, au bois, au bois,
Au joli bois m'en vais.

Chanson citée par E. de Beaurepaire, p. 68.

f — 1615

Air n° 2

As-tu point veu rouge nez,
Le maistre des yvrongne ?

Mon pere m'y veut marier,
As-tu point veu rouge nez ?
En un vieillard my veut donner,
Il pleut, il vente, il tonne :

As-tu point veu rouge nez ?
En un vieillard my veut donner.

As-tu point veu rouge nez ?
Qui n'a ny maille ni denier,
Il pleut, il vente, il tonne :

As-tu, etc.

Qui n'a ny maille ny denier,
  As-tu point veu rouge nez ?
Fors un baston de vert pommier,
  Il pleut, il vente, il tonne :

  As-tu, etc.

Fors qu'un baston de vert pommier,
  As-tu point veu rouge nez?
De quoy il me bat les costez ;
  Il pleut, il vente, il tonne :

  As-tu point veu rouge nez,
  Le maistre des yvrongnes ?

K — 1552

Au bois, madame,
  Au joli bois
    M'en vois.

En celuy bois,
    Madame,
Sçavés-vous qu'il y a ?
  Un nid, Madame,
Un nid d'oyseau y a.

  Au bois, etc.

En celuy nid,
    Madame,
Sçavez-vous qu'il y a ?
  Trois vifz, madame,
  Trois vifz oiseaux.

Au bois, madame,
Au joli bois,
M'en vois.

Cette chanson, en passant par des rajeunissements successifs, s'est maintenue jusqu'à nos jours dans le répertoire des enfants. Voir *Rondes enfantines*, Garnier, 1885, page 56.

i ter — 1627

Au jardin de ma tante,
Il y a une ante,
L'entends-tu ?
Ils ne sont pas tous sur les arbres, les coqus.

Il y a une ante, il y a une ante,
Et dessus cette ante,
L'entends-tu ? — Ils ne sont, etc.

Et dessus cette ante, et dessus cette ante
Il y a un coq qui chante,
L'entends-tu ? — Ils ne sont, etc.

Il y a un coq qui chante (*bis*)
Et qu'est-ce qu'il demande,
L'entends-tu ? — Ils ne sont, etc.

Et qu'est-ce qu'il demande (*bis*)
Il y demande femme,
L'entends-tu ? — Ils ne sont, etc.

Il y demande femme (*bis*)
Il y en a tant en France,
L'entends-tu ? — Ils ne sont, etc.

Il y en a tant en France (*bis*)
Et de noire et de blanche,
L'entends-tu ? — Ils ne sont, etc.

Et de noire et de blanche (*bis*)
N'y prenez point ces blanches,
L'entends-tu ? — Ils ne sont, etc.

N'y prenez point ces blanches (*bis*)
Elles y sont trop friandes,
L'entends-tu ? — Ils ne sont, etc.

Elles y sont trop friandes (*bis*),
Prenez-y ces brunettes,
L'entends-tu ? — Ils ne sont, etc.

Prenez-y ces brunettes (*bis*),
Elles y sont joliettes,
L'entends-tu ?
Ils ne sont pas tous sur les arbres, les coqus.

f — 1615

Air n° 3

Au jardin de mon pere,
Y a un oranger,
Celle que je revere
Venant si ombrager :

Aimez-moy, ma bergere,
Aimez-moy sans danger.

Celle que je revere,
Venant si ombrager,
Je luy fay la prière
De mon mal alleger.
Aimez, etc.

Je lui fay la prière
De mon mal alleger ;
Mais la belle au contraire
S'en va pour m'affliger :
Aimez, etc.

Mais la belle au contraire
S'en va pour m'affliger,
Et si de m'en distraire
Je n'oserois songer :
Aimez, etc.

Et si de m'en distraire
Je n'oserois songer,
Las ! s'il se pouvoit faire
Que je fusse berger :
Aimez, etc.

Las ! s'il se pouvoit faire
Que je fusse berger,
Ceste beauté si chère
Je verrais sans danger :
Aimez, etc.

Ceste beauté si chère
Je verrois sans danger,
On doit prévoir l'affaire
Avant que s'engager :
Aimez, etc.

On doit prévoir l'affaire
Avant que s'engager,
Car qui va temeraire
A l'amour s'obliger,
Aimez, etc.

Car qui va temeraire
A l'amour s'obliger,
C'est en toute misere
Et malheur se plonger :

Aimez-moi, ma bergère,
Aimez-moi sans danger.

e *bis* — **1614**

Au joly bois je m'en vay,
  Au joly bois j'iray,
    Avec qui ?
Avecques vous, Madame,
En ce joly printemps,
Avecques vous, Madame,
Prendre le passetemps,
    Et quand ?
Quand mon amy vient de dehors
  Entre ses bras toute nue,
  Il me baise et je m'endors,
  Puis après je suis plus drue.
    Est-il vray ?
    Il est bien vray,
  La chose est bien certaine.
    De quoy ?.

Qu'il est jan jan, ma mère,
  Qu'il est jan jan,
  Comme le sçais-tu ?

J'ai veu l'oyseau du nid saillir,
Estant tout hors d'aleine.
  Que disoit-il ?
  Cou cou.

B — 1530

Au joly boys je rencontray ma mye,
Quant elle maperceut elle fut resjouye ;
Elle ma dit tout bas en soubriant :
  Baisez-moi tant, tant,
  Friguez-moy tant, tant,
Je saray vostre amye.

B — 1530

Au joly jeu du pousse avant
  Fait bon jouer.

L'autrier m'aloys esbaloyer [1],
Je rencontray la belle au corps gent,
Propos lui tins amoureusement,
Soubzriant doulcement la vois baiser.

---

1. *S'esbaloyer*, se réjouir.

Elle en fait doute,
Mais je la boute,
Elle riotte,
Danse sans notte,
Et laissez, laissez, trut avant.

Au joly jeu du pousse avant
Fait bon jouer.

B — 1530

Au verd boys je m'en iray,
Je m'en iray seule au vert bois,
Je m'en iray jouer.

A mon amy jay donné là une heure,
Doulcement fauldra là que je lacueile :
Au verd boys je m'en iray seule.

A mon amy jay donné là une heure,
Pour nous voir au verd boys :
Au verd boys je m'en iray seule.

En parle qui vouldra parler,
Pour en avoir un doulx baiser :
Au verd boys je m'en iray seule.

H [1]

Aymez-moy, belle Margot,
Puisque je vous ay tant aimat
Que j'en suis devenu fol,
J'en ay perdu lou parlat.

1. Sans date.

Si passez par dessus nous,
Et mamye belle Margot,
Si passez par dessus nous,
Si vous donray a goutat.
Je vous donray de noz choux ;
Et de nostre bon beuf sallat.

Si vous voula dire ung mot,
Et mamye, belle Margot ;
Si vous voula dire ung mot,
Je vous donray des souliars,
Des souliars de cuir de beuf
De vache rataconnat.

Si voula faire un cop,
Et mamye, belle Margot,
Si vous voula faire un cop,
Merde ne le dira pas.
Je vous donray ung cotteron [1],
Tout fourré de taffetas.

Vous m'avez coutat cent solz,
Et mamye belle Margot,
Vous m'avez coutat cent solz,
Et ne m'avez rien donnat.
Mais plus ne m'en coustera,
Vous m'avez deshonorat.

1. Jupon.

z *ter*

Beau marinier qui marines,
   Vive l'amour !
Apprends-moi à chanter :
   Vive le marinier !

Entrez dans mon navire,
   Vive l'amour !
Je vous l'apprenderai :
   Vive le marinier !

Quand ell'fut dans l'navire,
   Vive l'amour !
Ell'se prit à pleurer :
   Vive le marinier !

— Eh ! qu'avez-vous, la belle,
   Vive l'amour !
Qu'avez-vous à pleurer ?
   Vive le marinier !

— Hélas ! mon pèr'm'appelle,
   Vive l'amour !
Il m'appell'pour souper :
   Vive le marinier !

— Eh ! taisez-vous, la belle,
   Vive l'amour !
Avec moi vous soup'rez :
   Vive le marinier !

Quand ell'fut pour s'coucher,
  Vive l'amour !
Son lacet s'est noué :
  Vive le marinier !

Prêtez-moi votre dague,
  Vive l'amour !
Mon lacet est noué :
  Vive le marinier !

Et quand elle eut la dague,
  Vive l'amour !
Dans l'cœur se l'est plongée :
  Vive le marinier !

— Sans la maudite dague,
  Vive l'amour !
Je serais marié :
  Vive le marinier !

A la plus jolie fille,
  Vive l'amour !
De tout l'bourg de Guirlé :
  Vive le marinier !

(D'après E. de Beaurepaire.)

a *bis* — 1602

Bien heureux qui se peut dire
Tout exempt de passion,
Et qui chez soy se retire
Sans aucune ambition :
Voyla, voyla, la la la,
Comme l'on vit au village ;
Voyla, voyla, la la la,
Pour vivre heureux en cela.

Bien heureux qui, au village,
Dans sa petite maison,
Mange d'un canard sauvage
A la farce d'un oison :
Voyla, voyla, la la la,
Comme l'on vit au village ;
Voyla, voyla, la la la,
Comme l'on vit de cela.

Bien heureux qui dans ses bornes
Joüit du contentement
De voir ses bestes à cornes
Paistre avec la jument :
Voyla, voyla, la la la,
Le cabinet du village ;
Voyla, voyla, la la la,
Tout encorné de cela.

Bien heureux qui, aux gelées
Du plus profond des hyvers,
Se pourmeine en ces allées,
Sans se prendre aux arbres vers :
Voyla, voyla, la la la,
Tous les pièges du village ;
Voyla, voyla, la la la,
Où l'on apprend à cela.

Heureux qui à sa bergère
Va tâtonnant le teton,
Puis au bout de la carrière
Donne le tour de Breton :
Voyla, voyla, la la la,
Comme l'on fait au village ;
Voyla, voyla, la la la,
Comme l'on y fait cela.

III bis — 1633

Bonjour, dame Jaqueline,
Arde, je vous aime tant !
Quand vous me faites la mine,
J'ay l'esprit tout mal content :
« Ma foy, compère Jacquet,
Vous n'avez que du caquet. »

J'ay de ma défuncte femme
Un corset de drap du sceau,
Avec un beau bas d'estame [1],
Je vous dis de sainct Marceau :
« Ma foy, etc.

Quand je suis dans ma boutique
Je dégoise mon plain chant,
Car je chante la musique
Comme un escuyer tranchant :
« Ma foy, etc.

Ma chambrière Perrine
Mangeant sa souppe à l'oignon,
Et disoit à sa voisine
Que je suis bon compagnon :
« Ma foy, etc.

Si vous vouliez, apres Pasques,
Nous ferions rabillaré,
J'ay des escus plains trois caques,
Je vous dis juste et quarré :
« Ma foy, compère Jacquet,
Vous n'avez que du caquet. »

---

1. Étoffe de laine.

Air n° 4

Mon père était broc,
Ma mère était pot.

Buvons à tire larigot[1],
  Chers amis, à la ronde,
Au dieu du vin soyons dévot,
  Il gouverne le monde !
    Jadis nos aïeux
    Prêchaient encor mieux
    Cette morale sainte :

Mon père était broc,
Ma mère était pot,
Ma grand'mère était pinte.

J'eus pour parrain le dieu Bacchus ;
  Ce fut sous une treille
Que de lui le nom je reçus
  D'enfant de la bouteille.
    Dès que je fus né,
    De ce jus sacré
    J'eus la première atteinte :

Mon père était, etc.

---

1. Odon Rigaud, d'une famille riche et puissante de Lyon, (d'après M. Cochard), devenu archevêque de Rouen, fit don à son église cathédrale d'une grosse cloche, fondue en 1282, et qui fut appelée de son nom, *La Rigaud*. Le prélat acheta une vigne, et en appliqua le produit à faire boire ceux qui sonneraient la susdite cloche ; de là vint le proverbe : *boire à tire la Rigaud*, ou boire comme un sonneur.

(*Variétés historiques*, etc., par A. Péricaud, p. 161.)

La nourrice que je tétois
　Me donnait la bouillie,
Mais à ce mets je préférois
　Le vin de Malvoisie.
　　Enfant, je suçois,
　　Au lieu de hochets,
　　Un raisin de Corinthe :

　Mon père était, etc.

J'avais douze ans quand je soutins,
　En forme de logique,
Sur la différence des vins,
　Une thèse bachique.
　　Monté sur un banc,
　　Fier comme Artaban,
　　Je poussai bien ma pointe :

　Mon père était, etc.

A présent que je suis docteur,
　Messieurs, venez m'entendre ;
Bien mieux qu'un autre professeur,
　Je saurai vous apprendre
　　Qu'il faut nuit et jour
　　Boire plein d'amour,
　　A la santé d'Aminthe :

　Mon père était broc,
　Ma mère était pot,
　Ma grand'mère était pinte.

MONSIEUR DE BOIS-GILLE

Ce fut à la male heure,
Un jour de vendredi,
Que monsieur de Bois-Gille,
   La la sol fa,
Prit congé de Paris,
   La sol fa mi.

Que monsieur de Bois-Gille
Prit congé de Paris,
Pour convoyer deux dames,
   La la sol fa,
Jusque dans leur logis,
   La sol fa mi.

Pour convoyer deux dames
Jusques en leur logis.
La conduite finie,
   La la sol fa,
Etant pour reparti',
   La sol fa mi.

La conduite finie,
Etant pour reparti' :
« Restez, restez, Bois-Gille,
   La la sol fa,
Restez Bois-Gille ici,
   La sol fa mi. »

« Restez, restez, Bois-Gille,
Restez, Bois-Gille ici. »

— Non, ma Dame m'espère,
  La la sol fa,
A coucher cette nuit, —
  La sol fa mi.

— Non, ma Dame m'espère
A coucher cette nuit.
Quand il fut dans la plaine,
  La la sol fa,
Vit grande compagnie,
  La sol fa mi.

Quand il fut dans la plaine,
Vit grande compagnie.
Il appela son page,
  La la sol fa,
— Petit Jean, mon ami,
  La sol fa mi.

Il appela son page :
— Petit Jean, mon ami,
Dis-moi, dis-moi, mon page,
  La la sol fa,
Qui sont tous ces gens-ci?
  La sol fa mi.

— Dis-moi, dis-moi, mon page,
Qui sont tous ces gens-ci?
— C'est Monsieur de Vendôme,
  La la sol fa,
Votre grand ennemi,
  La sol, fa mi.

— C'est Monsieur de Vendôme,
Votre grand ennemi;

Piquez, piquez, mon maître,
  La la sol fa,
Et tirez à couri',
  La sol fa mi.

Piquez, piquez, mon maître,
Et tirez à couri'.
— Courir, un de Bois-Gille !
  La la sol fa,
Page, tu perds l'esprit,
  La sol fa mi.

— Courir, un de Bois-Gille !
Page, tu perds l'esprit. —
Auprès de la grand'borne,
  La la sol fa,
La rencontre se fit,
  La sol fa mi.

Auprès de la grand'borne
La rencontre se fit ;
Comme entre gentilshommes,
  La la sol fa,
Le bonjour se donnit,
  La sol fa mi.

Comme entre gentilshommes,
Le bonjour se donnit :
« Bonjour, bonjour, Bois-Gille,
  La la sol fa ;
— A toi, Vendôme aussi,
  La sol fa mi.

« Bonjour, bonjour, Bois-Gille ;
— A toi, Vendôme aussi. —

Te souvient-il, Bois-Gille,
   La la sol fa,
D'l'affront que tu me fis?
   La sol fa mi.

Te souvient-il, Bois-Gille,
D'l'affront que tu me fis,
Devant la jeune reyne?
   La la sol fa.
Trois fois me démentis,
   La sol fa mi.

Devant la jeune reyne,
Trois fois me démentis;
Devant la reyne-mère,
   La la sol fa,
Un soufflet me donnis,
   La sol fa mi.

Devant la reyne-mère,
Un soufflet me donnis. —
Achevant ces paroles,
   La la sol fa,
Le combat s'engagit,
   La sol fa mi.

Achevant ces paroles,
Le combat s'engagit.
Bois-Gille en tua trente,
   La la sol fa,
Mais son épée faillit,
   La sol fa mi.

Bois-Gille en tua trente,
Mais son épée faillit.

Il appela son page,
  La la sol fa :
— Petit Jean, mon ami,
  La sol fa mi.

Il appela son page :
— Petit Jean, mon ami,
Va-t-en dire à ma femme,
  La la sol fa,
Qu'ell'n'a plus de mari,
  La sol fa mi.

Va-t-en dire à ma femme
Qu'ell' n'a plus de mari ;
Vas dire à la nourrice,
  La la sol fa,
Qu'elle ait soin du petit,
  La sol fa mi.

Vas dire à la nourrice
Qu'elle ait soin du petit,
Et qu'il tire vengeance,
  La la sol fa,
Un jour de ces gens-ci,
  La sol fa mi.

Et qu'il tire vengeance
Un jour de ces gens-ci.
Achevant ces paroles,
  La la sol fa,
Bois-Gill'rendit l'esprit,
  La sol fa mi.

Chanson publiée par Ampère, dans les *Instructions*, etc. p. 30, d'après le docteur Roulin.

N — 1557

Ce fut la veille d'un dimanche,
Marguerite dedans sa chambre,
Elle se jette à deux genouls,
Disant : j'ay perdu mes amours.

Marguerite est au lict malade,
Et sa chambrière la garde,
Dans son baing la reforçant,
Et en beuvant de ce vin blanc.

Marguerite est dedans sa chambre,
Et son mary luy demande :
Ma doulce amye, par amours,
Où avez-vous esté tousjours ?

« J'ay esté veoir ma cousine ;
Nous n'avons beu qu'une chopine,
Et si en avons beu d'autant
De ce vin blanc qui est friant.

Je vais boire à vous, ma cousine,
En vous priant de ma voisine,
Et aussi fais-je à Marion,
Car le vin blanc luy semble bon.

Mais ce fut pour ma sœur Loyse
Que me vint quérir à l'église,
Et je n'y voulois pas aller,
Car j'avois peur de m'enyvrer.

« Si vous allez à la taverne,
Mandez-moy par la chambrière,

Et soit le plus secrètement,
De peur du parlement des gens.

Si voulons faire bonne chère,
Envoyez chez la paticière,
Apportez pastez de chapons,
Cela nous semblera fort bon. »

Il a mis son argent en bagues,
En tabourins et en bombardes
Et en devanteaux de Damas :
C'est pour porter plus grand estat.

Celle qui fait la chansonnette,
Ce fut une jeune fillette,
S'estuvant tous les quinze jours
Avec son amy par amours.

V — 1578

Ce joly matinet,
J'ay aperceu Robinet
Dessus la fresche rousée,
Qui mignotoit sa Catin,
Lui tatonnoit le tetin,
Et dessoubs luy l'a jetée :
Puis l'acole et si la baise,
Et, vray Dieu, qu'il estoit aise !

LA CHASSE

Celles qui vont au bois, c'est la fille et la mère ;
L'une s'en va chantant, l'autre se désespère :
« Qu'avez-vous à pleurer, Marguerite, ma chère ? »

« J'ai un' grande ire au cœur, qui me fait pâle et triste,
Je suis fille sur jour et la nuit blanche biche,
La chasse est après moi par haziers et par friches.

Et de tous les chasseurs, le pir', ma mèr', ma mie,
C'est mon frère Lyon : vite, allez, qu'on lui die
Qu'il arreste ses chiens jusqu'à demain ressie. »

— Bonjour, bonjour, mon fils. — Eh ! bonjour donc,
[ma mère,
— Où sont les chiens, Lyon ? où sont-ils à cette
[heure ?
— Ils sont dans la forêt à courr' la biche blanche.

« Arrête-les, Lyon, arrête ; je t'en prie. »
Trois fois les a cornés, sans que pas un l'ait ouïe ;
La quatrième fois, la blanche biche est prise.

Mandons le dépouilleur, qu'il dépouille la bête.
Le dépouilleur a dit : y a chose méfaite,
Elle a sein d'une fille et blonds cheveux sur tête.

Quand ce fut pour souper : « Que tout l'mond'
[vienne vite,
Et surtout, dit Lyon, faut ma sœur Marguerite ;
Quand je la vois venir, ma vue est réjouite. »

« Vous n'avez qu'à manger, tueur de pauvres filles ;
Ma tête est dans le plat et mon cœur aux chevilles,
Le reste de mon corps devant les landiers grille. »

Lyon sortit dehors comme un homme bien triste,
Les yeux rougis de pleurs, en désespoir s'écrie :
« Faut n'avoir qu'une sœur, ainsi l'avoir détruite !

« Le bras du dépouilleur est rouge jusqu'à l'aisne !
Dans le sang que ma mère avait mis dans nos veines,
J'ai laissé boir' mes chiens comme à l'eau des fon-
[taines !

« Pour un malheur si fier je ferai pénitence :
Serai pendant sept ans sans mettr'chemise blanche,
Et j'aurai, sous l'épin' pour toit, rien qu'une bran-
[che. »

La *Revue des Deux-Mondes* a donné cette légende lugubre en 1849; Emile Souvestre l'a reproduite dans les *Derniers Paysans*, et E. de Beaurepaire la donne avec les vers dédoublés, dans ses *Etudes sur la Normandie*, p. 77.

B — 1530

Ce moys de may, ce mois de may
Ma verte cotte je vestiray ;
De bon matin me leveray
Ce joli, joli moys de may,
Un sault en rue je feray
Pour veoir si mon amy verray,
Je luy diray qu'il me descrotte,
Me descrottant le baiseray.

I bis — 1543

DU MOYS DE MAY, HUICTAIN

Ce moys de may, sur la rousée,
Irons jouer pour cueillir vert,
Moy et ma mignonne brousée,
Regardant la feuille à l'envers ;
Mais s'elle crainct le descouvert,
Des genoulx sentant la froidure,
Par moy ils seront recouvers,
Mais je seray la couverture.

DU MOYS DE MAY

Ce joly moys de may
Me donne grand esmoy ;
Ne vous vueille desplaire,
Car ung denier je n'ay
Pour avoir le cueur gay
Et aux dames complaire.
Au verd boys m'en iray,
Pour veoir si trouveray
Ma dame débonnaire,
A qui demanderay
Jouyssance et verray
Fleur de poë.
S'el'me sera contraire,
O joly moys de may,
Si de toy secours ay,
Que je croy débonnaire ;
De m'amye au corps gay,
Je pourray faire essay ;
Tel qu'il luy pourra plaire.

1 — 1633

Ce n'est pas encore icy
Que j'ay trouvé mamie,
Je la veux aller chercher
Au péril de ma vie.
En passant pardevant toy,
Belle dame, baise-moy.

Beau galand, pardonne-moy
Si j'ay baisé t'amie,
Ç'a esté qu'en la voyant
Je l'ay trouvée jolie,
Et en te disant adieu,
Je m'en vais en autre lieu.

Ça, c'est à ce coup icy
Que j'ay trouvé mamie,
Je ne l'iray plus chercher
Au péril de ma vie.
Or sus, belle, baise-moy,
Car je meurs d'amour pour toy.

Voyez le *Bouquet de ma mie*, Chansons des provinces. W.

Ce sont les filles de Saint-Servan,
 Tanterlau, tanterlantan,
 Hélas! qu'elles sont jolies, ô gué!
 Hélas! qu'elles sont jolies!

Elles ont regardé vers le camp,
  Aperçurent un navire.

Arrivent, arrivent au batelier,
  Que le bon vent amène.

— As-tu point vu mon ami
  Aux îles des Canaries ? —

« Oui, je l'ai vu, et il m'a dit
  Que vous étiez sa mie. »

— Oui, je la suis et la serai
  Tout le temps de ma vie. —

Ce sont les filles de Saint-Servan,
  Tanterlan, tanterlantan,
Hélas ! qu'elles sont jolies, ô gué !
Hélas ! qu'elles sont jolies !

E. de Beaurepaire, p. 47.

e bis — 1614

C'est au pays de par delà,
  La belle bergère,
Une claire fontaine y a,
La la la, et la belle bergère.

Une claire fontaine y a,
  La belle bergère.
J'en ai tant beu qu'elle m'a faict mal,
La la la, etc.

J'en ay tant beu qu'elle m'a faict mal,
    La belle bergère,
J'en fus malade au lit trois mois,
    La la la, etc.

J'en fus malade au lit trois mois,
    La belle bergère,
Tous mes amis m'y venoient veoir.
    La la la, etc.

Tous mes amis m'y venoient voir,
    La belle bergère,
Mais mon amy n'y venoit pas.
    La la la, etc.

Mais mon amy n'y venoit pas,
    La belle bergère.
Il m'a mandé qu'il y viendra.
    La la la, etc.

Il m'a mandé qu'il y viendra,
    La belle bergère.
Une bouteille apportera.
    La la la, etc.

Une bouteille apportera,
    La belle bergère,
Bouteille n'y vaut rien sans vin,
    La la la, etc.

Bouteille n'y vaut rien sans vin,
    La belle bergère.
La belle vigne sans raisin.
    La, la, la, etc.

La belle vigne sans raisin,
   La belle bergère,
La belle gerbe sans espy,
   La la la, etc.

La belle gerbe sans espy,
   La belle bergère,
La belle fille sans amy.
La la la, etc.

La belle fille sans amy,
   La belle bergère,
Le compagnon s'il n'est hardy,
La la la, etc.

Le compagnon s'il n'est hardy,
   La belle bergère,
Si ne va voir s'amie de nuict,
La la la, et la belle bergère.

S — 1571

C'est dedans Paris
  Où a un jeune homme,
Il y a un an
  Qu'il perdit sa femme.
Ses amis en sont
  Fachez contre luy,
  D'avoir laissé perdre
Sa femme à crédit.

Quand l'an fut passé,
Il l'a retrouvée
Chez un sien voisin,
Qui l'avait serrée.
Il en avait fait
Tout à son plaisir :
Pour sa récompense
Jan but avec luy.

— Hé, voisin, voisin,
Rendez-moy ma femme,
Que nous n'ayons point
De procès ensemble.
Il y a un an
Que vous la gardez :
Rendez-moy ma femme,
Si fait en avez. —

« Hé, voisin, voisin,
Et repren ta femme,
Mais garde-toy bien
De lui donner blasme,
Ou je te feray
Payer les dépens
Qu'elle a fait chez moy
Tout depuis un an. »

— Hé, voisin, voisin,
Je te donrois blasme.
Tu as trop longtemps
Retenu ma femme.
S'elle t'a servy
De jour et de nuict,
Au moins ne peux-tu
Que de la nourrir. —

Ces deux hommes icy
Ont pris fascherie,
Se sont fait venir
Devant la justice.
« Monsieur, il me blasme,
M'appellant meschant,
D'avoir nourry sa femme
Tout depuis un an.

— Monsieur, escoutez,
C'est un mauvais homme ;
Il y a un an
Qu'il fait ma besongne.
Ma femme l'a servy
De jour et de nuict :
Au moins ne peut-il
Que de la nourrir. —

Escoutez, Monsieur,
Je requiers sentence.
Voyez qu'il confesse
En vostre présence,
J'ay fait sa besongne
Tout depuis un an ;
La besongne est faite,
Je veux de l'argent.

— Si voulez ouyr
Donner la sentence,
Vien ça, mon amy,
Va, reprent ta femme.
Si elle a pris peine
De le bien servir,
L'homme a pris grand'peine
De la bien nourrir.

Retournons-nous-en
Doucement, ma femme,
Ne faisons nul bruit,
C'est honte et diffame ;
Toutes vos offenses
Vous sont pardonnez,
Jamais en ma vie
Je n'en parleray.

Quand ils furent entrez
Tous deux en la chambre,
La femme empoigna
Un baston de tremble,
Elle frappa tant
Dessus son mary,
Qu'il lui dit : Ma femme,
Je vous crie mercy.

Je vous prie, ayez
Pitié du pauvre homme ;
Si j'ay offencé,
J'iray jusqu'à Rome ;
Ne me frappez plus
Dessus les costez.
Il sort en la rue
Et gaigna aux pieds.

Deux bons compagnons,
En beuvant choppine,
Jan vint droit à eux
Conter sa fortune :
Ma femme m'a mis
Hors de ma maison,
Ell'm'en a chassé
A coups de baston.

Au bout de deux jours
La chanson fut faite,
Auprès d'un bon feu,
Dans une salette,
Priant pour les femmes
Qui ont le renom
De chasser leur mary
A coups de baston.

1 — 1633

C'est la belle patissière
Du bout du pont Saint-Michel,
Elle s'en va en pèlerinage,
Son mary est trépassé.
Bon bon bon, je le vay dire,
Gay gay gay, je le diray.

Elle s'en va en pèlerinage,
Son mary est trépassé.
En son chemin elle rencontre
Son compère le boulanger.
Bon bon bon, etc.

Où allez-vous, ma commère,
Où allez-vous promener?
Je m'en vay en pèlerinage,
Mon mary est trépassé.
Bon bon bon, etc.

Je m'en vay en pèlerinage,
Mon mary est trépassé.
— Vous avez menty, commère,
Vous allez aux Cordeliers. —
Bon bon bon, etc.

Vous avez menty, commère,
Vous allez aux Cordeliers.
Qu'on lui apporte une chaire,
Car je croy qu'il veut prêcher.
Bon bon bon, etc.

Qu'on luy apporte une chaire,
Car je croy qu'il veut prêcher;
Un oreiller sous sa teste,
Car je crois qu'il veut resver.
Bon bon bon, je le vay dire,
Gay gay gay, je le dirai. —

a *bis* — **1602**

C'est la fille du roy, qui est au pied de la tour,
Qui ploure et souspire et meine grand doulour :
Hélas ! il n'a nul mal qui n'a le mal d'amour.

Qui ploure et souspire et meine grand doulour.
Sa mère lui demande : Fille, qu'avez-vous ?
Hélas ! etc.

Sa mère luy demande : Fille, qu'avez-vous ?
Y voulez-vous un conte, baron ou seignour ?
Hélas ! etc.

Y voulez-vous un conte, baron ou seignour ?
— Je veux mon amy Pierre qui est dedans la tour.
Hélas ! etc.

Je veux mon amy Pierre qui est dedans la tour. —
« Taisez-vous, ma fille, ce n'est pas pour vous.
Hélas ! etc.

Taisez-vous, ma fille, ce n'est pas pour vous.
Il y sera pendu demain au point du jour.
Hélas ! etc.

Il y sera pendu demain au point du jour. »
— Si l'on le fait mourir, enterrez-moy dessous.
Hélas, etc.

— Si l'on le fait mourir, enterrez-moy dessous.
Tous ceux qui passeront diront : voylà doulour.
Hélas ! etc.

Tous ceux qui passeront diront : voylà doulour ;
Las ! qu'une fille meure pour sa trop grand'amour.
Hélas ! etc.

Las ! qu'une fille meure pour sa trop grand'amour,
Ceste piteuse exemple servira pour trestous.
Hélas ! etc.

Ceste piteuse exemple servira pour trestous,
Et la grand' cruauté demourera sur vous.
Hélas ! etc.

Et la grande cruauté demourera sur vous,
Lors nos cœurs s'en iront droit au temple d'amours.
Hélas ! il n'a nul mal qui n'a le mal d'amour.

On peut comparer cette chanson avec : *La belle se siet au pied de la tour*, également avec la *Pernette* dans les *Chansons populaires des provinces de France*, puis encore avec *Las! il n'a nul mal qui n'a le mal d'amour*, dans le premier volume des *Echos du temps passé*. Cette légende était connue et mise en chansons dès le xve siècle, peut-être même a-t-elle existé antérieurement à cette date.

Z — 1600

C'est le curé de Lyon
Qui faict faire assemblée ;
Il a fait planter le may
Devant l'huis à la musnière :
Lon la tira lira lerira,
Lon la la tira lere.

Il a fait planter le may
Devant l'huis de la musnière,
Et quand le may fut planté,
Ils ont demandé à boire.
Lon la, etc.

Et quand le may fut planté,
Ils ont demandé à boire :
Le musnier est arrivé
Qui a battu la musnière ;
Le curé est survenu :
« Pourquoy battez ma commère ? »
Lon la, etc.

Le curé est survenu :
« Pourquoi battez ma commère ? »
— Je l'ay battue et battray,
Car elle va au presbitère :
Lon la, etc.

— Je l'ay battue et battray,
Car elle va au presbitère.
Je vous laisse à penser
La chose qu'elle y va faire :
Lon la, etc.

Je vous laisse à penser
La chose qu'elle y va faire ;
Elle y va son lit dresser
Et y baillier son aire :
Lon la tira lira lerira.
Lon la la tira lere.

A comparer avec : *C'est le verdier de Bernay.*

LE TRI MA ÇA

C'est le mai, le joli mai,
C'est le maï, le tri mà ça.
Bonne dame de céans,
Faites du bien pour Dieu le grand,
Et des œufs de vos gelines,
De l'argent de votre bourse :
   C'est le mai, le joli mai,
   Le joli tri mà ça.

En revenant de voir vos blés,
Nous les avons trouvés sarclés,
Le doux Jésus en soit béni,
De vos vignes et de vos blés
   Au tri mà ça :
C'est le mai, le joli mai,
Le joli tri mà ça.

Quand votre mari reviendra des champs,
Priez le bon Dieu qu'il le renvoye,
  Ni plus ni moins content,
Voyant que les blés se portent bien,
   Au trois de mai,
C'est le mai, le joli mai,
  Le joli mois de mai.

a bis — 1602

C'est le verdier[1] de Bernay,
Qui, pour se donner carrière,
A esté planter un may
Devant l'huis de la musnière.

Lon la la tire lire la lira,
Lon la la tire lire.

A esté planter un may
Devant l'huis de la musnière.
Après qu'ils l'eurent planté,
Ils s'en sont en allés boire.

Lon la, etc.

Après qu'ils l'eurent planté,
Ils s'en sont en allés boire ;
Et quand ils eurent tous beu,
S'en viennent veoir la musnière.

Lon la, etc.

Et quand ils eurent tous beu,
S'en viennent veoir la musnière ;
Le musnier est survenu
Qui a veü toute l'affaire.

Lon la, etc.

---

1. *Verdier*, garde forestier.

Le musnier est survenu,
Qui a veü toute l'affaire :
Sortez tous hors ma maison,
Vous n'avez icy que faire.

Lon la, etc.

Sortez tous hors ma maison,
Vous n'avez icy que faire.
Et à grands coups de baston,
Il vous charge la musnière.

Lon la, etc.

Et à grands coups de baston,
Il vous charge la musnière.
— Holà haut, meschant musnier,
Pourquoy bas-tu ma commère ? —

Lon la, etc.

— Holà haut, meschant musnier,
Pourquoy bas-tu ma commère ? —
Je la battray, car dès hier,
La trouvay en la manière.

Lon la, etc.

Je la battray, car dès hier
La trouvay en la manière,
Je vous laisse à penser
Si cela m'y doibt bien plaire.

Lon la la tire lire la lira,
Lon la la tire lire.

i — 1627

C'estoit la mère et la fille qui s'en alloyent promena,
La fille trouva une andouille dans une gerbée de bla :
Verte vous verda, ma mère, que j'ay trouva.

La fille trouva une andouille dans une gerbée de bla,
La mère y est accourue, qui en veut avoir sa part :
Verte vous, etc.

La mère y est accourue, qui en veut avoir sa part :
Perdiga, ç'a, dit la fille, mère, vous n'en aurez pas.
Verte vous, etc.

Perdiga, ç'a, dit la fille, mère, vous n'en aurez pas.
Faut aller devant le juge pour en faire un ordonna.
Verte vous, etc.

Faut aller devant le juge pour en faire un ordonna
Dieu vous garde, m'sieur le juge, m'sieur, Dieu
[vous garde de mal.
Verte vous, etc.

Dieu vous gard', m'sieur le juge, m'sieur, Dieu vous
[garde de mal,
C'est que j'ay trouvé une andouille dans une gerbée
[de bla.
Verte vous, etc.

C'est que j'ay trouvé une andouille dans une ger-
[bée de bla,
Ma mère y est accourue qui en veut avoir sa part :
Verte vous, etc.

Ma mère y est accourue, qui en veut avoir sa part.
Le juge se meit en chaire, et aussi tost prononça :
Verte vous, etc.

Le juge se meit en chaire, et aussitost prononça :
Que la fille auroit l'andouille, la mère la gerbe de bla.
Verte vous, etc.

Que la fille aurait l'andouille, la mère la gerbe de bla.
Merdiga, ç'a dit la mère, j'y en voulis appella.

Verte vous, etc.

Merdiga, ç'a, dit la mère, j'y en voulis appella,
Car j'ayme mieux une andouille que cinq cens
[gerbes de bla.
Verte vous verda, ma mère, que j'ay trouva.

p — 1644

Chanson en langage picard, propre pour danser.

C'est pour ty, belle Maïon,
C'est pour ty, belle ajouque,
Que ché cailleu [1] de tou coté,
Quetoient pu dru que mouque [2],
Et ché coup de fourque [3],
N'est-ce mie grand pitay [4].

---

1. Cailloux. — 2. Mouche. — 3. Fourche. — 4. Pitié.

Colin étoy tout ahuri,
De vir[1] une telle battrie.
Colin ten bœn di qu'au derrin,
Culbutant de furie :
Chelle tete ahurie
N'eut mie peur un grain.

Colin a racolé[2] Maïon,
Pour ly avoir un Chinoire[3],
Une quelogne[4] à filer lain,
Qui est fœtte d'yvoire,
Il l'y achati coire[5]
Une botte de lain.

J'y ay donné les batison
En tan, à nô méquine[6],
Alle m'attaqui d'un gro tizon,
Ou, parmy mes babinne,
Je vy chè boudeine,
Et chen gro blajon.

*
* *

C'est sur le pont de Nantes,
Emmenons gué, gué, la bergère,
Les Anglais vont jouer,
Emmenons la bergère au pré.

1. Voir. — 2. Caresse. — 3. Tablier. — 4. Quenouille. —
5. Encore. — 6. Notre servante.
Plusieurs expressions restent inexpliquées, ne les comprenant pas moi-même. — J.-B. W.

Ils ont trouvé qui prendre,
Emmenons, etc.
Un homme prisonnier.
Emmenons, etc.

Si nous avions ta fille,
Nous te lairions aller.

Ma fille est à l'église,
Faut aller la trouver.

— Bell', votre pèr' vous mande,
Faut aller le trouver. —

Quand la bell' fut au châtel,
Les portes se sont fermées.

Quand ell' fut dans la chambre,
Ell' se mit à pleurer.

Et le grand capitaine
La requit de l'aimer.

— Attendez, ce dit-elle,
Ce soir après souper. —

Et quand ell' fut seulette,
Ell' se mit à prier.

Ell' pria Dieu, la Vierge,
Et l'archange Michel.

Et quand le capitaine
Revint pour la trouver.

Il l'appela trois fois,
Sans pouvoir l'éveiller.

Il lui fit dir' trois messes
Et la fit enterrer.

Puis quitta le métier,
Emmenons, gué, gué, la bergère,
Pour se faire tonsurer.
Emmenons la bergère au pré.

* * *

C'est sur le pont de Nantes,
Vogue, beau marinier, vogue,
M'y allant promener,
Vogue, beau marinier.

En mon chemin rencontre,
Vogue, etc.
Une fille éplorée,
Vogue, etc.

Ah! qu'avez-vous, la belle ?
Qu'avez-vous à pleurer?

Je pleure mon anneau d'or,
A la mer qu'est tombé.

Le galant se dépouille,
A la mer s'est jeté.

Au premier coup qu'il plonge,
Du sable a rapporté.

Au second coup qu'il plonge,
L'anneau d'or a touché.

Au troisième coup qu'il plonge,
Le galant s'est noyé.

La bell' qu'est en fenêtre,
Ell' se mit à pleurer.

— Faut-il pour une fille,
Que tu te sois noyé !

Prêtez-moi votre dague,
Pour couper mon lacet. —

Et quand elle eut la dague,
Vogue, beau marinier, vogue,
Au cœur s'en est donné,
Vogue, beau marinier.

M. E. de Beaurepaire donne cette chanson, p. 54. En la comparant avec : *Beau marinier qui marines*, on verra jusqu'à quel point la chanson populaire s'emprunte à elle-même.

a bis — 1602

CHANSON A DANSER

Chambrière, chambrière,
Allez tost et venez çà,
Allez à mon amy dire
Que mon mary ni est pas, hola hola.

Hola, hola hola,
Je tiens la dame peu sage,
Qui belle chambrière a.

Allez à mon amy dire
Que mon mary n'y est pas. —
La chambrière rusée
Print son chaperon de drap, hola hola.

Hola, etc.

La chambrière rusée
Print son chaperon de drap,
Et tout droit s'en est allée
Au logis de l'advocat, hola hola.

Hola, etc.

Et tout droit s'en est allée
Au logis de l'advocat :
« Monsieur, madame vous mande
Que son mary n'y est pas, hola, hola.

Hola, etc.

Monsieur, madame vous mande
Que son mary n'y est pas. »
Il empongne la galande,
Dessus son lit la jetta, hola hola.

Hola, etc.

Il empongne la galande,
Dessus son lit la jetta.
— Pourquoy faire iray-je à Romme
Quand les pardons sont deçà, hola hola.

Hola, etc.

— Pourquoy faire iray-je à Romme,
Quand les pardons sont deçà? —
La maistresse est aux fenestres
Qui avisa tout cela, hola hola.

Hola, etc.

La maistresse est aux fenestres
Qui avisa tout cela.
« Ha ! dit-elle, bonne beste,
Vostre maistre le saura, hola hola.

Hola, etc.

Ha ! dist-elle, bonne beste,
Vostre maistre le saura. »
— Par ma foy, si vous luy ditte,
Je conteray vostre cas, hola hola. —

Hola, etc.

— Par ma foy, si vous luy ditte,
Je conteray vostre cas. —
La maistresse assez despitte
Dit : plus ne me serviras, hola hola.

Hola, etc.

La maistresse assez despitte
Dit : plus ne me serviras, hola hola.

Hola hola hola,
Je tiens la dame peu sage,
Qui belle chambrière a.

G — 1542

Changeons propos, c'est trop chanté d'amours,
  Ce sont clamours,
 Chantons de la serpette,
Tous vignerons ont en elle recours;
  C'est le secours
 Pour tailler la vignette,
O serpillette, o serpillonnette,
La vignolette est party mise sus,
Dont les bons vins tous les ans sont mis sus,
Dont les bons vins tous les ans sont mis sus.

AULTRE

Vive la serpe, les serpiers et le serpillon,
 La serpe taille la vignette,
  Serpe et la serpette,
Voulez-vous plus chose honneste?
Pour vendanger, pour vendanger le grapillon,
  Serpe et la serpette,
 Les serpiers et le serpillon,
  Vive la serpette,
 Les serpiers et le serpillon.

*
* *

 Comme j'étais petite,
 Petite à la maison,
 On m'envoyait aux landes,
 Pour cueillir du cresson.

Verduron, verduronnette,
Verduron, don don.

La fontaine était creuse,
Je suis tombée au fond.

Quand par ici il passe
Trois braves compagnons.

— Que faites-vous, la belle,
Pêchez-vous du poisson?

— Hélas! non, ce dit-elle.
Je suis tombée au fond.

— Que donn'rez-vous, la belle,
Nous vous retirerons. —

— Retirez-moi toujours,
Après ça nous verrons. —

Quand ell' fut retirée,
Chanta une chanson.

— Ce n'est pas ça, la belle.
Que nous vous demandons.

C'est votre cœur en gage,
Par ma foi, nous l'aurons. —

Leur fit la révérence,
Leur tourna les talons.

Voir cette chanson dans E. de Beaurepaire, p. 32, et une version de 1724. publiée par Ballard, dans le 1er volume des *Rondes et Chansons à danser.*

k — 1632

Comment filerois-je ?
Je suis sans fusée,
Mon mary me bat, la la,
J'en suis bien faschée.

Mais plus il me battera,
Je feray tousjours cela.
File, Margot, file, file comme moy.

Comment filerois-je ?
Je n'ay point de laine,
Mon mary me bat, la la,
Trois fois la semaine.

Mais plus, etc.

Comment filerois-je ?
Je n'ay point de chanvre,
Mon mary me bat, la la,
Dedans nostre chambre.

Mais, etc.

Comment filerois-je ?
J'ay mal à la teste,
Mon mary me bat, la la,
Ce n'est qu'une beste.

Mais plus il me battera,
Je feray tousjours cela.
File, Margot, file, file comme moy.

t — 1660

Air n° 5

CHANSON NOUVELLE

Compagnon marinier,
Grande et pleine est la mer;
Le flot bat au rivage,
Il faut prendre ce bort,
Car le vent est trop fort :
Ne perdons point courage.

Las, je crains bien que l'eau
N'aist dedans ce bateau
Entré durant l'orage.
Sus, compagnons, tirons
La pompe et la vidons :
Ne perdons point courage.

N'ayans plus rien, sinon
Le trincguet qui soit bon,
Sa voille et son cordage,
Il nous la faut hausser,
Pour mauvais temps passer:
Ne perdons point courage.

Le vaisseau trop chargé
Est beaucoup soulagé;
La charge et l'équipage
Est presque dans le port,
C'est un grand réconfort :
Ne perdons point courage.

Compagnon marinier,
N'allons plus sur la mer,
Car je crains le nauffrage;
Mais si le bateau plein
Fait trafic de ce vin :
Ne perdons point courage.

Ce qui nous est resté
Est ore en seureté,
Si refaisons voyage,
Faut le vaisseau tourner
Pour le recalfeutrer :
Ne perdons point courage.

Ce volume de 1660 renferme principalement des chansons faites sur Basselin, qu'on cite souvent; ce sont toutes chansons à boire. L'air *Compaignon marinier* est cité dans la *Pieuse alouette avec son tire-lire*, 1576 et 1619, mais l'air n'est pas le même.

M — 1555

Chanson-nouvelle faicte à plaisir,
Nully ne la prenne à desplaisir;
Elle n'est faicte que pour chanter
A table, après qu'on a banqueté.

Dans Orléans, ville de nom,
Il y a tant de bon vin cler,
A la grand guelle, se dit-on,
Partout n'y en a point de pareil,
Et m'a fait maintes fois chanter :
Gros nez, rougiras-tu jamais?

REPRINSE

Gros nez, gros nez, gros nez, gros nez,
Gros nez, rougiras-tu jamais ?

Au matinet, quant m'esveilly,
J'ouys mes oreilles corner.
Mon nez estoit enluminez,
Les yeulx encores plus brouillez,
Alors je me prins à chanter :
Gros nez, rougiras-tu jamais?

Gros nez, etc.

De la cuisse d'un gras chappon
Nous ferons nostre desjeuner,
Et trois plains pots de vin beurons,
Tant que nous en pourrons pousser,
Et puis nous prendrons à chanter:
Gros nez, rougiras-tu jamais ?

Gros nez, etc.

Et quand s'est venu au souper,
Faisant tousjours de mieulx en mieulx,
Nous en beusmes chascun six pots,
Pour avoir le cœur plus joyeulx.
Et de commencer à chanter:
Gros nez, rougiras-tu jamais?

Gros nez, etc.

Nous manderons tous ces gros nez
Pour faire la collation,
Qui ne peuvent plus cheminer
Qu'à potences et aux bastons,
Rondin, Brondin, Guillot du Pons :
Gros nez, rougiras-tu jamais?

Gros nez, etc.

Celluy qui fist ceste chanson
Ce fut un joly pionnier,
Qui beuvoit volontiers du bon
Tant qu'il avoit un seul denier,
Et si chantoit tant volontiers:
Gros nez, rougiras-tu jamais?

Gros nez, gros nez, gros nez, gros nez,
Gros nez, rougiras-tu jamais?

X ter — 1586

De bien aymer je te jure
Que nully ne m'y passe,
Quant m'y souvient de ta grace,
De te veoir le temps m'y dure.

Si fortune m'est contraire
Et sur moy fort envieuse,
Elle m'est si fort facheuse
Qu'à mon gré je n'en puis faire.

J'ayme mieulx estre bergière,
Gardant brebis en patience,
Que ribaulde mariée,
En dangier de conscience.

Rossignolet, gorge dorée,
Je te prie, fays moy ung messaige,
Et t'en va dire à ma mye
Que son amour fort m'agrée.

1643

Dedans céte plaisant desbauche,
A toy, frère, de ce vin bon
Moy boy de mon main gauche,
Si tu donné à moi du jambom,
Toy verras moy fredonner en cadence :

    Colimtampon,
Vive bonne France et Louys de Bourbon !
    Colimtampon.

Grand mercy, frère camarade,
Moy va t'en faire la raison
De céte canonade ;
Et n'y a Suisse ni Grison
Qui de bon cœur ne fredonne en cadence :

    Colimtampon, etc.

Quand au combat on me resveille,
Moy prend toujours pour gabion
Le tour d'une bouteille,
Et veux avoir le morrion
Si de bon cœur ne fredonne en cadence :

    Colimtampon,
Vive bonne France et Louys de Bourbon !
    Colimtampon.

(Gantez, Entretien des Musiciens.)

f — 1615

Air n° 6

Dedans la bruyère,
En me promenant,
Trouvai ma bergère
Les aigneaux gardant :

Aimez-moy, ma bergère,
Je vous aime tant.

Dessus la feugère
La vay chatouillant.....
Lors, toute en colère,
Elle va disant :

Aimez-moy, etc.

Lors, toute en colère,
Elle va disant :
Tirez-vous en arrière,
Que cerchez-vous tant ?

Aimez-moy, etc.

Tirez-vous en arrière,
Que cerchez-vous tant ?
— Vostre amour, bergère,
Je vay pourchassant :

Aimez-moy, etc.

Vostre amour, bergère,
Je vay pourchassant,
Oyez la prière
De vostre servant :

Aimez-moy, etc.

Oyez la prière
De vostre servant,
Qui nul bien n'espère
Qu'en vous seulement :

Aimez-moy, ma bergère,
Je vous aime tant.

※

Della la rivière sont
Les troys gentes damoiselles,
Della la rivière sont,
Font ung sault, et puis s'en vont.

Je perdy ersoir icy,
Je perdy ersoir icy
Le bonnet de mon amy,
Le bonnet de mon amy.

Et vous l'avez.
— Et vous mentez. —
Et qui l'a donc ?
— Nous ne savons. —

Della la rivière sont
Les troys gentes damoiselles,
Della la rivière sont,
Font ung sault et puis s'en vont.

Bibliothèque nationale, man. n° 12744.

G — 1542

De Paris a Larochelle,
   Gentil marichal (*bis*)
   Ferra-tu mon cheval?

Il y a troys damoyselles,
   Gentil marichal (*bis*)
   Ferra-tu mon cheval?

Dont la plus jeune est mamyette,
   Gentil marichal (*bis*)
   Ferra-tu mon cheval?

Je la prins et je l'embrasse,
   Gentil marichal (*bis*)
   Ferra-tu mon cheval?

Je la gectay sur l'herbette,
   Gentil marichal (*bis*)
   Ferra-tu mon cheval?

Je luy levay sa chemisette,
   Gentil marichal (*bis*)
   Ferra-tu mon cheval?

Luy mis la main sur la cuyssette,
  Gentil marichal (*bis*)
  Ferra-tu mon cheval?

Je lui feis troys foys ou quatre,
  Gentil marichal (*bis*)
  Ferra-tu mon cheval?

Je la relevay grossette,
  Gentil marichal (*bis*)
  Ferra-tu mon cheval?

b — 1606

Depuis trois jours d'icy
  J'ay fait maistresse,
De quoy mon pauvre cœur
  Vit en tristesse.

Ses amis sont fascheux,
  Pleins de rudesse,
Sont cause que je meurs
  En grand' détresse.

Un dimanche au matin
  Ils m'ont fait prendre
Par son propre cousin....
  M'a fallu rendre.

M'ont prins et m'ont mené
  Dans une chambre,
Et m'ont enquesonné
  De mon attente.

Je leur dis le subjet
  De mon amie,
C'est que la veux aymer
  Toute ma vie.

Ils me dirent, amy,
  Quittez la fille,
Car elle a d'autres amis
  En ceste ville.

Qui sont ces envieux
  Qui ont envie ?
Ils ont envie sur moy
  Et sur m'amie.

Je l'ayme et l'aymeray
  Tant que je vive,
Son serviteur seray
  Toute ma vie.

Si la pouvois tenir
  En ce bocage,
Luy dirois sans mentir
  Le grand naufrage.

Si la pouvois tenir
  En ma chambrette,
Un baiser je prendrois
  Sur sa bouchette.

Sa bouche de coral,
  Son sein d'albastre
Sont cause de mon mal,
  De mon désastre.

Ceux qui sont outrageux
  A mon desire,
Sont cause que je meurs
  En grand martyre.

Rendre je m'en iray
  Dans ce bocage,
Où hermite seray
  Dans l'hermitage.

Qui a fait la chanson
  Gaye et jolye ?
Ce fut un bon garçon
  D'imprimerie.

G — 1542

Dictes que c'est du mal, mamye,
Dictes que c'est du mal des dentz.
  A Paris a une fille
  Qui est cointe et jolye,
  Elle a tant faict la follie
  Qu'elle est grosse d'enfant :

Dictes que c'est du mal, mamye,
Dictes que c'est du mal des dentz.

  Elle crye et se desconforte,
  Et si vouldroit estre morte;
  Son amy la reconforte,
  Luy disant bien tendrement :

Dictes que c'est, etc.

Et quand vous serez acouchée,
Dans une chambre bien parée,
Vous serez très bien traictée
Dans ung lict bien jolyment :
Dictes que c'est, etc.

Et quand vous serez relevée,
Au moustier serez menée,
D'une chappe affublée,
Pour peur du parler des gens :
Dictes que c'est, etc.

Alors que serez retournée,
Faictes bien la résolue,
Vous ferez ung sault en rue,
Pucelle comme devant :
Dictes que c'est, etc.

Et quand vous serez mariée,
De quelque mignon espousée,
Vous aurez coiffe dorée,
C'est l'estat mignonnement.
Dictes que c'est, etc.

Quand serez avec luy couchée,
Faictes bien la réservée,
Disant : je suis affolée,
En plorant bien tendrement.
Dictes que c'est, etc.

S'il dict que n'estes pas pucelle,
Prenez à luy la querelle,

Disant : Je ne suis pas telle ?
Vous en mentez faulcement.

Dictes que c'est du mal, mamye,
Dictes que c'est du mal de dentz

Cette chanson se trouve aussi dans le *Recueil de toutes les sortes de chansons*, etc., 1555, avec de légères variantes.

M — 1555

Chanson nouvelle d'une jeune dame qui fist labourer sa vigne, sur le chant : *Compaignon galoys*.

Dieu met en malle sepmaine
  Qui m'a desbauché.
Tout au long de la sepmaine
  Je n'ay rien gaigné.
Volontiers travailleroye
Si à labourer trouvoye,

  Compagnon galois,
  O compagnon galois.

Or m'y dy : mon compagnon,
  Quel mestier es-tu ?
— Par ma foy, ma jeune dame,
  Je suis vigneron. —
Mon mary a une vigne
Qui ne peult ploier l'eschine,

  Compagnon galois,
  O compagnon galois.

Le compagnon fut habille,
Dedans la vigne il entra;
Il trouva la terre dure,
Mais bien fort la laboura.
La dame grand joie en a,
Luy a dit en bref langage :
Voici très bon labourage.

 Compagnon galois,
 O compagnon galois.

Au nom Dieu, ce dit la dame,
Je vous prie, recommencez.
— Par ma foy, ma jeune dame,
 Je suis trop lassé. —
Puisque tu es trop lassé,
Reprens un peu ton allaine,
Tu n'y perdras pas ta peine.

 Compagnon galois,
 O compagnon galois.

Le compagnon fut habille,
Dedans la vigne il entra.
Il trouva la terre molle,
 Tant qu'il en sua.
La dame grand joye en a,
Lui a dit en bref langage :
Compagnon, prends bon courage.

 Compagnon galois,
 O compagnon galois.

Avant que de commencer,
 Nous desjeunerons,
Et de ce bon vin de Beaulne
 Très bien j'en beurons,

Et puis recommencerons.
Si ma vigne est bien fourbie,
Gallant tu n'y perdras mie.

  Compagnon galois,
 O compagnon galois.

a bis — 1602

Dieu te gard, ma belle Catin,
Et ton petit gent corsage ;
Chantois-tu pas à ce matin
Tout le long de ce rivage :

Vive le gentil godelureau,
Le plus minguant du vilage !

Mon Tenot, mon doucelet,
J'y estois au verd boccage,
Où j'acoustrois ce touffelet,
Et chantois de grand courage :
Vive le, etc.

Mais, je te prie, dy moy, mon cœur,
Lequel emporta le gaige
Des trois, et qui eut l'honneur
De la chanson le présage :
Vive le, etc.

Mon Tenot, Philis chanta bien,
Pensant avoir l'avantage ;
Mais Tibrine passa le sien,
Qui en emporta le gage :
Vive le, etc.

Car jamais le rossignolet,
Qui est enclos dedans sa cage,
Ne raisonna son chant si net
Que fit la bergère sage :
Vive le, etc.

Mais, dy moy, ma belle Catin,
Ce qu'il y avoit pour gage.
— Je te le diray, mon poupin.
Et d'un allègre courage :
Vive le, etc.

Il estoit dit par les pasteurs
Des plus gallands du vilage,
Qui mieux chanteroit pour faveur
De ces bergerettes sages :
Vive le, etc.

Elle aurait en don pour prix
L'oiseau chantant son ramage,
Avec la plus belle brebis
De tout notre paturage :
Vive le, etc.

Mais toy, mon Tenot, mon berger,
Que desires-tu pour gage ?
Je te donne ce doux baiser,
Prens-le donc de bon courage :
Vive le, etc.

Sieds-toy derrière ce gazon,
Entourné de vert feuillage,
Et là faisons la liaison,
Adoucissant d'amour la rage :
Vive le gentil godelureau,
Le plus minguant du vilage !

Z — 1600 et a *bis* — 1602

Dieu vous gard, belle bergère,
Vous et vos moutons aussi,
Vostre beauté singulière
 Ma fait venir jusqu'icy,
Pour vous faire humble prière.

Lon la la, belle bergère,
Lon la la, fariron rira,
La belle bergère là.

— Monsieur, si vostre prière
N'offence point mon honneur,
Ce que peut une bergère,
Je le feray de bon cœur,
Sans que vous m'en priez guère.

Lon la la, etc.

Scavoir est belle bergère
Si vous me voulez aimer,
J'ay dedans ma gibecière
Cent escus pour vous donner,
Faictes-moy donc bonne chère.

Lon la la, etc.

— Monsieur, tirez-vous arrière,
Allez ailleurs vous pourveoir,
Vous ni vostre gibecière
Ne me scauroit decevoir,
— Je ne suis pas si légère.

Lon la la, belle bergère,
Lon la la, fariron rira,
La belle bergère là.

h — 1624

Dieu vous gard', ma mignonne,
Celle que veux aymer ;
Permettez, je vous prie,
  Ma mie, ma mie,
Que vous puisse baiser.

Puis que tu es si belle,
Et moy si plein d'amours,
Ne me sois point rebelle,
  Cruelle, cruelle,
Et me donne secours.

Tu fais de l'incogneue
A ton fidelle amant,
Mais cependant ta vue
  Me tue, me tue,
Comme le feu ardant.

Une dame doit estre
Fidelle à son amant,
Et luy faire aparoistre
  Luy estre, luy estre
Fidelle en bien aimant.

Voudrois-tu bien, mauvaise,
Me tenir en langueur,
Sans estaindre la braise,
  La braise, la braise
Qui me brusle le cœur ?

Non, non, laissez-moy faire :
Je ne veux pas mourir,
Mais je ne veux pour salaire
  Vous faire, vous faire
Ce qui vous peult guérir.

Je ne veux autre chose
Que baiser ces deux yeux,
Mais le sein où repose
  La chose, la chose
Que mon cœur ayme mieux.

Puisque l'amour volage
M'a si bien arresté,
Son pénible servage,
  Servage sans gage,
Detient ma liberté.

Je mourray en peu d'heure :
Hélas ! vous avez tort,
Mais je vous veux bien dire,
  Et dire sans rire,
Auparavant ma mort,

Que dedans ce bocage
Où je me veux regir
Dedans un hermitage,
  Volage, sans gage,
Amour y veut mourir.

Quand sonnera la cloche
La nuict, pour Dieu prier,
Belle, qu'il te souvienne
  Et vienne, et vienne
De ton fidelle aymer.

Qui fit la chansonnette ?
C'est un bon compagnon,
Qui aymoit bien la fille ;
  La fille, la fille,
Ne sçavoit pas son nom.

K — 1552

Du noir, et en revoulez-vous,
Du noir, du sureluribon,
    De ce bon noir?
Madame, voulez-vous
Du noir, du sureluribon,
    De ce bon noir.

Qui allez en commission,
Toute dame, jeune fillette,
J'ay de la pouldre à violette,
Qui est bonne en perfection.

Du noir, etc.

Or que vostre blancheur soit telle
Qu'elle est de soymesme assez belle,
Mon noir beaucoup mieux la fait voir.

Du noir, et en revoulez-vous,
Du noir, du sureluribon,
    De ce bon noir.

**

Eh! que feront povres gendarmes
En la Comté, en garnison?
Il leur fauldra rendre les armes,
Ou Bayart mangera Grison [1];

---

[1]. Noms de chevaux.

Quitter leur fault leur garnison,
Car ilz n'ont pas ung petit blanc :
Le Roy des Rommains les abuse,
C'est la façon des Allemens.

Il y a ung duc en Autriche,
Roy des Rommains se fait nommer,
Mais il n'en est de rien plus riche :
Ilz ne le veullent advouer ;
Gens d'armes a fait amasser,
Mais il n'a pas foison d'argent :
La fiebvre puisse-il espouser,
Qui le serrera longuement.

Il se fioit en Ludovic [1],
Qui a fait mourir son nepveu ;
Il a trahy le Roy de France,
Mais il n'a pas eu du meilleur ;
A la journée du Forneuf [2]
Il luy mourut beaucoup de gens,
Et ceux qui ne m'en vouldront croire
Demandent aux Vénissiens.

Celluy qui feist la chansonnette,
C'estoit ung povre·déchassé ;
Il a vendu sa maisonnette
Pour servir la croix sainct André [3],
Mais il n'y a guères gaigné :
Du font du cueur il s'en repent,
Il veult servir le Roy de France,
Qui luy en donra largement.

---

1. Sforza. — 2. Fornoue. — 3. Bourgogne.

✶✶✶

En baisant m'amye,
J'ay cueilly la fleur.

M'amye est tant belle
Si bonne façon :
En baisant m'amye,
J'ay cueilly la fleur.

Blanche comme neige,
Droite comme un jonc :
En baisant, etc.

La bouche vermeille,
La fosse au menton :
En baisant, etc.

La cuisse bien faicte,
Le tetin bien rond :
En baisant, etc.

Les gens de la ville
Ont dit qu'ils l'auront :
En baisant, etc.

Mais je vous asseure
Qu'ils en mentiront :
En baisant m'amye,
J'ay cueilly la fleur.

a bis — 1602

En ce joly moys de may,
Que ce doux temps renouvelle,
Et ce joly temps d'esté,
Je prins congé de ma belle;
Quand je partis d'avec elle,
Elle m'y disoit toujours :

Mandez-moy de vos nouvelles,
Adieu mes belles amours.
— Mamie, puisque je m'en vay,
Las! je vous lairray seullette. —

— Mais quand vous penserez à moy,
Que ferez-vous, ma sœur doucette ? —
Je chanteray dans ma tourelle,
Mon cœur y prendra secours.
Mandez-moy, etc.

J'ai maintes fois passé la mer
Pour vous aller trouver, mamie,
Je me suis mis en grand danger,
En peine de perdre la vie,
Vous le sçavez bien, ma Délic,
Si j'aime d'autre que vous.
Mandez-moy, etc.

— J'ay esté battue maintes fois,
Mon ami quand à vous parloie,
Ma mère disoit que je venois.
D'avec vous en plaisir et joie,
Or, suis-je fille sans cervelle,
Mon doux amy, c'est par vous —
Mandez-moy, etc.

Ma mignonne, mon souci,
Ma toute et ma grasselette,
Ton parler m'a d'aise ravi,
Considérant l'amour parfaicte
Que tu as envers moy, ma belle,
Augmentée tous les jours.
Mandez-moy, etc.

Si en vostre absence, amy,
Avez de moy souvenance,
Mon cœur seroit réjouy,
Et vivrois en espérance
Qu'un jour serois en ta cordelle [1],
Et conjointe avecques vous.
Mandez-moy de vos nouvelles,
Adieu mes belles amours.
— Mamie, puisque je m'en vay,
Las ! je vous lairray seullette. —

B — 1530

En entrant en ung jardin
Jay trouvé Guillot Martin
Avec Helaine, qui demandoit
    Au matin
    Son picotin,
    Non pas d'avoine.
Adonc Guillot luy a dit :
Vous aurez bien ce crédit
Quand je seray en alaine,
Mais n'en prenez que ung petit,
Car par trop grand appetit
Vient souvent la pance plaine.

---

1. Liée à lui, à sa discrétion.

B bis — 1530

Enfans, enfans de Lyon,
Vous n'estes pas à vostre aise,
Vous avez beaucoup de maulx,
Il est temps de vous retraire
Et prendre la mort en gré

Le jardin qui est sur Saone,
Jamais plus ne t'y verray.

Regardis par derrière moy,
Je veis trahison bien faicte,
C'est de trois sergens de roy,
Qui menoient joyeuse feste ;
Ils ont mis la main sur moy :

Le jardin, etc.

Ils m'ont prins et m'ont mené
Dedans la maison commune,
Et si m'ont bien enferré,
Sans avoir faict chose nulle,
Sans avoir faict chose nulle,
Ils ont mis la main sur moy :

Le jardin, etc.

Si j'avais de blancs linceulx
Et ung peu de couverture,
Pour mettre dessous mon dos,
Car la terre est trop dure ;
Ce seroit contre nature,
Si tant de bien m'advenoit :

Le jardin, etc.

ENFANS, ENFANS DE LYON.

Si j'avois du papier blanc
Et de l'ancre pour escripre,
J'escriprois une chanson
Aux dames de ceste ville,
Qui prieroyent Dieu pour moy:

Les belles filles de ville,
Jamais plus ne vous verray.

Cette chanson se trouve également imprimée en 1542 : *Sensuyt plusieurs belles chansons nouvelles et fort joyeuses* (G).

i ter — 1627

En m'en revenant de Caen,
Rencontray un courtisan :

Ho, ma commère, ho ho, qu'il est bon,
Lan fin, lan fa, lanfarirondon.

Rencontray un courtisan,
Qui me disoit en allant :

Ho, ma commère, etc.

Qui me disoit en allant,
Que l'exercice des champs :

Ho, ma commère, etc.

Que l'exercice des champs
Estoit de tirer au blanc :

Ho, ma commère, etc.

Estoit de tirer au blanc,
Et de fait qu'incontinent :

Ho, ma commère, etc.

Et de fait qu'incontinent
Je le recogneus sçavant :

Ho, ma commère, etc.

Je le recogneus sçavant,
Sur l'herbette me jettant :

Ho, ma commère, etc.

Sur l'herbette me jettant,
Il me troussa mon devant ;

Ho, ma commère, ho ho, qu'il est bon,
Lan fin, lan fa, lanfarirondon.

f — 1615

Air n° 7

En passant l'eau j'ai trouvé de quoy rire,
   J'ai le mot à dire,
Un passager approchant son navire,
   J'ai le mot à dire, moi,
    Moy j'ay le mot à dire.

Un passager approchant son navire,
   J'ay le mot à dire,
Vit arriver une dame de Vire,
   J'ay le mot à dire, moi,
    Moy j'ay le mot à dire.

Vit arriver une dame de Vire,
    J'ay le mot à dire
Tout aussi tost son amour il respire,
    J'ay le mot, etc.

Tout aussi tost son amour il respire,
    J'ay le mot à dire,
De l'appeler promptement il aspire,
    J'ay le mot, etc.

De l'appeler promptement il aspire,
    J'ay le mot à dire,
Et plein d'amour dans son bateau l'atire,
    J'ay le mot, etc.

Et plein d'amour dans son bateau l'atire,
    J'ay le mot à dire,
En luy disant : ma belle, je désire,
    J'ay le mot, etc.

En luy disant : ma belle je désire,
    J'ay le mot, à dire,
Que vous donnez remède à mon martire,
    J'ay le mot, etc.

Que vous donnez remède à mon martire,
    J'ay le mot à dire,
La belle enfin qui ne fait que sourire,
    J'ay le mot, etc.

La belle enfin qui ne fait que sourire,
    J'ay le mot à dire,
Ne l'ose pas rudement esconduire,
    J'ay le mot à dire.

w — 1675

En revenant de Charenton, (*bis*)
Trouvai la bergère Louison,
  Faisant des cabrioles :
Ah! voyez donc, ah! voyez donc,
Que ces Louisons sont drolles.

Trouvai la bergère Louison, (*bis*)
Laquelle gardoit ses moutons,
  Faisant des cabrioles :
Ah! voyez, etc.

Laquelle gardoit ses moutons, (*bis*)
Il y survint un beau garçon
  Faisant des cabrioles :
Ah! voyez, etc.

Il y survint un beau garçon, (*bis*)
Qui apportoit la collation,
  Faisant des cabrioles ;
Ah! voyez, etc.

Qui apportait la collation, (*bis*)
Se sont assis près d'un buisson,
  Faisant des cabrioles :
  Ah! etc.

Se sont assis près d'un buisson, (*bis*)
Après, il dit une chanson,
  Faisant des cabrioles :
Ah! etc.

Après, il dit une chanson, (*bis*)
Fit danser la belle Louison,
   Faisant des cabrioles :

Ah ! etc.

Fit danser la belle Louison, (*bis*)
Dansant, la jetta sur le jonc,
   Faisant des cabrioles :

Ah ! etc.

Dansant, la jetta sur le jonc, (*bis*)
Elle tomba à recullons,
   Faisant des cabrioles :

Ah ! etc.

Elle tomba à recullons, (*bis*)
Tombant, s'écria : Beau garçon,
   Faisant des cabrioles :

Ah ! etc.

Tombant, s'écria : Beau garçon, (*bis*)
Si l'on nous voit, que dira-t-on ?
   Faisant des cabrioles :

Ah ! etc.

Si l'on nous voit, que dira-t-on ? (*bis*)
C'est une fille et un garçon,
   Faisant des cabrioles :

Ah ! voyez donc, ah ! voyez donc
Que ces Louisons sont drolles !

u — 1665

CHANSON BACHIQUE SUR UN AIR NOUVEAU

En revenant de la taverne,
 J'ay pensé casser mon pot,
Car je n'avois point de lanterne,
 De flambeau ny de falot :

Ha ! si mon vin fut cheu par terre,
 Ma femme m'eust bien frotté,
Paty, pata, gros éventé,
La la la, gros hébété,
O, qu'elle m'eust bien fait la guerre !
  Mais, Dieu mercy,
  Mon pot et mon verre
  Sont tousjours à mon costé.

Si le puissant Dieu des bouteilles
 N'eust accompagné mes appas,
Ma pauvre bouche et mes oreilles
 Eussent fait un bon repas :

Ha ! si mon vin, etc.

Ma femme boit comme une esponge,
 Et moy, comme un trou d'esté,
Qui fait que jamais elle ne songe
 A notre nécessité :

Ha ! si mon vin, etc.

Nous teindrons bien en écarlatte,
  Depuis que nous sommes nez,
Mais jamais sa couleur n'éclate
  Que sur nos bachiques nez :
Ha l'si mon vin fut cheu par terre,
  Ma femme m'eust bien frotté,
Paty, pata, gros éventé,
La la la, gros hébété,
O, qu'elle m'eust bien fait la guerre !
    Mais, Dieu mercy,
    Mon pot et mon verre
Sont tousjours à mon costé.

Z — 1600 et a *bis* — 1602

En revenant de Lorraine,
  Des soulez de bo,
Rencontray trois capitaines,
  Des soulez de bo,
  Bo bo bo bo,
  Des soulez de bo.

Rencontray trois capitaines,
  Des soulez de bo,
Ils m'ont appelé villaine,

  Des soulez, etc.

Ils m'ont appelé villaine,
  Des soulez de bo,
Je suis leur fièvre cartaine,

  Des soulez, etc.

Je suis leur fièvre cartaine,
  Des soulez de bo,
Je m'appelle Magdeleine,
  Des soulez, etc.

Je m'appelle Magdeleine,
  Des soulez de bo,
Mon père estoit capitaine,
  Des soulez, etc.

Mon père estoit capitaine,
  Des soulez de bo,
Il vous fera de la peine,
  Des soulez de bo,
  Bo bo bo bo,
  Des soulez de bo.

Cette chanson existait au xvie siècle, on la trouve mise en musique par Orlando de Lassus, mort en 1594.

M — 1555

Autre chanson fort joyeuse et récréative à toutes gens sur :
Bon, bon.

En revenant de Rouen la jolie,
Non, fis fi fis, je vous jure ma foy,
  Bon bon bon, vous voyez ;
Je rencontray une tant belle fille,
Bon bon bon, sur l'herbette jolie.

Je rencontray une tant belle fille,
Non, fis fi fis, je vous jure ma foy,
   Bon bon bon, vous voyez;
Luy demandis s'elle seroit ma mie,
Bon bon bon, sur l'herbette jolie.

Luy demandis s'elle seroit mamie,
Non, fis fi fis, je vous jure ma foy,
   Bon bon bon, vous voyez;
Elle me respond qu'elle estoit trop petite,
Bon bon bon, sur l'herbette jolie.

Elle me respond qu'elle estoit trop petite,
Non, fis fi fis, je vous jure ma foy,
   Bon bon bon, vous voyez;
Petite ou non si serez vous mamie,
Bon bon bon, sur l'herbette jolie.

Petite ou non si serez vous mamie,
Non, fis fi fis, je vous jure ma foy,
   Bon bon bon, vous voyez;
Et je la prins, sur mon cheval l'ay mise,
Bon bon bon, sur l'herbette jolie.

Et je la prins, sur mon cheval l'ay mise,
Non, fis fi fis, je vous jure ma foy,
   Bon bon bon, vous voyez;
Je la menay droict dedans ma chambrette,
Bon bon bon, sur l'herbette jolie.

Je la menay droict dedans ma chambrette,
Non, fis fi fis, je vous jure ma foy,
   Bon bon bon, vous voyez;
Je l'embrassay, la mis sur ma couchette,
Bon bon bon, sur l'herbette jolie.

Je l'embrassay, la mis sur ma couchette,
Non, fis fi fis, je vous jure ma foy,
   Bon bon bon, vous voyez;
Plus de six fois je luy fis la chosette,
Bon bon bon, sur l'herbette jolie.

Plus de six fois je luy fis la chosette,
Non, fis fi fis, je vous jure ma foy,
   Bon bon bon, vous voyez;
— Encore un coup, mon amy, je t'en prie,
Bon bon bon, sur l'herbette jolie.

Encore un coup, mon amy, je t'en prie,
Non, fis fi fis, je vous jure ma foy,
   Bon bon bon, vous voyez;
— Pardonnez-moy, l'alaine m'est faillie,
Bon bon bon, sur l'herbette jolie.

Pardonnez-moy, l'alaine m'est faillie,
Non, fis fi fis, je vous jure ma foy,
   Bon bon bon, vous voyez;
Une autre fois vous serez mieux servie,
Bon bon bon, sur l'herbette jolie.

a bis — 1602

En revenant d'un bourg, près de Marmande,
Je rencontray Janneton l'alemande :
Mon cœur, m'amour, ma mignonne, ma belle,
Je ne t'ou, je ne t'ou, je ne t'oublieray jamais.

Je rencontray Janneton l'alemande,
Où allez-vous, belle, je luy demande :
Mon cœur, etc.

Où allez-vous, belle, je luy demande,
Elle m'y dit : je m'en vay à Marmande :

Mon cœur, etc.

Elle m'y dit : je m'en vay à Marmande,
Je la priay d'un joly tour de dance :

Mon cœur, etc.

Je la priay d'un joly tour de dance,
Elle m'y respond n'entendre la cadence :

Mon cœur, etc.

Elle m'y respond n'entendre la cadence.
Lors, je la pris par sa jolie main blanche :

Mon cœur, etc.

Lors, je la pris par ses jolies mains blanches,
Je lui monstray le remuement des hanches.

Mon cœur, etc.

Je luy monstray le remuement des hanches,
Par deux ou trois fois, tant qu'elle fut recrande [1],

Mon cœur, etc.

Par deux ou trois fois, tant qu'elle fut recrande,
C'est assez faict, retournons à Marmande :

Janneton, mon cœur, ma mignonne, ma belle,
Je ne t'ou, je ne t'ou, je ne t'oublieray jamais.

---

1. *Recrandir,* en patois picard, se fatiguer.

U — 1573

Entre nous tous pèlerins,
    Chefz enclins,
Tenant de Dieu la partie,
Nous trouverrons sarazins
    Et barbarins,
Et gens d'estrange partie.

Nous irons en Arrabie,
    Par Cretie,
La saincte larme verrons,
    Nous trouverons
      Crisostome
      Et saint Cosme,
Puis nous en retournerons :
Où est allée Guillemette ?

A la terre Prestre Jan,
A longtems qui est une estrange terre,
  Nous trouverons Valeran
    Et Abraham,
Qui estoyent mussés sous terre,
Nous trouverons Auloferne,
Qui faisoit un grand dicerne
Pour nous destruire cretiens,
On y mange le tonnerre au vinaigre,
  Pour guérir du mal des dens :
  Où est allée Guillemette ?

  Nous irons à Panpelune
    Voir la lune,

Plus blanche que n'est cendal,
Nous trouverons fer qui fume,
    Amertume,
Qui fait au cœur si grand mal,
Nous trouverons le cheval
    Durendal,
Où Rolant estoit monté,
On y mange le corail
    Et le cristal,
Au lieu de pois en esté :
Où est allée Guillemette ?

Chanson mise en musique par Certon.

M — 1555

AUTRE CHANSON NOUVELLE

Entre vous filles qui aimez,
N'aimez point que de mesure,
Et vous gardez des petits piedz,
Car ils font rompre la ceinture,
Les petits piedz sont de nature ;
Ilz m'ont fait le ventre lever,
Ils m'ont fait rompre la ceinture
Quant je m'y cuidois un peu serrer.

Que maulditz soient les petits piedz,
Qu'ils ne sont faitz en mariage ;
Se n'eust esté les petitz pieds,
J'eusse encor' mon pucellage.

Adieu, m'en vois au verd bocage
Ouïr le rossignol chanter,
De là m'en vois en Italie,
Je ne scay quand je reviendray.

Adieu, mes sœurs, adieu, mes frères ;
Priez pour moy, je vous en prie,
Car je croy que m'é vois mourir,
En regrettant la rusterie
Que j'ay faict avec mon amie :
Mauldit soient les envieulz
Qui sur moy ont envie.

Si n'eust esté les envieulx,
Je feusse encore avec m'amie,
En demenant solas et vie,
Demenans joye et plaisir,
En regrettant la rusterie
Que j'ay faict avec mon amie.

m bis 1633

Entre vous gens de *dia-hault*
    Dia hure-hault,
    Gens de village,
Qui revenez du *hault la hé*,
    Dia hure-hault marché.

Ne montez plus sur *dia hault*
    Dia hure-hault,
    Dessus vostre asne,
Car le mien m'y a *hault la hé*,
    Dia hure-hault trompé.

Il a fait un soubre-saut
  Dia hure-hault,
  Une ruade
Sur le pavé m'a *hault la hé*,
  Dia hure-hault jetté.

J'ay tiré mon grand couteau
  Dia hure-hault,
  Ma grande espée
Et le col luy ay *hault la hé*
  Dia hure-hault couppé.

Quant j'ay veu mon asne mort,
  Dia hure-hault,
  La pauvre beste,
J'estois tout décon *hault la hé*
  Dia hure-hault forté.

A Jean Calvin je l'ay voüé,
  Dia hure-hault,
  Et à de Beze
Et à du Plessis *hault la hé*,
  Dia hure-hault Morné.

K — 1552

  Entre vous gens
(Hay, dia, hau, hurehau)
  De village,
  Qui du marché
(Hay, dia, hau, hurehau)
  Venez.

Gardez-vous bien
(Hay, dia, hau, hurehau)
De trop boire,
Car j'en ay esté
(Hay, dia, hau, hurehau)
Trompé.

Voulu monter
(Hay, dia, hau, hurehau)
Sur mon asne ;
J'ai tombé
(Hay, dia, hau, hurehau)
De l'autre costé.

i *ter* — **1627**

Entre vous gentils galands
Qui avez belle amie,
N'allez point sans vos bâtons,
Lan lon fa, lan farlarira,
Car on vous épie.

N'allez point sans vos bâtons,
Car on vous épie.
Le galand n'y manqua pas,
Lan lon fa, lan farlarira,
Portit son espée.

Le galand n'y manqua pas,
Portit son espée,
L'arquebuse sous son bras,
Lanlon, etc.
La mèche allumée.

L'arquebuse sous son bras,
  La mèche allumée ;
Quand il fut dessus le pont,
Lanlon, etc.
  Demanda qui vive.

Quand il fut dessus le pont,
  Demanda qui vive :
Vive Paris, vive Rouen :
Lanlon, etc.
Sont deux bonnes villes.

Vive Paris, vive Rouen,
Sont deux bonnes villes,
  Vive ces gentils galands :
Lanlon, etc.
  Qui auront belle amie.

Vive ces gentils galands
  Qui auront belle amie,
Je ne le dis pas pour moy,
Lanlon, etc.
  La mienne est jolie.

Je ne le dis pas pour moy,
  La mienne est jolie,
Je le dis pour Nicolas,
Lanlon, etc.
  Qui est de cette ville.

Je le dis pour Nicolas,
  Qui est de cette ville,
La sienne est malade au lit,
Lanlon, etc.
    De mélancolie.

La sienne est malade au lit
    De mélancolie,
Je croy bien qu'elle en mourra,
Lanlon, etc.
    S'on ne la marie.

Je croy bien qu'elle en mourra
    S'on ne la marie;
Son père a juré Saint-Lambert,
Lanlon, etc.
    Et Sainte-Marine.

Son père a juré Saint-Lambert
    Et Sainte-Marine
    Et qu'il la marira,
Lan lon fa, lan farlarira,
    Avant six sepmaines.

K — 1552

En un lieu où l'on ne voit goutte,
Je n'yray jamais sans lumière,
On en a bien souvent la goutte.

Puisque du pertuis je me doubte,
Chandelle ne me sera chère
En un lieu où l'on ne voit goutte.

Si du mal n'avoye grain ne goutte,
Et ma grand douleur fust arrière,
Je ne sçay femme tant gorrière
Qui m'y feit aller somme toute
En un lieu où l'on ne voit goutte.

a bis — 1602

AIR DE COURT

Escoutez, je vous prie,
D'un compagnon gallois
Qui veut faire s'amie
La femme d'un bourgeois,
Qui pense jouyr d'elle
Pour lui faire la cour :
Mais ell' luy baille belle,
Lui jouant un fin tour.

Le gallant sans faintise
Luy dit par mots exprez :
Je te supplie, avise
A cet heureux succez,
Deux ans sont, sans frivolle,
Que je vous fais la cour,
Et si jamais parolle
N'ay sçeu avoir de vous.

La dam' assez dressée
Luy a dit : amy doux,
Venez à la vesprée,
Faites du loup-garoux.
— Je n'y faudray à estre,
Ce soir par devers vous,
Et si viendray paroistre
Comme un vrai loup-garoux. —

Elle, bien advisée,
Le dist à son mary.
— Seroit belle risée
Si le pouvions tenir.
Laissez le venir, dam,
Jusques auprès de vous,
Faites lors un vacarme,
Criez au loup-garoux. —

Le gallant n'y faut mye
Le soir, pour faire court,
Accoustré en la guise,
Faisant du loup-garoux.
Disant : ma mieux aymée,
Suis-je à vostre goust?
Ell'fit de l'effrayée,
Criant au loup-garoux.

Son mary si devalle,
A son poin un baston,
Les voisins il appelle
Trestous à l'environ.
A grands coups de houssine,
Las, ils renvoyent trestous,
Faisant faire la mine
Au pauvre loup-garoux.

— Las, mercy je vous crie,
Ayez de moi pitié !
Et si à tous j'avise :
Ceux qui voudront aimer,
N'y prendre pas envie,
Voyant comm' suis secous,
Enfin, c'est la folie
Du pauvre loup-garoux. —

Voyez la version : *Il faut que je vous die.*

N — 1557

Escoutez, je vous prie,
La chanson de Robin,
Qui aime bien à boire
Tousjours de ce bon vin.

En son chemin rencontre
Une fille de pris,
Qui a dict à sa mère :
Ma mère, je veux Robin.

Robin s'en va à Tours,
Achepter du velours
Et aussi du satin :
Ma mère, je veux Robin.

Robin va à Orléans,
Achepter du vin blanc,
C'est pour boire au matin :
Ma mère, je veux Robin.

Robin va en Provence.
Achepter des oranges,
C'est pour mettre en son vin :
Ma mère, je veux Robin.

Robin a des chasteaux
Faicts par monts et par vaux,
Qui sont dorés d'or fin :
Ma mère, je veux Robin.

Robin s'en va à Meaux,
Achepter des pourceaux,
Pour faire du boudin :
Ma mère, je veux Robin.

Robin s'en va à vespres,
Chantant comme les prestres,
Et ne sçait nul latin :
Ma mère, je veux Robin.

Robin a une poulle
Qui ne pond ny ne couve,
Et si a des poussins :
Ma mère, je veux Robin.

Robin est bon soldard,
Il aime bien le lard
Et aussi les poussins :
Ma mère, je veux Robin.

— Robin te trompera. —
Ma mère, non fera,
Car il a bon engin :
Ma mère, je veux Robin.

Il n'est pas si badin
Qu'il ne plante des choux
Au milieu du jardin :
Ma mère, je veux Robin.

Robin est en prison,
Il demande raison,
Mais elle est au moulin :
Ma mère, je veux Robin.

Robin est bien malade,
Luy faut une salade
Et quatre pots de vin :
Ma mère, je veux Robin.

Robin est trespassé,
Il le faut enterrer
Dedans un muyd de vin :
Ma mère, voilà Robin.

La facture de cette chanson a dû être connue de l'auteur de Cadet Rousselle.

j — 1631

CHANSON NOUVELLE DES SCIEURS D'AIS

Escoutez, je vous supplie,
Les complaintes et les pleurs
Des confrères de la scie,
Qui racontent leurs douleurs,
Disant qu'entre tous les hommes
Ils sont les plus fortunez.
  Ça, ça, ça, que j'en sois,
De la troupe des scieurs d'ais.

Moy, quand je fais ma besongne,
Je travaille autant que deux,
Et si ma femme me grongne,
M'appellant double galeux,
Mais je luy réponds : Suzanne,
Pardonnez-moy, s'il vous plaist.
  Ça, ça, ça, etc.

Un jour, mangeant avec elle
De bon potage au cresson,
Me renversa mon escuelle
Dessus le pauvre menton,
Dont j'en eus la barbe verte
Plus de quatorze jours après.

 Ça, ça, ça, etc.

Moy, pauvre batteur en grange,
Que je suis en grand tourment,
Ma femme se dit un ange,
Mais je la trouve un Sathan ;
Partout où elle se trouve,
Dit que j'ay un meschant flais.

 Ça, ça, ça, etc.

Et moi, j'ai une grongnuë,
Qui ne fait que rechigner,
Et m'envoye à la charruë,
Bien souvent sans desjeuner,
Mais elle est assez soigneuse
De bien traiter ses vallets.

 Ça, ça, ça, etc.

Moy, je lave les escuelles,
Et puis je cours au moulin,
Je frote les escabelles
Et si vay quérir du vin
Pour Anne, ma propre femme,
Qui me tient pour son laquais.

 Ça, ça, ça, etc.

Moy, je vay à la taverne,
Quelques fois gouster du bon,
Mais ma femme me gouverne
D'une cruelle façon,
Moy Martin baisse la teste
Et n'ose approcher de près.

   Ça, ça, ça, etc.

Alors, vous orriez Perrette
Maudire les biberons,
Dans le ventre me souhaite
La taverne et les poinçons,
Les pintes et les chopines,
Les bouteilles et godets.

   Ça, ça, ça, etc.

Moy qui faits de la bouillie
Pour appaiser les enfans,
Et s'il tombe de la suye
Un petit morceau dedans,
Lors Jacqueline me donne
Du bassin dessus le nez.

   Ça, ça, ça, etc.

Et moy faut-il que j'endure
Que Marthe m'appelle sot,
Et me donne sur le mufle
Avec la cuiller à pot,
Pour avoir fondu l'escuelle
Où elle mangeoit des pois vers.

   Ça, ça, ça, etc.

Ma femme trop me dédaigne
Moi qui suis des beaux peignez,
A mon retour de Bretaigne,
Elle m'appela gros nez,
Parce que l'avois laissée
Six ou sept mois de relais.

   Ça, ça, ça, etc.

Et moy pour plaire à Michelle,
Je vay quérir de l'oignon,
Du sel et de la chandelle,
De la bière et du charbon.
Ou autrement on m'épouste,
En suivant mes qualitez.

   Ça, ça, ça, etc.

Moy je vay à la fontaine
Et porte la paste au four,
Et s'il plaist à Magdelaine,
Je seray le long du jour
A lui descrotter sa robbe,
Et nettoyer ses souliers.

   Ça, ça, ça, etc.

Et moy, tous les jours sans faute,
Je balie la maison.
Et si je tire les chausses
Tous les soirs à Alyson,
Mais j'ay eu sur les oreilles
Pour les avoir deschirez.

   Ça, ça, ça, etc.

Vous qui n'estes de la scie,
Ne vous mocquez pas de nous,
Que de nostre compagnie
Vous ne soyez quelque jour,
Car si vous changez de femme,
Vous y serez attrapez.

 Ça, ça, ça, que j'en sois,
De la troupe des scieurs d'ais.

M — 1555

Chanson nouvelle du combat faict à la Cour[1], *sur le chant :*
Si je l'ay dict.

 Escoutez la chanson
 Composée dans Paris,
 C'est de deux gentilzhommes
 Qui estoient ennemis.

 Si je l'ay dict,
Si je le dict jamais,
Si jamais j'en parlis.

 Pour l'amour d'une dame
 Sur quoy on a mal dict,
 On demandé combat
 Au noble Roy Henry.

 Si je l'ay dict, etc.

---

1. Le duel célèbre de Jarnac et de la Chataigneraie eut lieu sous Henri II, en 1547. Voy. *Amusements philologiques* de Peignot, 2me éd., p. 392.

Le Roy si leur accorde,
Pas ne les escondit.
S'il y a homme en France
Qui dict que je l'ay dict.
   Si je l'ay dict, etc.

Je veulx perdre la vie
Si ne le fais mourir.
Pour en faire l'espreuve,
Je m'en vois droict à luy.
   Si je l'ay dict, etc.

Du premier coup qu'il frappe
Chastaineroie blesse,
A la seconde fois
Les jaretz lui coupit.
   Si je l'ay dict, etc.

Gernach si s'en retourne
Devers le Roy Henry :
— Sire, que dois-je faire
De mon grand ennemy ?—
   Si je l'ay dict, etc.

Le Roy si luy respond :
Fay en à ton plaisir.
Gernach si s'en retourne
A son grand ennemy.
   Si je l'ay dict, etc.

Rends-toy, Chastaneroie,
Car il te fault mourir.
Luy rendit son espée,
Son pistollet aussi.
   Si je l'ay dict, etc.

Gernach si les presente
Au noble Roy Henry ;
Le Roy si n'en faict compte,
Vandosine les a prins.
   Si je l'ay dict, etc.

Le Roy si n'en faict compte,
Vandosine les a prins,
En lui disant : Gernach,
Retourne en ton pais.
   Si je l'ay dict, etc.

Et mais que je te mande,
Tu me viendras servir.
Gernach si prent la poste,
S'en va à son pais.
   Si je l'ay dict,
Si je le dict jamais,
Si jamais j'en parlis.

M — 1555

Chanson nouvelle sur le chant de : *Retirez-vous d'icy, J'ay fait nouvelle âmye.*

Écoutez la manière,
C'est d'une chambrière
Qui complainte faisoit,
Terrible et merveilleuse,
De ses amours n'avoit
Jouissance amoureuse.

Vénus, dame joyeuse,
Je suis bien malheureuse,
C'est de vivre tousjours
Servante et langoureuse,
Si de bref n'ay secours :
Il fauldra que j'en meure.

J'ay quinze ans, c'est bon aage,
Et ay mon pucellage ;
S'il venoit un quidem,
En disant bon langage,
Bien tost serois content
Ensemble mener rage.

On m'acolle, on me baise,
On m'y souffle en l'oreille ;
Je diray mon secret,
Va tout à l'aventure,
Et puis un coup feray,
Tenant bonne mesure.

J'ay blanche collerette,
La couleur vermeillette,
Ferme des rains du tout,
Pour me getter sus l'herbe,
Quant je gasteray tout,
C'est du mal qui m'oppresse.

Au bas or ne ressemble ;
Je ne crains point la touche,
Au cornet d'un degré
Ne feray la farouche,
S'il peult venir à gré,
J'en feray bonne bouche.

Un garson de vilage
Prendray en mariage,
Ou un varlet d'hostel,
Si pres n'y prendra garde.
Or va, de par Dieu va,
Tu as mon pucellage.

Si je suis fille esprouvée,
La chemise abaissée,
Point ne pert qu'on y ait
Abatu la rousée ;
Si la ceinture croist,
Je suis fille gastée.

Ceste chanson fut faicte
D'une jeune fillette
Qui desirait scavoir
Le secret d'amourettes,
Une fois seullement,
En passant sa jeunesse.

U — 1573

Et d'où venez-vous, madame Lucette ?
— Je reviens des chams jouer sur lerbette,
 Les rains my font si grand mau,
  Et nique nique nau.
   Frappez tout beau,
   Car je suis tendrette ;
Si vous me blessez je vous feray mettre
 En la prison du château,
  Et nique nique nau. —

B — 1530

Et je les ay les frisques amouretes,
    Enne houoy,
Ung matinet en no jardin entray,
Dessoubz ung pin la belle je trouvay,
Et je les ay les frisques amourettes,
    Enne houoy.

B — 1530

Et moulinet vire, tourne,
    Vire, tourne-toy.
Nostre chambrière a mal à ung doy,
Et nostre valet souvent la revoyt.
Et moulinet vire, tourne,
    Vire, tourne-toy.

a bis — 1602

CHANSON A BOIRE

La compagnie doit chanter ensemblement.

Et où avez-vous tant esté,
Ce beau pinceau, ce joly petit pinceau,
Et où avez-vous tant esté,
Ce beau pinceau à peindre nez?

Et à la cave et au celier,
Ce beau pinceau, ce joly petit pinceau,
Et à la cave et au celier,
Ce beau pinceau à peindre nez.

Qu'en avez-vous r'aporté?
Ce beau pinceau, ce joly petit pinceau,
Qu'en avez-vous r'aporté,
Des rubis au-dessus du nez.

A qui l'avez-vous r'aporté,
Ce beau pinceau, ce joly petit pinceau,
A qui l'avez-vous r'aporté?
A vous qui avez si beau nez.

(Ce couplet précédent achevé, celuy qui va boire monstrera le verre à celuy qu'il veut inviter; cependant qu'il boira, la compagnie chantera ensemblement :)

Voilà qui s'en va à la valée,
Ce beau pinceau à peindre nez.

(Celuy auquel on a beu doit respondre ce couplet ensuivant:

De vous ne le refuseray,
Ce beau pinceau, ce joly petit pinceau,
De vous ne le refuseray,
Ce beau pinceau à peindre nez.

U — 1581

Et quand le diable vit venir tant de sergens,
Il demanda tout estonné : qui sont ces gens?
— Hélas, ilz sont à vous, monsieur le diable,
Hélas, ils sont à vous, les voulez-vous?

Et quand le diable vit venir les cousturiers,
Il demanda : à qui sont tant de banneliers ?
— Hélas, ilz sont à vous, monsieur le diable,
Hélas, ilz sont à vous, les voulez-vous ?

Et quand le diable vit les muniers retournez,
Il demanda : pour qui sont ces enfarinés ?
— Hélas, ils sont à vous, monsieur le diable,
Hélas, ils sont à vous, les voulez-vous ?

K — 1552

Et saute don, dit la fillette,
Garçon de vilage, il est temps,
Gettez-moy tost sur la couchette
Et faittes mes esprits contents :

D'avoir l'alarme je prétends,
En sçavez-vous pas bien l'usage ?
Saute don, garçon de vilage.

B — 1530

Faictes le moy, faictes le moy,
Je vous prie assavoir (bis)
Si vous m'aymez si fort que je prétendz,
Et me venez dedens ma chambre voir,
Où maintenant seulette vous attendz,

Bon gré mau gré les mal disans
Qui vont nos propos escoutans,
Et nous nuysent à leur pouvoir;
Nous prendrons notre passetemps,
Tout ainsi comme je l'entendz,
Mais que faictes vostre debvoir.

C — 1535

Femmes, battez vos marys
Qui sont pleins de jalousie,
Mais ne battez pas le mien,
Par amour, je vous en prie :
  Et au chant derelo.

Mais ne battez pas le mien,
Par amour, je vous en prie,
Car mon doulx amy m'y fait
Ce qu'un aultre ne fait mie :
  Et, etc.

Il se lève entour minuict
Pour bercer l'enfant qui crie.

Il se lève au poinct du jour
Pour m'y chauffer ma chemise.

Et me la porte en disant :
Levez-vous, ma doulce amie.

Hélas! comment m'y leveroye?
J'ay la chaulde maladie.

Et que vouldriez-vous menger?
Dictes-le-moy, ma doulce amie.

Voulez-vous d'un bon chapon
Ou d'une allouette rostie?

Ou se voulez d'un bon canart
Qui soit fait à la dodine?

Et je ne le sçaurois menger
Si je n'avois compaignie.

Quel compaignie voulez-vous?
Dites-le-moy, ma doulce amie.

Voulez-vous Messire Jehan?
Ou si voulez à Graverie?

Je ne veulx Messire Jehan,
Et si ne veulx à Graverie;

Mais je veulx ce petit clerc
Qui sçait bien lire et escripre;

Entre vous, gentilz gallans
Qui cheminez par la ville,

Se rencontrez mon mary,
Pour Dieu ne le battez mie,
 Et au chant querelo.

K — 1552

Fuyons tous d'amour le jeu
 Comme le feu.

Aime qui voudra les femmes,
Serve qui voudra les dames,
Quant'à moy je n'en ay cure,
   Ny les procure :
Jamais on n'y gaigne rien,
   Je le voy bien.

Fuyons tous, etc.

Si vous aymez une femme,
Tout le monde vous diffame,
Et souvent elle est trop fière
   Toute première,
Pour s'en servir en tout tems
   De passetems.

Fuyons tous, etc.

Une femme davantage
A le cœur léger et volage,
Auquel n'y a de constance
   Ny d'asseurance
Ne plus ne moins qu'a le vent
   Le plus souvent.

Fuyons, etc.

Si par l'amour l'avez aquise,
Et qu'autre l'aye requise,
Qui luy soit plus aggreable
   Ou delectable,
Soudain serez mescongneu
   Et mal venu.

Fuyons, etc.

Tant qu'elle vous verra fortune
Ne vous sera importune :
Mais si fortune s'estrange,
    Elle se change ;
Hors du nombre serez mis
    De ses amys.

Fuyons, etc.

Brief, pour cinq sols de liesse,
Cinq cens escus de tristesse
L'on voit estre en amourettes,
    Aus plus parfaittes.
Pour estre constant et fort
    L'on prend la mort.

Fuyons tous d'amour le jeu
    Comme le feu.

Cette chanson se trouve parmi les madrigaux à quatre voix d'Orlando de Lassus.

C — 1535

Gente fleur de noblesse,
Où mon cœur se ressort,
Par vostre gentilesse,
Donnez-moy reconfort.
Vostre amour si me blesse
Nuyct et jour si très fort,
Vous m'y tenez rudesse,
Las, vous avez grand tort.

Vous estes belle et gente
Pour gens de bien servir,
Et avez la science
De les entretenir.
D'une chose vous prie,
S'il vous vient à plaisir :
C'est que soyez m'amye,
Et seray vostre amy.

— O chevalier, beau sire,
Pour Dieu, déportez-vous.
En toute compaignie,
Vous me priez d'amours,
Vous aymez sans partie,
Sachez en vérité :
Se aultrement disoye
Vous seriez abusé. —

Vous cuidoys tenir, belle,
Pour dame par amours,
Sans vous estre rebelle,
Mais vous servir toujours.
Vous fussiez ma maîtresse,
Et fusse vostre servant :
Mais j'aperçoy, la belle,
Que m'allez refusant.

Je m'en voys en la guerre,
En estrange pays,
Loing de mes amourettes,
Près de mes ennemys,
Abandonner ma vie,
Pour vivre ou pour mourir,
Pour l'amour de vous, belle,
Dont je ne puis jouyr.

— O chevalier, beau sire,
Ne vous courroucez pas ;
Quand viendrez de la guerre,
Repassez par deça ;
Manderay à mon père
Et à ma mère aussi,
Et ce qu'ilz en diront
Je le tiendray à dit. —

Je m'en voys à boucaige,
Là sus au boys ramé,
Où feray pénitence,
Car il m'est enchargé.
Plus n'aymeray ces filles,
Elles m'ont abusé,
Mais serviray Marie,
C'est la mieulx à mon gré.

*_**

Gentil duc de Lorainne,
Prince de grant renom,
Tu as la renommée
Jusques delà les mons,
Et toy et tes gens d'armes,
Et tous tes compaignons.

Du premier coup qu'il frappe,
Abatit les donjons ;
Tirez, tirez, bombardes,
Serpentines, canons :
« Nous somes gentilzhomes,
Prenez-nous à rançon. »

— Vous mentez par la gorge,
Vous n'estes que larrons,
Et violeurs de femmes,
Et bruleurs de maisons ;
Vous en aurez la corde
Pardessoubz le menton,

Et sy orrez matines
Au chant des oysillons,
Et si orrez la messe
Que les corbins diront.

***

Gentilz gallans de France
Qui en la guerre allez,
Je vous prie qu'il vous plaise
Mon amy saluer.

— Comment le saluroye
Quant point ne le congnois ? —
Il est bon à congnoistre :
Il est de blanc armé,

Il porte la croix blanche,
Les esperons dorez,
Et au bout de sa lance
Ung fer d'argent doré.

— Ne plorés plus, la belle,
Car il est trespassé :
Il est mort en Bretaigne,
Les Bretons l'ont tué.

Jay veu faire sa fosse
L'orée d'ung vert pré,
Et veu chanter sa messe
A quatre cordeliers. —

p — 1644

Chanson des cinq voyelles, sur le mariage de la belle Marguerite et de Girard son amoureux loyal, sur le chant de la *Poitevine*.

Girard est un bon compagnon,
Homme de bonne renommée ;
Il est arrivé de Chalon
Desus sa grand jument pelée,
Tout exprès pour faire l'amour
A la fille de la grand'A a a a a a a ane,
Qui demeure en notre faux-bour,
Dans une petite caba a a a a a ane.

Un soir bien tard avant midy
Il en vint faire la demande ;
Sans parler on luy répondit
Qu'elle n'étoit pas assez grande.
Mais le galand voyant venir
Sa maîtrese bien atiffé é é é é é é ée,
On ne le put jamais tenir
Jusqu'à tant qu'il l'eut bien baisé é é é é é é ée.

Les parens étans assemblez
Pour conclure une telle affaire,
Demandent, sans être troublez,
A Girard ce qu'il sçavoit faire :

Lequel répondit sagement
Qu'il sçavoit bien gagner sa vi i i i i i i ie,
Et qu'il avoit asseurément
Des moutons dans sa bergeri i i i i i ie.

Il fut question de sçavoir
Ce qu'on donneroit à la fille,
Et ce qu'elle pouvoit avoir,
Tant en habits, qu'autre ustancile?
Lors sa mère luy a promis
Six grands draps de chacun une au au au au au
Avec un beau cotillon gris, | aune,
Du meilleur drap de Carcasso o o o o one.

Les deux partys étans contens
De ce mariage parfaire,
Sous les Charniers Sains Innocens,
Falut trouver un secrétaire,
Pour écrire ce qu'on donnoit
A notre grosse mammelu u u u u u ue,
Qui en marchant fit un gros pet,
Tout au beau milieu de la ru u u u u u ue.

Girard qui croioit tout de bon
Que ce fut un coup de tonnerre,
En eut telle appréhension
Qu'il se laissa tomber par terre.
Les petits enfans de Paris,
Voyans que ce n'étoit que bou ou ou ou ou oue,
Tout partout dessus ses habits,
Un chacun luy faisoit la mou ou ou ou ou oue.

Encor plus fort qu'auparavant
Nos amans reprennent courage,
Et dès le dimanche ensuivant
L'on commença le mariage :

Car le premier banc fut jetté
Tout droit dessus leur pauvre tê ê ê ê ê ê ête,
Dont Girard étant attristé
Voulait quasi faire la bê ê ê ê ê ê ête.

Quand tous les bancs furent jettés,
Les placets et les escabelles,
Les mariés de tous cotez
Firent tout aller par écuelle,
Et les parens voyans cela,
Pour honorer les épousa a a a a a illes,
Ils dancèrent tant ce jour-là,
Qu'ils firent tomber les mura a a a a a ailles.

Quand il fut environ minuit,
Nos jeunes gens étoient en guerre,
Car ils rompirent le chalit,
Et se trouvèrent contre terre.
L'épousée montrait bruneau,
Le nez tourné devers la ru u u u u uelle,
Et Girard étoit tout en eau,
D'avoir tant chamaillé contre el e e e e elle.

Au bout de quelque temps après,
Marguerite devint enflée :
Il falut faire les aprêts
Nécessaires d'une accouchée ;
Girard fut bien tôt conseillé
D'acheter des couches et lan an an an an anges ;
Pour avoir si bien travaillé,
Il reçut dix mille louan an an an an anges.

K — 1552

Gros Jan menoit hors de Paris en croupe
Un jour d'esté sa maîtresse jouer,
Où rencontra des soldats une troupe,
Dont fut contraint sa femme l'advouer.

Lors l'un d'entre eux le voulant esprouver :
Par bieu, dit-il, maintenant le verrons;
Faites-luy donc, ou tous nous luy ferons.
    Que fit gros Jan ? Et droit dessus.
     Mais elle disoit bas :
Faisant semblant, ne mets que sur le bord.
Par bieu, dit-il, vous aurés votre cas;
Si me faignois, ils me turoient tout mort,
    Et droit dessus, et droit dessus.

Quand il eust fait, elle entre en appetit,
Prent son gros Jan, le chatouille et l'embrasse,
Disant : mon fils, pousse encore un petit,
Car pour si peu ma chaleur ne se passe.
Mais le vilain, qui d'un seul coup se lasse,
Ne faisoit plus que gémir et suer.
— Si te faut-il, dit-elle, esvertuer,
Car les gens darmes sont encores là. —
Sambieu, dit-il, s'ils me devoyent tuer,
Si n'aurés vous maintenant que cela.

m bis — 1633

Guillot che valeton des premiers d'Abeville,
Espousa Janneton, la belle de no-ville ;

On luy fit un racueil digne de la contrée :
Vertu bieu, dit Guillot, nous aurons belle entrée.

Les plus proches parens de Peronne et de Roye,
Et les plus apparens firent des feux de joye,
Tant ils estoient contens de l'avoir rencontrée :
Vertu bieu, dit Guillot, nous aurons belle entrée.

Monsieur du Hanneton, monsieur de la Licorne,
Le maistre du Mouton, et celuy de la Corne,
Avec les violons furent voir l'épousée :
Vertu bieu, dit Guillot, nous aurons belle entrée.

Ils furent bien servis de jambons et d'andoüilles,
Avec trois plats de ris et deux plats de grenoüilles,
Des cornets de metier, dedans de la badrée :
Vertu bieu, dit Guillot, nous aurons belle entrée.

Quand se vint au coucher, la pauvre creature
Dict qu'on avoit faussé sa serreure,
Et que depuis trois jours on l'avait racoustrée :
Vertu bieu, dit Guillot, nous aurons belle entrée.

Quand elle fut au lict du costé de la ruelle,
Alors elle se mit à pleurer en pucelle,
Et pourtant avait eu trois fieux d'une ventrée :
Vertu bieu, dit Guillot, nous aurons belle entrée.

B.— 1530

Hau hau, hau le boys,
Prions à Dieu le roy des roys
Garder ce gentil vin françoys.

Si en beuvrons six potz pour troys,
Pour mieulx nous esclarcir les voix :
  Beuvons d'autant,
  Hau hau hau le boys.

B — 1530

Hau le boys vignerons gentilz,
Prenez serpette et serpillonnette,
Qui fait tenir vaisselle nette,
La plus noble entre les outilz.

a bis — 1602

Hier au matin m'y levay,
Allez-vous-en, je m'en iray,
Au jardin de mon père entray,
  Par dessoubs un ente.
Il est temps de s'en aller,
  Et de congé prendre.

Au jardin de mon père entray,
Allez-vous-en, je m'en iray,
Trois fleurs d'amour j'y cueillay,
  Par dessoubs un ente.
Il est, etc.

Trois fleurs d'amour j'y cueillay,
Allez-vous-en, je m'en iray,
Un beau bouquet j'en feray,
  Par dessoubs un ente.
Il est, etc.

Un beau bouquet je luy feray,
Allez-vous-en, je m'en iray,
A la dance je l'ay porté,
   Par dessoubs un ente.

Il est, etc.

A la dance je l'ay porté,
Allez-vous-en, je m'en iray,
A mon amy l'ay présenté
   Par dessoubs un ente.

Il est, etc.

A mon amy l'ay présenté,
Allez-vous-en, je m'en iray,
Il l'a prins, dont luy en sais gré,
   Par dessoubs un ente.

Il est, etc.

Il l'a prins, dont luy en sais gré,
Allez-vous-en, je m'en iray,
D'un baiser m'a remercié
   Par dessoubs un ente.

Il est temps de s'en aller
Et de congé prendre.

f — 1615

Air n° 8

Hier au matin m'y levay,
Laissez-moy planter le may,
En nostre bois m'en allay,
En riant, tout en riant.

Laissez-moy planter le may,
Moy qui suis genti gallant.

En nostre bois m'en allay,
Laissez-moy planter le may;
Ma bergère j'y trouvay,
En riant, tout en riant.

Laissez, etc.

Ma bergère je trouvay,
Laissez-moy planter le may,
A l'instant je l'embrassay,
En riant, tout en riant.

Laissez, etc.

A l'instant je l'embrassay,
Laissez-moy planter le may,
Sur l'herbe je la jettay,
En riant, tout en riant.

Laissez, etc.

Sur l'herbe je la jettay,
Laissez-moy planter le may;
Son cotillon je haussay,
En riant, tout en riant.

Laissez, etc.

Son cotillon je haussay,
Laissez-moy planter le may;
Mon courtaut s'est détaché,
En riant, tout en riant.

Laissez, etc.

Mon courtaut s'est détaché,
Laissez-moy planter le may.
Il a si fort regimbé,
En riant, tout en riant.

Laissez-moy planter le may,
Moy qui suis genti gallant.

B — 1530

Hola hé, par la vertu goy,
Dieu vous gart, ma dame,
Hola hé, par la vertu goy,
　La je reny goy,
　La saint sang goy,
Ma dame Dieu vous gart.

L'autre jour venoys de nostre village,
Rencontray Margot qui gardoit ses vaches.
　Hola hé, etc.

Cette chanson est évidemment incomplète.

K — 1552

Il a brûlé la hotte,
　Bretelles et tout.

Nous étions, nous, trois filles,
Toutes trois d'une ville,
　La belle du bout.

Nous disions l'une à l'autre,
　La belle du bout :
Il a brûlé la hotte,
　Bretelles et tout.

Nous disions l'une à l'autre,
　La belle du bout :
Mariez-vous, cousine,
　La belle du bout.

Mariez-vous, cousine,
　La belle du bout.
Hélas, ma sœur, je n'ose,
　La belle du bout.

Il a brûlé la hotte,
　Bretelles et tout.

R — 1571

Il est bel et bon, bon, bon, commère,
Il est bel et bon, bon, mon mary.
Disans l'une à l'autre : avez-vous bon mary ?
　Il est bel, etc.

Il ne se courrouce, ne me bat aussi,
Il fait le mesnage, il donne aux poullailles,
　　Et je prens mes plaisirs :
　　Commère, c'est pour rire,
Quand les poullailles crient : petite, petite,
　　Coquette, qu'est-ce cy ?

Il est bel et bon, bon, bon, commère,
Il est bel et bon, bon, mon mary.
Disans l'une à l'autre : avez-vous bon mary?

B — 1530

Il est jour, dit l'alouette,
Il est jour, dit l'alouette,
Allons jouer sur l'herbette,
   Sur bout, sur bout,
Allons jouer sur l'herbette.

Mon père m'a mariée
A ung ort[1] vieillart jaloux,
Le plus let de cette ville
Et le plus mal gratioux,
Qui ne scet, qui ne peut, qui ne veult
Faire la chosette,
Voire da, voire da, voire da, } bis
Qui est si doulcette.

f — 1615

Air n° 9

Il estoit trois mercerots,
Sur le bort bonne ville,
Qui ne veulent point loger,
Ce n'est en bonne ville,
La lon, la la la, la lire.

---

1. Vilain.

Qui ne veulent point loger,
Ce n'est en bonne ville
Comme à Rouen et à Paris,
   A Chartre la jolie.
La lon, etc.

Comme à Rouen et à Paris,
   A Chartre la jolie,
De Chartres en Avignon,
Où sont ces belles filles.
La lon, etc.

De Chartres en Avignon,
Où sont ces belles filles.
Las! ils sont allé loger
   En une hostelerie.
La lon, etc.

Las! ils sont allé loger
   En une hostelerie,
En une hostelerie y a
   Une tant belle fille.
La lon, etc.

En une hostelerie y a
   Une tant belle fille,
Qui tout du long du souper
  Ne cessa point de rire.
La lon, etc.

Qui tout du long du souper
  Ne cessa point de rire.
Las! ils l'ont prise et ploiée
  Dedans leur mercerie.
La lon, etc.

Las! ils l'ont prise et ploiée
Dedans leur mercerie,
Ne la peurent bien ploier
Que les pieds ne pendirent.
La lon, etc.

f — 1615

Air n° 10

Il estoit un bonhomme (*bis*)
Joüant de la tamboure (*bis*),
Joüant de la tamboure,
Dibe dibe dibe dibedon,
Et de la trompette,
    Fran fran fran,
Et de la my-fluste,
    Turelutu tu, turelu tu tu,
Et de la mi fa sol la,
Fa re la rirette, fa re la rirette,
Et de la mi fa sol la,
Fa re la rirette, liron fa.

Il estoit un bonhomme (*bis*)
Joüant de la cimbale (*bis*),
Joüant de la cimbale,
Din relin din din, relin din din,
Et de la vielle, yon yon yon,
    Et de la rebeque,
Tire li ty, tire li ty ty,

Et de la mi fa sol la,
Fare larirette, fare larirette,
Et de la mi fa sol la,
Farelarirette, liron fa.

Il estoit un bon homme (*bis*)
Joüant de la viole (*bis*),
Joüant de la viole,
Tore lo totio, relo totio,
Et de la raquette, clac clic clac,
Et de la musette,
Toure loure loure lou,
Et de la mi fa sol la,
Farelalirette,
Farelarirette,
Et de la mi fa sol la,
Farelarirette, liron fa.

Il estoit un bon homme (*bis*)
Joüant de la mandore (*bis*),
Joüant de la mandore,
Tire lire lire la,
Et de la navette, vrest vrest brest,
Et de la cliquette,
Taque tique, taque tique tac,
Et de la mi fa sol la,
Farelarirette,
Et de la mi fa sol la,
Farelarirette, liron fa.

Il estoit un bon homme (*bis*),
Joüant de la braguette (*bis*),
Joüant de la braguette,
Zipe, zipe zipe, zipeson,

Et de son derrière, zest croc pauf,
   Et de la bouteille,
Glou glou glou glou glou glou glou,
   Glou glou,
Et de la mi fa sol la,
   Farelarirette,
   Farelarirette,
Et de la mi fa sol la,
   Farelarirette, liron fa.

U — 1572

Il estoit un clerc qui aymer vouloit,
Il aymoit une dame qui tousjours
   (Mes amourettes),
   Qui tousjours pleuroit.

J'ay ma vache à traire, j'ay tant mal
   (Mes amourettes),
   J'ay tant mal au doit.

Que donriés vous, belle, qui vous la
   (Mes amourettes),
   Qui vous la trairoit?

Je donrois volontiers le pot et
   (Mes amourettes)
   Le pot et mon lait.

   La vache fut fière, rua,
   (Mes amourettes),

Rua du jarret
Et cassa le pot,
  Respandit
 (Mes amourettes),
Respandit mon lait.

a bis — 1602

Il estoit une fillette
Dormant dans un verd buisson,
  Disant une chansonnette :
Las ! que ne m'y marie-on ?
Il y a, si a, non a,
Il y a, si a, non a,
Il y a qui m'y frétille,
  Qui m'y fait mal.

  Disant une chansonnette,
Las ! que ne m'y marie-on,
  La petite motellette
M'y frétille à l'environ.
Il y a, etc.

  La petite motellette
M'y frétille à l'environ,
Je ne suis pas trop jeunette,
J'ay bien quinze ans, ce dit-on.
Il y a, etc.

Je ne suis pas trop jeunette,
J'ay bien quinze ans, ce dit-on,
Je suis assez fortelette
Pour endurer le canon.
Il y a, etc.

Je suis assez fortelette
Pour endurer le canon :
Courez fort à l'esguillette,
Je suis prompte à l'esperon.

Il y a, etc.

Courez fort à l'esguillette,
Je suis prompte à l'esperon.
 Il estoit une fillette
Dormant dans un verd buisson.

Il y a, si a, non a,
Il y a, si a, non a,
Il y a qui m'y frétille,
 Qui m'y fait mal.

f — 1615

Air n° 11

Il estoit une fillette
 Qui alloit glaner,
A fait sa gerbe trop grosse,
 Ne la peut lier :
Mon Dieu, qu'elle est godinette,
 La sçaurois-je aimer ?

A fait sa gerbe trop grosse,
 Ne la peut lier,
Par icy y est passé
 Un brave chevalier :
Mon Dieu, etc.

Par icy y est passé
  Un brave chevalier,
Il l'a priée d'amourette,
  Ne l'a refusé :
Mon Dieu, etc.

Il l'a priée d'amourette,
  Ne l'a refusé ;
La fillette fut niquette,
  S'est mise à plorer :
Mon Dieu, etc.

La fillette fut niquette,
  S'est mise à plorer,
Et moy je fus pitoyable,
  La laissai aller :
Mon Dieu, etc.

Et moi je fus pitoyable,
  La laissai aller ;
Quand elle fut dedans ce bois,
  Se mist à chanter :
Mon Dieu, etc.

Quand elle fut dedans ce bois,
  Se mist à chanter :
Hélas ! où est-il allé
  Ce couart chevalier :
Mon Dieu, etc.

Hélas ! où est-il allé,
  Ce couart chevalier ?

Pour un soupir d'amourette
　M'a laissé aller :
Mon Dieu, qu'elle est godinette,
　La sçaurois-je aimer?

f — 1615

Air n° 12

Il estoit une fillette
Qui chantoit au verd buisson,
Disant une chansonnette :
Las! que ne me marie-t-on?
Car si l'on ne me marie
Je le presteray à tous;

　Ça ça ça, crassous,
Ça venez cy, venez ça,
Venez tous, ça ça, crassous,
Ça, venez don loger chez nous.

Il estoit une fillette
Qui allait planter des choux ;
La rousée estoit grandette,
Son vraibis en print la toux.
Il luy faut faire un potage
Batu à quatre genoux :

　Ça ça ça, etc.

Il estoit une fillette
Qui alloit jouer au bois,
Elle dansoit sur l'herbette
Et disoit à haute voix :

Comment faut-il que j'espouse
Ce vieux rechigné jaloux?

   Ça ça ça, etc.

Il estoit une fillette
Qui discouroit tous les jours
De ses belles amourettes,
Et de mille autres bons tours,
Et disoit en son language :
Mon mary sera coucou :

   Ça ça ça, etc.

Il estoit une fillette
Qui petoit incessamment.
Je lui dis : Ma mignonnette,
Vous estes pleine de vent.
— Mon doux ami, se dit-elle,
C'est mon cul qui a la toux :

   Ça ça ça, crassous,
Ça venez cy, venez ça;
Ça, venez don loger chez nous.

M — 1555

Sur l'air : *J'ai quatorze ans ou davantage.*

Il estoit une fillette
Qui vouloit scavoir le jeu d'amours;
Un jour la trouvay seullette,
Je luy en monstray deux ou trois tours.

Après avoir senti le goust,
Elle m'a dit bas en riant :
Le premier coup m'y semble lourd,
Mais la fin m'y semble friant.

Je luy ditz vous me temptez,
Elle m'a dit recommencez.
Laissez-moy, petite garce, vous avez grant tort.
Et quant ce vint à sentir le doulx point,
Vous l'eussiez veu mouvoir si doulcement
Que son las cœur en tremble fort et point,
Mais Dieu mercy c'estoit un doulx tourment.

Le soir d'après, la fillette
A veu la lune à son decours.
Elle a mandé Marionnette,
Priant qu'elle luy donnast secours,
Et qu'elle estoit en grant amour
Devant le dieu d'amour priant,
A deux genoulx le requerant.

Qu'essé, ma mie, que voulez ?
Venez, mon amy, venez ;
Venez, que je vous embrasse jusques à la mort.
Et nous boutons nez à nez,
Et nous joignons pres à pres,
    Ticque tacque,
    Ticque tacque,
A grands coups bien fort.

Mais sur la fin ainsi qu'on se demoisle,
Souffrir ne veulx autre departement.
Mais, Dieu mercy, il luy fut bien advis
Qu'il en sortit mœsle tres aysement.

Au bout de neuf moys, la fillette
A veu son ventre à rebours,
Elle a mandé une sage femmette,
A qui a compté ses doulours,
La requerant à deux genoulx
Scavoir s'elle est grosse d'enfant,
— Il est, dyt-elle, tout fretillant. —

Elle se print à crier :
A qui le dois-je bailler ?
Bailler l'enfant à son père,
 On luy fera tort.
Il est allé sur la mer :
Je ne le puis recouvrer ;
Je sens le mal qui m'aproche,
 J'en souffriray mort.

 La sage femme luy va dire :
Vous souvient-il qu'il entra si aisément ?
Priez à Dieu, quant il vouldra sortir,
Qu'il en sorte aussi joyeusement.
 Fille qui prent son plaisir
 Et ne veult le mal souffrir,
 S'elle ne prend en patience,
  Je ditz qu'elle a tort.

Mais quant ce vint à son enfantement,
Elle se print haultement à crier.
La sage femme luy va dire ainsi :
Priez Jésus, le requérant aussi.
 Quant vous complirés vostre plaisir,
 Vous ne disiez pas ainsi,
 Vous recordiez voz amourettes
  Tous deux par accord.

Mais quant ce vient à son relèvement,
De sa chambre elle s'en va sortir,
Droit à l'église, sa chandelle portant,
Priant Jésus et tous les saincts aussi :
   Fille qui prend son plaisir
   Et qui aime le déduit,
  S'elle ne gaigne le mal de dents.
   On luy fera tort.

G — 1542

AULTRE CHANSON NOUVELLE SUR :

*Fringuez, moynes, fringuez, Dieu vous fera pardon
Et tousjours maintenez vostre religion.*

Il estoit ung gris moyne qui revenoit de Rome,
En son chemin rencontre une si belle nonne,
Troys foys il l'a fringuée à l'ombre d'un buisson,
Et puis l'a ramenée en sa religion :

Fringuez, moynes, fringuez, Dieu vous fera pardon,
Et tousjours maintenez vostre religion.

Le moyne qui retourne en son abahye,
Les moynes luy ont dict : vous ny entrerez mye,
Vous nestes qung fringueur, et nous ne fringuons
                            (point :
Fringuez, moynes, etc.

Or, vous taisez, mes frères, dist-il, je vous en prie,
Je vous ameneray la nonette jolye ;

Boutez-vous en prières trestous à deux genoux,
Et devant qu'il soit nonne, nous fringuerons trestous :

Fringuez, moynes, fringuez, Dieu vous fera pardon,
Et tousjours maintenez vostre religion.

W — 1580

Il fault que je vous dye
D'ung tres gentil galoys
Qui cuydoit son amye
La femme d'ung bourgoys.
Mais elle fist la fée,
En disant : Amis doulx,
Venez à la vesprée,
Faisant le loup garoux.

Voulentiers, dist-il, dame,
Viendray devers le soir,
Qu'homme n'aura ne femme
Qui s'en puist parcevoir.
Bien me sçauray retraire
Coyement[1] devers vous.
Elle dit : Venez donc faire
De nuyt le loup garoux.

A son mary va dire
Tout le fait et compter.
Il dist : C'est bien pour rire
S'on le peult attraper.

1. En secret.

Dist-elle : Sans attendre,
Affin qu'il soit escoux ¹,
Tantost vous feray prendre
Ceans le loup garoux.

Tantost sans demourée
Le galant arriva
D'une pel ² affublée,
Puis la dame hucha ³,
Disant : Gorge polie,
Suis-je bien à vos goux ?
Elle fist l'esbahie,
Criant au loup garoux.

Le bourgoys fut habile
De frapper d'ung baston,
Tant que ceux de la ville
Vindrent à l'environ.
Il eut mainte couppée ⁴,
Car ilz frappoient tous,
En faisant leur risée
Du povre loup garoux.

Puis dist : Mercy, vous prie,
Veuillez moy pardonner ;
Et aussi je supplye
Ceulx qui vouldront aymer,
Que de moy leur souviengne
Comment j'en suys rassoux ;
Chascun bien le retiengne
Qu'il ne soit loup garoux.

1. L'aire sur laquelle on bat le blé. — 2. Peau. — 3. Appela. — 4. Coups.

Comparez la chanson : *Escoutez, ie vous prie*.

k — 1632

Il nous faut avoir des tondeux
    En nos maisons,
C'est pour tondre la laine à nos moutons :
  Tondez la nuict, tondez le jour,
  Tondez-les tous les quinze jours,
    Et tous les trois semaines,
  Et puis les compagnons viendront
  Qui ton, qui ton, qui tonderont,
    Qui tonderont la laine.

Il nous faut avoir des cardeux
    En nos maisons,
C'est pour carder la laine à nos moutons :
  Cardez la nuict, cardez le jour,
  Cardez-les tous les quinze jours,
    Et tous les trois semaines,
  Et puis les compagnons viendront
  Qui car, qui car, qui carderont,
    Qui carderont la laine.

Il nous faut avoir des fileurs
    En nos maisons,
C'est pour filer la laine à nos moutons :
  Filez la nuict, filez le jour,
  Filez-les tous les quinze jours,
    Et tous les trois semaines,
  Et puis les compagnons viendront
  Qui fi, qui fi, qui fileront,
    Qui fileront la laine.

Il nous faut avoir des fouleurs
    En nos maisons,
C'est pour fouler la laine à nos moutons :
  Foulez la nuict, foulez le jour,
  Foulez-les tous les quinze jours,
    Et tous les trois semaines,
  Et puis les compagnons viendront
  Qui fou, qui fou, qui fouleront,
    Qui fouleront la laine.

f — 1615

Air n° 13

J'ay aimé une fillette
Bien l'espace de sept ans,
Et sans luy faire cognoistre
Que je fusse son servant :

Trop aimer n'est que folie,
En amour n'est que tourment.

Et sans luy faire cognoistre
Que je fusse son servant,
Un jour je la trouvai seule,
Seulette se promenant :
Trop aimer, etc.

Un jour je la trouvai seule,
Seulette se promenant ;
Je lui offris mon service,
Ce me semble honnestement :
Trop aimer, etc.

Je lui offris mon service,
Ce me semble honnestement ;
Elle m'a fait responce
Assez rigoureusement :
Trop aimer, etc.

Elle m'a fait responce
Assez rigoureusement,
Que d'aimer n'avoit envie
Sans conseil de ses parens :
Trop aimer, etc.

Que d'aimer n'avoit envie
Sans conseil de ses parens,
Et j'ay prins la hardiesse,
Suis allé à ses parents :
Trop aimer, etc.

Et j'ay prins la hardiesse,
Suis allé à ses parens.
Ses parens m'ont respondu
Que d'aimer il n'est plus temps :
Trop aimer, etc.

Ses parents m'ont répondu
Que d'aimer il n'est plus temps,
Qu'elle est en un autre accordée,
Qui s'estime fort vaillant :
Trop aimer, etc.

Qu'elle est en un autre accordée,
Qui s'estime fort vaillant,
Sur moy ses couleurs je porte,
Le gris, le violet et le blanc :
Trop aimer n'est que folie,
En amour n'est que tourment.

f — 1615

Air n° 14

J'ai aimé une jeune fille
  D'un grand moyen,
Son père si me l'a donnée,
  O n'en veut rien.

Quand je party de men village
  Pour l'aller vais,
J'étais vêtu de pied en cappe
  Comme un Englais.

J'avais un biau cappiau de paille,
  Long et poîntu,
Y n'y avait homme à mon village
  Qui n'en ait ieu.

J'avais un biau collet de telle [1],
  Gros et carray,
Avec une bonne fichelle
  Pour l'attaquai [2].

J'avais un biau pourpoint de telle,
  Un biau blanchet,
Attaquai devant ma fourchelle [3],
  D'un fin lachet.

1. Toile. — 2. L'attacher. — 3. Poitrine, estomac.

J'avais une belle quemise
  Au point percier,
Un moucheux à quatre cornières
  Bien appliquey.

J'avais une belle cheinture
  D'un cuieur bouilli,
Les couteaux et aussi la gaîne,
  Le couchepied.

J'avais le pu biau haut de cauche [1]
  D'un fin burel [2] :
Y n'y en avait point à men village
  Pu biau hardel [3].

J'avais une belle gargache [4]
  D'un fin coutil,
Passementés avant les gambes
  D'un biau nerfil [5].

J'avais de biaux guartiers [6] de laine
  Rouge et verts,
Qui me ballaient avant les gambes
  Jusqu'aux mollets.

J'avais de biaux sollets [7] de vacque
  Bien evenant,
Attaquez de bonne courroie
  D'un biau cuieur blanc.

1. Haut de chausse. — 2. Bure, étoffe de laine. — 3. Jeune garçon. — 4. Culotte. — 5. Cordonnet. — 6. Jarretières. — 7. Souliers.

Nous donnons quelques-uns de ces mots expliqués, mais soit que la plupart de ces expressions aient disparu, soit qu'elles aient changé, on ne les trouve pas dans les dictionnaires normands de J. Travers ou d'Edelestand Du Méril. Cette chanson existe encore dans la tradition populaire aux environs de Caen; nous l'avons recueillie et publiée en 1857 dans le second volume des *Echos du temps passé*. Voir aussi : *Je ayme une jeune fille*.

G — 1542

AULTRE CHANSON DE LALOUETTE

J'ay bien esté sept ans
En une tour jolye,
Où j'ay long temps esté,
Maintenant on me meine
Sur la mer pour voguer :
Au chant de l'alouette
Et du rossignolet.

Plus n'iray veoir mamye
Cueillant le joly muguet :
Capitaine Preian [1],
Par amour, je vous prie,
Que ne my mettez mye
Coucher sur le tillard ;
Je suis homme d'église,
Jamais je neuz travail :
Au chant de l'alouette
Et du rossignolet.

Je serviray bien
A faire la cuysine,
Et si porteray bien
Harnoys et brigandine
Et l'espée au costé,
Si quelqung contredise
A vostre volunté :
Au chant de l'alouette
Et du rossignolet.

1. Préjan de Bidaux était général des galères sous Louis XII.

G — 1542

J'ay faict ung amy destrange pays,
Il aura mamour, il ne peult faillir,
Il ne l'aura pas, car il l'a desja,
Tel la pense avoir qui ne l'aura pas :

C'est grand trahison de monstrer semblant
D'aymer par amours, car on y pert son temps.

Il s'en est allé mon loyal amy,
Il m'a emporté mes anneaulx joly,
Mes anneaulx joly, ma verge d'argent
Et mes amourettes qui estoient dedans :

C'est grand trahison, etc.

Il est revenu mon loyal amy,
Il m'a rapporté mes anneaulx joly,
Mes anneaulx joly, ma verge d'argent
Et mes amourettes qui estoient dedans :

C'est grand trahison, etc.

f — 1615

Air n° 15

J'ay fait une chansonnette
Depuis que je suis icy (*bis*);

Je boy à vous, s'il vous hette [1],
J'ay fait une chansonnette,
Je boy à vous s'il vous hette,
Vous plegerez [2] vostre amy (bis).
J'ay fait une chansonnette.

Il n'y a plus qu'une lermette [3],
J'ay fait une chansonnette,
Je boy à vous s'il vous hette,
Il n'y a plus qu'une lermette,
Je la feray bien venir (bis).
J'ay fait, etc.

Voila pas un tour honeste,
J'ay fait une chansonnette,
Voila pas un tour honeste,
Vous en ferez tout ainsi (bis).
J'ay fait une chansonnette
Depuis que je suis icy (bis).

Z — 1600

J'ayme en ce village
Un joli berger,
Il n'est point vollage,
Ny son cœur léger,
   Gay !
Quoy que l'on m'en die,
Seray son amie.

1. Si cela vous fait plaisir. — 2. Vous ferez raison. —
3. Une larme, une goutte.

Il est agréable
Et de bonne façon,
Encor plus aimable
Qu'il n'est beau garçon :
  Gay ! etc.

L'amour et la flame
Qui brusle son cœur,
Embraze mon âme
De pareille ardeur :
  Gay ! etc.

Ceux-là qui d'envie
Me le vont blasmant,
N'auront en leur vie
Si fidèle amant :
  Gay ! etc.

Je scay qu'il n'honore
Que moy seulement,
Et moy qui l'honore
Aussi constamment :
  Gay ! etc.

Je scay bien qu'il n'ayme
Que moy sous les cieux,
D'un amour extresme
Qui est dans ses yeux :
  Gay ! etc.

Si en ma présence
Quelque autre il chérit,
Ce n'est qu'apparence,
Mon cœur me l'a dit :
  Gay ! etc.

Quoy que l'on le prie
De quelque autre aimer,
Jamais en sa vie
Ne voudra changer :
   Gay ! etc.

Je suis assurée
De sa loyauté,
Il me l'a jurée,
C'est la vérité :
   Gay ! etc.

Et quand il soupire,
Je me fons en pleurs ;
Il plaint mon martire,
Je plains ses douleurs :
   Gay ! etc.

Las! je ne puis vivre
Si je ne le voy,
Mon cœur pour le suivre
S'absente de moy :
   Gay ! etc.

En parle qui voudra,
Jamais je n'auray
Servant plus loyal,
Plustost je mourray :
   Gay ! etc.

Viens donc, mon ami,
Approche de moy ;
Passe ton ennuy,
Il ne tient qu'à toi :
   Gay !
Quoy que l'on m'en die,
Seray son amie.

a bis — 1602

J'ay tant battu, j'ay tant vané,
— Tournez ce moulin tourné —
Et si n'ay qu'un boisseau de blé :
    Toujours,
Toujours tourne ce moulin
    D'amour.

Et si n'ay qu'un boisseau de blé,
— Tournez ce moulin tourné —
Et au moulin m'en suis allé :
    Toujours, etc.

Et au moulin m'en suis allé,
— Tournez ce moulin tourné —
Musnier, y moudras-tu mon grain ?
    Toujours, etc.

Musnier, y moudras-tu mon grain ?
— Tournez ce moulin tourné —
Quelle mouture prenderez ?
    Toujours, etc.

Quelle mouture prenderez ?
— Tournez ce moulin tourné —
De mon avoine et de mon blé ?
    Toujours, etc.

De mon avoine et de mon blé,
— Tournez ce moulin tourné —
Ou de ma servante ou de moy ?
    Toujours, etc.

Ou de ma servante ou de moy ?
— Tournez ce moulin tourné —
Le musnier fut fin assez :
Toujours, etc.

Le musnier fut fin assez,
— Tournez ce moulin tourné —
A prins mouture à deux costés :
Toujours, etc.

A prins mouture à deux costés,
— Tournez ce moulin tourné —
De la dame et de son blé :
Toujours,
Toujours tourne ce moulin
D'amour.

A comparer avec : *A Andely-sur-Seine*.

i — 1627

J'ay trouvé à la feugère
Une dame qui fagottait,
Je luy dis : ma belle dame,
Vostre fagot est-il fait ?

N'allez plus à la feugère,
Seullette, comme j'ay fait.

Je luy dis : ma belle dame
Vostre fagot est-il fait ?
S'il n'est fait, allons le faire,
Nous le ferons vous et moy.
N'allez plus, etc.

S'il n'est fait, allons le faire,
Nous le ferons vous et moy.
— Hélas ! mon Dieu, ce dit-elle,
Que vous avez de caquet. —

N'allez plus, etc.

— Hélas! mon Dieu, ce dit-elle,
Que vous avez de caquet. —
Je la pris et je l'embrasse,
La jettay sur le muguet :

N'allez plus, etc.

Je la pris et je l'embrasse,
La jettay sur le muguet.
Elle s'escrie en colère:
Ha, meschant, que m'as-tu fait ?

N'allez plus, etc.

Elle s'écrie en colère :
Ha, meschant, que m'as-tu fait ?
Je m'en plaindray à ma mère
Et à mon frère Jacquet.

N'allez plus, etc.

Je m'en plaindray à ma mère
Et à mon frère Jacquet.
« Il est bien temps de s'en plaindre
Après que l'on vous l'a fait : »

N'allez plus à la feugère,
Seullette, comme j'ay fait.

※
※ ※

J'ay ung mary qui est bon homme,
Il prent le pot et va au vin,
Et puis en boit ung bon tatin,
Tandis que je fais la besongne,

   Le bonhomme !

Or, pleust à Dieu quil fust à Romme,
Et que je feusse dans Paris,
Entre les braz de mon amy,
Mais qu'il me feist bien ma besongne,

   Le bon homme !

f — 1615

Air n° 16

J'ay un oyseau qui volle,
  Volle, volle, volle,
J'ay un oiseau qui volle,
  Volle, volle, vollera.

Il volera dedans ma gorge,
  Volle, volle, volle,
Il vollera dedans ma gorge,
  Volle, volle, vollera.

Il a volé dedans ma gorge,
　　Volle, volle, volle,
Il a vollé dedans ma gorge,
　　Volle, volle, vollera.

Il volera dedans la vostre,
　　Volle, volle, volle,
Il vollera dedans la vostre,
　　Volle, volle, vollera.

f — 1615

Air n° 17

J'ay veu le cerf du bois sailly
　　Et boire à la fontaine *(bis)*.

Mon bon amy, je boy à ty,
J'ay veu le cerf du bois sailly,
Mon bon amy, je boy à ty
　　Et à ta souveraine *(bis)*.

J'ay veu le cerf, etc.

Si tu n'en fais ainsi que my,
J'ay veu le cerf du bois sailly ;
Si tu n'en fais ainsi que my,
J'ay veu le cerf du bois sailly,
　　Tu paieras pinte pleine *(bis)*.

J'ay vu le cerf du bois sailly
　　Et boire à la fontaine.

VARIANTE

J'ai veu le cerf du bois saillir
   Et boyre à la fontaine.
Je boys à toy, mon bel amy,
   Et à ta souverayne ;
Si tu ne fays ainsi que my,
   Tu paîras pinte pleine.
Le cerf du bois il n'est pas pris,
   Mais on aura grand'peine
   A boire à la fontaine.

Selva di varie recreatione, etc., di H. Vecchi, Venise, 1595. Cette chanson est reproduite à 5 voix dans le *Catalogue du Conservatoire,* page 417.

f — 1615

Jean de Nivelle a trois enfants, (*bis*)
Dont il y en a deux marchands, (*bis*)
   L'autr' escure la vaisselle :
   Hay, avant Jean de Nivelle :

   Hay, hay, hay, avant,
Jean de Nivelle est un galant.

Jean de Nivelle a trois chevaux, (*bis*)
Deux sont par monts et par vaux, (*bis*)
   Et l'autre n'a point de selle :

   Hay, etc.

Page 188. Imprimé par Renaudet.

JEAN DE NIVELLE A TROIS ENFANTS.

Jean de Nivelle a trois beaux chiens, (*bis*)
Il y en a deux vaut-riens, (*bis*)
　L'autre fuit quand on l'appelle :
　　Hay, etc.

Jean de Nivelle a trois gros chats, (*bis*)
L'un prend souris, l'autre rats, (*bis*)
　L'autre mange la chandelle :
　　Hay, etc.

Jean de Nivelle a un vallet, (*bis*)
S'il n'est beau il n'est pas laid, (*bis*)
　Il accoste une pucelle :

　Hay, hay, hay, avant,
Jean de Nivelle est un galant.

d — 1612

Je ayme une jeune fille
　　D'un grand moyen,
Son père cy me l'a donnée,
　　O n'en veut rien.

Quand je partis de men village,
　　Pour l'aller vais,
J'estois vestu de pied en cappe,
Comme un Englais.

J'avois un biau cappiau de paille,
　　Long et pointu,
Y ny avet homme en men village
　　Qui en ait ieu.

J'avois un biau collet de toile,
    Gros et carray,
Avec une bonne fichelle,
    Pour l'attaquay.

J'avois un biau parpoint de taille,
    Un biau blanchet,
Attaquai devant ma fourchelle
    D'un fin lachet.

J'avois une belle quemise,
    Au poinct percier,
Un moucheux à quatre cornière
    Bien appliquiey.

J'avois une belle chainture
    D'un quieur bouilly,
Les couteaux et aussi la gayne,
    Le cauche pied.

J'avois le plus biau haut de cauche,
    D'un fin burel,
Y ny avait point à men village
    Peu biau hardel.

J'avois une belle gargache,
    D'un fin coutil,
Passementez avant les jambes
    D'un biau ner fil.

J'avois de biaux gartiers de laine,
    Rouge et verts,
Qui me ballaient avand les jambes
    Jusques aux mollets.

J'avois de biaux sollez de vacque,
　　Bien esvenant,
Attaquez de bonne courois,
　　D'un biau queur blanc.

J'estois un demy gentil homme,
　　Ce disait n'en,
On eust dit à vair à ma trogne,
　　D'un président.

Sieuge pas biau, sieuge pas riche,
　　En grand honour ?
Sieuge pas pour avar la fille
　　D'un grand signour ?

Vos estes biau, vos estes riche,
　　No le say bien,
Vos estes sot et mal abille,
　　No le vait bien.

Cette version, antérieure de trois ans comme publication à : *J'ai aimé une jeune fille,* contient trois strophes de plus que le recueil de Mangeant.

k — 1632

Je demanday à la vieille
Quel chaperon elle vouloit.
La vieille m'a respondu :
D'un beau velours s'il y en avoit.

　Vous en aurez, vieille,
　Vous en aurez donc :
　Requinquez-vous, vieille,
　Requinquez-vous donc,

Que ne vous requinquez-vous, vieille,
Que ne vous requinquez-vous donc ?

Je demanday à la vieille
Quel colet elle vouloit.
La vieille m'a répondu :
D'un beau quintain, s'il y en avoit.
  Vous en aurez, etc.

Je demanday à la vieille
Quelle juppe elle vouloit,
La vieille m'a respondu :
D'un beau satin s'il y en avoit.
  Vous en aurez, etc.

Je demanday à la vieille
Quelle musique elle vouloit,
La vieille m'a respondu :
D'un flageollet, s'il y en avoit.
  Vous en aurez, etc.

Je demanday à la vieille
Quelle viande elle vouloit.
La vieille m'a répondu :
D'une andouille s'il y en avoit.

    Vous en aurez, vieille,
    Vous en aurez donc :
    Requinquez-vous, vieille,
    Requinquez-vous donc;
  Que ne vous requinquez-vous, vieille,
  Que ne vous requinquez-vous donc?

On peut comparer cette chanson avec celle du Berry, traitant le même sujet. Voy. *Chansons populaires des provinces de la France.*

M — 1555

Autre chanson nouvelle de deux amants, composée sur le chant : *Jolliet est marié*, dont chascun couplet se prend comme le premier.

Je fermay arsoir de sorte
La fenestre que sçavez,
Vintes buquer à la porte,
Dites hola, vous en allez.
Ma mère entendit bien cela.....
Las, pourquoy dites-vous hola,
Las, pourquoy dites-vous hola !

Si fussiez venu de sorte,
Certes m'amour eussiez eu;
Non point buquer à la porte,
Mais aux fenestres venu,
Eussiez couché entre mes bras :
Las, pourquoy dites-vous hola !

Je sçavois bien vostre venue,
Certes je ne dormois pas,
Estois dépouillée toute nue,
Pour mieux acomplir nos esbas.
Hola nous fist perdre cela,
Las, pourquoy dites-vous hola !

A demain sur les huit heures
Ma mère n'y sera pas.
Venez buquer aux fenestres,
Je vous prie, n'y faillez pas,
Toute perte on recouvrira.
Las, pourquoy dites-vous hola !

VARIANTE

De la roe de fortune
J'ay grand dueil quant à ma part,
J'en suis jour et nuit batue,
Encor dit-on qu'on me tuera.
Je ne puis aider des bras,
Las, pourquoy dites-vous hola.

L'amoureux n'y faillit mie,
A l'heure qu'elle avoit dit,
Feirent à leur fantasie,
Acomplirent tout leur déduit :
Hastés-vous, ma mère viendra,
Las, pourquoi dites-vous hola.

La jecta sus la couchette
Qui trop ferme n'estoit pas,
Rompit une chevillette,
Tous deux tombèrent en bas.
Chascun d'eux s'esmerveilla,
Las, pourquoy dites-vous hola.

Voicy l'estat de noblesse,
Où chascun prend ses esbatz.
Vous me rompez les mamelles,
Aussi faictes-vous l'estomach ;
Soustenez-vous sus voz deux bras :
Las, pourquoy dites-vous hola.

Celle qui fist la chansonnette
Tenoit son amy à nud,
L'eust getté soubz la couchette
S'il ne se fust bien tenu.
Bien ne se tint, il cheut en bas :
Las, pourquoy dites-vous hola,
Las, pourquoy dites-vous hola.

Cette chanson se trouve aussi avec quelques variantes dans *Non le Trias*, etc. 1602.

a *bis* — 1602

AIR DE COURT

Je fermay hyer soir de sorte
La fenestre que sçavez,
Vintes heurter à la porte,
Dictes hola, vous en allez.
Ma mère entendit bien cela ;
Mais pourquoy disiez-vous hola ? (*Bis.*)

Si fussiez venu de sorte,
Certes mamour eussiez eu ;
Non point heurter à la porte,
Mais aux fenestres venu,
Eussiez couché entre mes bras :
Mais pourquoy, etc.

Il falloit venir de sorte
Que ne fussiez descouvert,
Tout le long de la grand porte,
Le petit huis estoit ouvert,
Sans faire tout ces mines là :
Mais pourquoy, etc.

J'attendois vostre venue,
Certes je ne dormois pas,
J'estois desja toute nue,
Pour mieux prendre nos esbats,
Hola nous fit perdre cela :
Mais pourquoy disiez-vous hola? (*Bis.*)

Venez demain devant nonne,
Ma mère n'y sera pas,
Et si n'y aura personne,
Je vous prie n'y faillez pas,
Toute perte on recouvrira :
Gardez-vous bien de dire hola. (*Bis.*)

Regardez à vostre affaire,
N'y venez à l'estourdy,
Et ne faictes le contraire
De ce que hier je vous dy.
Vous n'auriez cecy ne cela :
Gardez-vous, etc.

Gardez-vous de mettre en doubte
L'entrée du jardinet,
Car je seray aux escouttes
Pour vous mettre au cabinet,
Puis nous ferons cecy, cela :
Gardez-vous, etc.

Le drolle n'y faillit mye
A l'heure qu'elle avoit dit,
Feirent à leur fantasie,
Accomplirent leur deduict.
— Hastez-vous, ma mère viendra ;
Gardez-vous, etc.

La rejetta sur sa couche,
Qui trop ferme n'estoit pas.
Comme ils estoient bouche à bouche,
Tous deux tombèrent en bas.
— Ostez vous, l'on nous surprendra ;
Despêchez, ma mère viendra,
Gardez-vous bien de dire holà. (*Bis.*)

R — 1571

Je fille quand Dieu m'y donne de quoy,
  Je fille ma quenoille, ô voy.
  En no jardin m'en entray,
Je fille quand Dieu m'y donne de quoy,
  Trois fleurs d'amour j'ey trouvay,
Je voy, je vien, je tourne, je vire, je ferre,
Je taille, je tonds, je rais, je saulte, je danse,
  Je ry, je chante, je chauffe mon four,
    Je garde mes ouailles
Et tout, je fille ma quenoille, ô voy.

f — 1615

Air n° 18

Je me levay par un matin,
  La fresche matinée,
Je m'en allay à mon jardin
  Pour cueillir girouflée :
    Mais trop long-temps
    Dure le temps,
Puisqu'amour m'a laissée.

Je m'en allay à mon jardin
  Pour cueillir girouflée,
Et girouflée et roumarin,
  Lavande cotonnée :
    Mais trop, etc.

Et girouflée et roumarin,
  Lavande cotonnée ;
Las, je n'en cueillis pas trois brins
  Que ne fusse advisée :
    Mais trop, etc.

Las, je n'en cueillis pas trois brins
  Que ne fusse advisée,
Mais ce fut de mon bon amy,
  Qui m'a tant désirée :
    Mais trop, etc.

Mais ce fut de mon bon amy,
  Qui m'a tant désirée.
Trop mieux faudroit faire un amy
  Que d'estre mariée :
    Mais trop, etc.

Trop mieux vaudroit faire un amy
  Que d'estre mariée,
Car alors qu'on est mariée
Ce n'est pas pour une année :
    Mais trop, etc.

Car alors qu'on est mariée
 Ce n'est pour une année,
Ce n'est pour une ne pour deux ans,
 C'est pour la vie finée [1] :
  Mais trop long-temps
  Dure le temps,
 Puisqu'amour m'a laissée.

Cette chanson a été réimprimée en 1646 dans la *Caribarye des artisans*.

i — 1627

COQ-A-L'ANE

Je m'en allay à Bagnolet,
Où je trouvay un grand mulet
 Qui plantoit des carrottes :
Ma Magdelon, je t'aime tant
 Que quasi je radotte.

Je m'en allay un peu plus loing,
Trouvay une botte de foing
 Qui dansoit la gavotte :

Ma Magdelon, etc.

Je m'en allay en nostre jardin,
Trouvay un chat incarnadin
 Qui décrottait ses bottes :

Ma Magdelon, etc.

1. Entière.

Je m'en revins en nostre maison,
Où je rencontrai un oyson
　Qui portoit la callotte :

Ma Magdelon, je t'aime tant,
　Que quasi je radotte.

Cette chanson se trouve aussi dans Gaultier Garguille, 1632.

f — 1615

Air n° 19

Je m'en vay à Livaro,
Compagnon, tout d'une tire,
S'il n'y a à boire à ce pot,
Je m'en vay à Livaro,
S'il n'y a à boire à ce pot,
Je vous prie que l'on en tire :
Je m'en vay à Livaro,
Compagnon, tout d'une tire.

A ma bource a un gigot,
Je m'en vay à Livaro ;
A ma bource a un gigot,
Je m'en vay à Livaro,
Et un bon galon de sidre ;
Je m'en vay à Livaro,
Compagnon, tout d'une tire.

B — 1530

Je m'en voys
　Au verd boys
Ouyr chanter l'oisillon.

Mesdisans
Vont disant
Que je y vois pour Marion.

Or y vont
Pastoureaulx et pastourelles,
Et sy font
Un bouquet.

Je m'en voys
Au verd boys
Ouyr chanter l'oisillon.

N bis — 1557

Je m'en vois par le monde,
A la pluye et au vent,
M'amour,
Pour chercher ma mignonne,
Hélas !
Celle que j'ayme tant.

Or l'ay je tant cherchée,
Qu'à la fin l'ay trouvée,
M'amour,
Le long d'une vallée,
Hélas !
Tout auprès d'un verd pré.

Je luy ay dict : Doucette,
Où vas-tu maintenant,
M'amour ?
— M'en vois rendre nonnette,
Hélas !
En un petit couvent.

Puisque d'aultre que moy
Vous estes amoureux,
    M'amour,
Qui faict qu'en grand esmoy,
    Hélas !
Mon cœur soit langoureux.

Hélas ! toute vestue
Je seray de drap noir,
    M'amour,
Monstrant que despourveue,
    Hélas !
Je vis en désespoir.

Car ma persévérance
Et ma grand loyauté,
    M'amour,
N'ont de nostre alliance,
    Hélas !
Gardé la fermeté.

Et que soit par ma faulte,
Chacun le congnoistra,
    M'amour,
Car quand je seray morte
    Hélas !
Je sçay qu'on me plaindra.

Je sçay que maintes larmes
Des yeux il tombera,
    M'amour,
De toute honneste dame,
    Hélas!
Qui de moy parlera.

Et qu'il n'y aura homme
Ayant le cœur entier,
    M'amour,
Qui meschant ne vous nomme,
    Hélas !
Estant de moy meurdrier.

Las, je sens venir l'heure
Et voy bien à présent,
    M'amour,
Qu'il convient que je meure,
    Hélas !
Pour vous en ce tourment.

a bis — 1602

Je me plains de Janneton
Qui, par sur tous vilageois,
M'a choisi pour son mignon ;
Mais quelque gorrier bourgeois
A tiré son cœur de moy.
Janneton que tant j'aymoy,
Janneton, reviens vers moi,
Janneton que tant j'aymoy.

Je fus à la ville hier,
Pour y vendre des chevreaux
Et des œufs plein un pannier,
Avec trois liasses d'aux,
Mais tu t'enfuis de moy :
Janneton que tant, etc.

Si te portoy-je pourtant
Un demy ceint, achepté
Quinze bons deniers contant;
Mais en vain je l'apportay,
Car tu ne le prins de moi :
Janneton que tant j'aymoy,
Janneton, reviens vers moy,
Janneton que tant j'aymoy.

Or puisque n'ai nul espoir
D'avoir ce que je pretens,
Je ne te veux donc plus voir,
En perdant ainsi mon temps :
Adieu, adieu, Janneton,
Adieu, mon petit teton,
Adieu, adieu, Janneton.

X ter — 1580

Je m'y levay par ung matinet
    Que jour n'est mie,
Je m'en allay tout droit chanter
    A l'huys ma mie.
Tout aussitost qu'elle m'a ouy chanter,
Elle a pour moy son huys fermé :
Qu'on luy demande, allez luy demander
S'elle a pour moy son huys fermé.

Hé! ouvrez-moy vostre huys, ouvrez,
    Ma doulce amye,
Car il fait froid et je suis nu
    En ma chemise.

— Si vous avez froid, si tremblez,
Car point pour vous mon huys je n'ouvreray :
Qu'on luy, etc.

Or me dictes, mon bel amy,
    Fait-il gelée ? —
Nenny, dit-il, en bonne foy,
    Il fait rosée ;
S'il eust faict froit comme il souloit,
A l'huys, ma mie, je fusse mort de froit :
Qu'on luy, etc.

Il y a bien à besongner
    A faire amye,
Tel cuyde estre le mieulx venu
    Qui ne l'est mye ;
Tel cuyde estre le mieulx aimé
Qui d'amours est déshérité :
Qu'on lui demande, allez lui demander
S'elle a pour moy son huys fermé.

G — 1542

Je my levay par ung matin,
Ung rossignol chanter ouys
Et qui disoit, et qui disoit :
  fy fy fy fy fy fy
D'or et d'argent qui n'en a joye,
Et qui disoit, et qui disoit
D'or et d'argent qui n'en a joye.

Las je me prins à demander
Et si cestoit ung oyselet :
Esse ung oyseau, esse ung oyseau ?
  Ung oyseau, ung oyseau ?

Madame my respond qu'ouy ;
Esse ung oyseau, esse ung oyseau,
   Ung oyseau, ung oyseau,
Madame my respond qu'ouy.

Sur le pont au change m'en allay,
Ung oyselet gy acheté,
Et qui disoit, et qui disoit :
   vy vy vy vy vy vy
Et viz tousjours en esperance,
Et qui disoit, et qui disoit :
   Prens prens prens prens prens prens,
Et prens tousjours en patience.

Jusques au Louvre m'en allay,
Troys jeunes dames rencontray
Et qui disoient, et qui disoient :
   fy fy fy fy fy fy
Et fy d'amours qui n'en a joye,
Et qui disoient, et qui disoient :
   fy fy fy fy fy fy
Et fy d'amours qui n'en a joye.

P — 1560

Je m'y levay par un matin,
Je m'y levay par un matin,
Trouvis ma femme morte ;
Jamais plus grand joye au cœur n'uz
Quand la vis en la sorte :
Je ne fermeray jamais mon huys,
   Ny fenestre ny porte,
Ny metray plus d'eau en mon vin,
Puisque ma femme est morte.

Dieu m'a en pitié regardé,
Et mon bien est fort amandé,
Puisque ma femme est morte ;
  Je prie à Dieu de paradis
  Que jamais n'en resorte :
Je ne fermeray, etc.

Nous manderons nostre fossier,
Nous manderons nostre fossier,
  Qu'il luy face une fosse,
Et qu'il la face si avant
  Que jamais ne resorte :
Je ne fermeray, etc.

Des ongnons me fault achepter
Pour mieux mes yeux faire pleurer,
  Faisant bonne grimace,
Et le deuil je ferai porter
  D'un bonnet d'esquarlate :
Je ne fermeray, etc.

Un beau service luy ferons,
Et à nostre curé dirons
  Qu'il chante à pleine gorge,
Et sur sa fosse danceray,
De peur qu'elle ne resorte:
Je ne fermeray, etc.

Du deuil de la femme que j'ay,
Le courroux j'en avalleray
  Avec belle moustarde ;
Je chanterai *gaudeamus*
Les deux pieds dessoubz la table :
Je ne fermeray, etc.

En revenant du convoy,
Un mien voisin je rencontray :
— Voisin, Dieu te console !
Plaisist à Dieu de paradis
  Qu'ainsi fust de la nostre ! —

Je ne fermerai, etc.

Tous noz voisins m'y fault mander,
Car c'est pour nous remarier.
Que l'on m'en baille une autre,
Qu'elle n'ait point le cœur si gros
  Ainsi comme avoit l'autre :

Je ne fermeray jamais mon huys,
  Ny fenestre ni porte,
Ny metray plus d'eau en mon vin,
  Puisque ma femme est morte.

a *bis* — **1602**

Je my levay un jour de grand matin, la la,
Je m'en entray dans nos joly jardin, la la,
  Et ola la, et moy je meine l'asne,
    Je cache le baudet, laridet,
    Je cache le baudet.

Je m'en entray dans nos joly jardin, la la,
Je rencontray roussignolet joly, la la,
  Et ola la, etc.

Je rencontray roussignolet joly, la la,
Qui en son chant disoit de soir et de matin, la la,
 Et ola la, etc.

Qui en son chant disoit de soir et de matin, la la,
Or faict-il bon aymer la fille à son voisin, la la,|
 Et ola, la, etc.

Or faict-il bon aymer la fille à son voisin, la la,
Si ne la voit au vespre, il la voit au matin, la la,
 Et ola la, etc.

Si ne la voit au vespre, il la voit au matin, la la,
Et qu'au jeu d'amourette il faut estre assez fin, la la,
 Et ola la, etc.

Et qu'au jeu d'amourette il faut estre assez fin, la la,
Pour faire la chosette n'estre jamais chagrin, la la,
 Et ola, la, et moi je meine l'asne,
  Je cache le baudet, laridet,
  Je cache le baudet.

Voir *Au bois Rossignolet,* Chansons des provinces. — W.

C — 1535

Je ne me puis tenir
Par chose que l'on die,
D'aller et de venir
Pour rencontrer m'amie.

Je l'ay choisie
Entre grans et menu,
J'ay fantasie
Qu'elle m'a retenu.

Un jour de mon vivant
D'aultre n'auray envie,
Mais son loyal servant
Seray toute ma vie.
Dans l'abbaye
Où mon cœur s'est rendu,
Si je l'oublie
Je veux être tondu.

Le jour que ne la voy
Ne suis pas à mon ayse ;
Je vous jure ma foy,
N'ay chose qui me plaise.
Elle est courtoise,
Son parler gracieulx,
Point n'est facheulx,
Dont je l'en aime mieulx.

f — 1615

Air n° 20

Je ne mettray plus d'eau en mon vin,
Celle qui me battoit est morte !
Je me levay par un matin (bis),
Je m'en allay chez mon voisin (bis).

—Voisin ? — Qui a-t-il ? — Ma femme est morte ;
Que la tienne fust en la sorte !

Je ne mettray, etc.

Je m'en allay en paradis (bis)
Dire au portier qu'il fermast l'huis (bis).
—Portier ? — Qui a-t-il ? — Ferme la porte,
Car si ma femme revenoit,
Elle me battroit encore. —

Je ne mettray plus d'eau en mon vin,
Celle qui me battoit est morte !

C'est en résumé la chanson : *Je m'y levay par un matin,* etc.

c — 1607

Je n'eus jamais desir
    D'avoir maistresse ;
Mon cœur pour son plaisir
    A eu l'adresse.

Et tout à un instant
    En a faict une,
Qui m'a rendu constant
    En ma fortune.

Un soir estant venu
    Parler à elle,
Passa un incognu
    Qui me querelle.

Ayant l'espée au poing,
　Fis resistance.
Trois accourent de loing
　A grand puissance.

Puis m'ont prins et jetté
　En place obscure,
Tout plein de pauvreté,
　Aussi d'ordure.

Meschant et ennuyeux
　Par jalousie,
Qui enviez mon mieux,
　Aussi ma vie,

Un jour puisse arriver
　Que la fortune
Permette nous trouver
　D'un clair de lune.

Si je sçavois voler
　Comme une mouche,
L'on me verrait aller
　Droit sur sa bouche.

Si muer me pouvois
　En arondelle,
Mon plaisir je prendrois
　Avec ma belle.

Sa bouche de corail,
　Son sein d'albastre,
Sont cause de mon mal,
　De mon désastre.

Je l'ayme et aymeray
　　Toute ma vie,
Son serviteur seray,
　　Quoy qu'on en die.

Où fust faict la chanson?
　　En ceste ville,
Par un bon compagnon,
　　Et bien habille:

e — 1614

Je ne vis pas, mais je languis,
　　Belle, belle pour vous,
Si je n'ay de vostre gent corps
　　Un baiser doux.

Souvent Pasques sont en avril,
Soit à l'entrée ou à l'yssir,
Que tous oyseaux y font leur nid,
　　Tout par amour,
Et puis s'en vont à leur pais
　　Finir leurs jours.

Je ne vis pas, etc.

— Rossignolet du bois joly,
Va t'en dire à mon doux amy
Que je me recommande à luy,
　　Tout par amour,
Et que je vois à l'ombre d'un soucy
　　Finir mes jours. —

Je ne vis pas, mais je languis,
  Belle, belle, pour vous,
Si je n'ai de vostre gent corps
  Un baiser doux.

u — 1665

Courante nouvelle à la louange du Savoyard.

Je suis ce fameux savoyard
Qui par l'adresse de mon art
Surmonte la mélancolie :
Je ne suis jamais contens
Qu'alors qu'en bonne compagnie
Je trouve a bien passer mon temps.

Malgré la perte de mes yeux,
Mon nom éclatte en divers lieux,
Sous ce titre d'incomparable :
Si je passe comme débauché,
Je n'en suis pas moins estimable,
Moins heureux n'y moins recherché.

Je ne veux donner des advis
Qui sont dignes d'être suivis,
Gravez-les dans votre mémoire :
Messieurs, c'est que pour vivre heureux
Il faut rire, chanter et boire
Parmy les débats amoureux.

Quand j'ay pratiqué mon conseil,
Je suis dispos, frais et merveil,

Je coule heureusement ma vie,
Je fréquente les cabarets,
Les plaisirs de la comédie,
Les jeux, la dance et les balets.

N'oubliez pas le savoyard,
Avec ses chansons dissolue :
S'il n'eust pas été si paillard,
Il n'aurait pas perdu la veue.

U — 1678

Je suis devenu amoureux, depuis trois mois,
  Qui me rend plus soutieux que ne souloys,
Pour l'amour de ma mignonne Madelon,
Il n'y a point sa pareille, se dit-on.
    Madelon, je t'ayme bien
      De tout mon bien,
    Et tant que vivant seray
      Je t'aimeray,
Et encore d'avantage t'aimeroys,
Si de ton gentil cors-saige (*sic*) jouissois.
    Je te donray un de ces jours
      De beaux couteaux,
    Un espinglier de velours,
      Des beaux ciseaux,
  Une belle collerette de fin lin,
Pour te cacher, ma mignonne, ton tetin.
Le présent et beau bouquet, que m'as donné,
Je l'ay mis à mon bonnet de brnn tané ;
Pour les festes je le garde tout exprès,
Au vilage on me regarde de plus près.

u — 1665

Air nouveau du *Savoyard*

Je suis l'illustre savoyard,
Des chantres, le grand capitaine,
Je ne meine pas mon soldat,
Mais mon soldat qui me meine.

Accourez filles et garçons,
Escoutez bien nostre musique,
L'esprit le plus mélancolique
Se réjouyt à mes chansons.

Je suis l'orphée du Pont-Neuf,
Voicy les bestes que j'attire,
Vous voyez l'asne et le bœuf,
Et la n'imphe avec satyre :

Accourez filles, etc.

J'ay chanté Bacchus et l'amour,
Car je vois que chacun les ayme ;
Maintenant je veux à mon tour
Devant vous me chanter moi mesme :

Accourez filles, etc.

J'ay signalé tous les lauriers
De nos vaillants foudres de guerre,
Comme de ceux qui les premiers
Et derniers combattants au verre :

Accourez, filles, etc.

Moy mesme j'ay tant combattu
Dans le champ de la bonne chère,
Que pour marque de ma vertu,
Mes yeux ont perdu leur lumière :
Accourez, filles, etc.

Mais ce vin dont je suis charmé,
Malgré cette offence receue,
Pour estre toujours bien aymé,
M'oste le regret de la veue :
Accourez, filles, etc.

Homère, ce chantre divin,
Comme moy digne de mémoire,
Eut tant d'amour pour le bon vin,
Qu'il perdit les yeux de trop boire :
Accourez, filles, etc.

Les courtisans du grand Henry,
Les enfans de la gibecière
Me tiennent pour leur favory,
Et m'en font tous le pied derrière :
Accourez, filles, etc.

Nos voisins les opérateurs
Disent que dans leurs boëtelettes,
Ils n'ont pour réjouir leurs cœurs,
Rien si bon que nos chansonnettes :
Accourez, filles, etc.

Ces menteurs arracheurs de dents
En ma faveur sont véritables,
Quand ils disent à tous venans
Que nos chansons sont délectables :
Accourez, filles, etc.

L'honneste homme en passant chemin
Ne croit pas en estre moins sage,
D'écouter le chant tout divin
D'un si ravissant personnage :

Accourez filles, etc.

N'ayez peur, chantant devant vous
Que votre bourse soit coupée,
Je ne voy point autour de vous
De noble à la courte espée :

Accourez filles, etc.

Enfin, si vous n'estes esmeus
De mes aymables gentillesses,
Je voudrois vous voir tous pendus
Au col de vos chères maistresses :

Accourez, filles et garçons,
Venez ouyr nostre musique,
Et que chacun de vous se pique
De bien achepter mes chansons.

m bis — 1633

Je suis si fort épris d'amour
   De la belle Isabelle
Que je ne dors ne nuit ne jour,
   Tant je souffre pour elle :

On dit que le travail endort,
   Mais le mien me réveille.

Que je ne dors ne nuict ne jour,
  Tant je souffre pour elle ;
Mais las ! qui ne voudroit souffrir
  Pour une beauté telle :
On dit, etc.

Mais las ! qui ne voudroit souffrir
  Pour une beauté telle,
Jamais d'Aubespine la fleur,
  Ny la rose merveille :
On dit, etc,

Jamais d'Aubespine la fleur,
  Ny la rose merveille
N'eurent une si bonne odeur,
  Ny la couleur si belle :
On dit, etc.

N'eurent une si bonne odeur,
  Ny la couleur si belle.
Bref, c'est une beauté sans fard,
  Qui n'a point sa pareille :
On dit que le travail endort,
  Mais le mien me réveille.

f — 1615

Air n° 21

Je suis tailleur couturier,
Qui entend bien la manière
Et les traits de mon métier,
Et fay souvent la bannière,

Et qui chante tous les jours
Mille nouvelles amours :

Vive, vive, Jeanneton,
Qui baille bien la façon.

Et moy qui suis rasibus,
Glorieux barbier me nomme,
Je suis friand de quibus,
Et si fay la barbe à l'homme,
J'entends à tendre le cas
Aux engins du Pays-Bas :

Vive, etc.

Je suis un bon compagnon,
Orfebvre en savaterie,
Qui vuide bien le flacon,
Maistre en escorniflerie,
Et qui fourby bien souvent
De Jeanneton le devant :

Vive, etc.

Moy qui suis larron munier,
Cherchant ma bonne advanture,
De desrober costumier
Le bled par chaque mousture,
De vingt boisseaux j'en prends dix,
Et si boy autant que six :

Vive, etc.

Et moy, ferme comme acier,
Du mestier d'Apoticaire,
Qui au profond du fessier
Scay conduire le clistère,

Et rends les corps disposez
De ceux qui sont constipez :

Vive, vive, Jeanneton,
Qui baille bien la façon.

f — 1615

COQ-A-L'ANE

Air n° 22

Je vien apporter des nouvelles
Qui sont autant bonnes que belles,
Mais je suis sujet à mentir :
J'ay vu un limasson en guerre,
Qui jettait un lion par terre,
Et dessous luy l'assujettir :
Qui vient de loin sans flatterie,
Il n'espargne la menterie.

J'ai veu l'Angleterre en Espagne,
Et l'Italie en Alemagne,
Et les Alpes de beurre frais :
J'ay veu deux bœufs et leurs charues
Dedans le ventre d'une grüe,
Vendre du charbon de rabais :
Qui vient, etc.

Je viens d'un pays de conqueste,
Où les femmes n'ont point de teste,

Et sont douces comme du miel :
Les filles sont toutes pucelles,
Mais elle ont du lait aux mamelles,
Et les abeilles font le fiel :

Qui vient, etc.

J'ay vu dedans les eaux humides
Tous les poissons porter des brides,
Pour arrêter les quatre vents,
Qui mangeaient une fricassée
Qui par Jupin fut amassée
A la deffaite des geants :

Qui vient, etc.

J'ay vu au pays de Hongrie
Les plaideurs sans chicanerie,
Et sans parler les procureurs,
Les Suisses n'ont point de brayette,
Les estrons sentent la civette,
Frotez vos nez de ces odeurs :

Qui vient, etc.

Tel s'enyvre bien sans vin boire,
Et tel autre nous fait accroire
Choses qui ne furent jamais;
La vérité est déchassée,
Et la menterie avancée
Parmy le monde désormais :

Qui vien de loin sans flaterie
Il n'espargne la menterie.

M — 1555

Chanson nouvelle de l'oracle de la Bouteille, sur le chant du *Cabinet*.

Je vouldrais qu'il m'eust cousté
Ma robe et mon chaperon,
Et que j'eusse bien trouvé
Quelque gentil compaignon
Qui sceust vendenger ma treille
    Sans corbeille,
Je luy livrerois l'affaire
    De plain sault.

Sus à coup, qu'on la réveille,
La bouteille, la bouteille,
Il n'est plus temps qu'on sommeille,
    Boire il fault.

Un amoureux la vint veoir
Qui était frisque et mignon,
Voulant son amour avoir,
Congnaissans bien sa façon.
Luy dist : monstre-moi ta treille,
    S'elle est belle,
Vous verrez que je scay faire
    De plain sault.
  Sus, etc.

La dame luy a monstré
La place de son labeur,
Le compagnon est entré
D'un plain sault tout au milieu.
Il luy vendangea sa treille
    Sans corbeille,
Il y prenoit bon courage,
    Ce lourdault.

Sus, etc.

Cependant quil besongnoit
Et qu'il estoit au plus fort,
La dame si le regarde :
Mon amy, frappez plus fort,
Que l'ouvraige de ma treille
    Ne se gaste,
Puis beurons à la bouteille
    Un bon coup.

Sus, etc.

Se dist ce bon compaignon :
Madame, vous avez tort;
Il n'est si bon biberon
Qui sceust besongner plus fort.
Votre ouvraige est fort à faire,
    C'est oultrage,
Car je y perdz tout mon courage
    Tout d'un coup.

Sus, etc.

La dame pert patience,
Si son ouvraige n'est faict,
Luy dist : beuvons une dragme,
De ce très bon vin cleret.

Puis recommencerons l'affaire.
    Soubz la treille
Nous vuiderons la bouteille
    A ce coup.
Sus, etc.

Le compaignon print courage,
Dedans sa treille rentra,
Et fist trés bien son ouvrage,
Tant qu'elle s'en contenta.
Dist : quand vous aurez affaire
    A ma treille,
Je livreray ma bouteille
    De plain sault.
Sus à coup, qu'on la réveille,
    La bouteille, la bouteille,
Il n'est plus temps qu'on sommeille,
    Boire il faut.

Y — 1599

Je vous vends l'orloge de sable,
Chacun cherche son semblable !

Je vous veux vendre l'allumette,
S'il faut que vers vous m'amour mette :
Je le veux très bien, mais aussi
Envers moy faites en ainsi.

Je vous vends la patte de l'oye,
Oncques en moy je n'auray joye,
Si vous n'avez quelque pitié
De moy, de ma ferme amitié.

Je vous vends le collet frizé :
C'est à vous très bien advisé,
De ne faire point de semblant,
Que vous ayez un amant.

Je vous vends cest enrouillé glaive,
J'ayme la fille, femme et vefve,
Car tant plus un homme entreprend,
Et plus l'estime-l'on galand.

Je vous vends une grumelière,
Mon amour est autant entière
Comme la grumelière est noire,
Comme vos dents semblent d'yvoire,

Je vous vends ceste dure pierre,
Celuy à mon jugement erre,
Qui estime que votre cœur
N'en soit fait, puisqu'il est si dur.

Je vous vends la cage à l'oiseau,
Vous resserrez Cupidonneau
Dans vostre sein blanc comme albastre,
Car toujours on l'y voit s'esbatre.

Je vous vends la corde de puys,
Si vous ressentiez mes ennuis,
Je me reputeroy heureux,
Qu'on me dist de vous amoureux.

Je vous vends les franges lict :
La meschante, s'elle dict :
Que je l'ay voulu caresser,
Et vostre amitié délaisser.

Je vous vends la tinne [1] carrée :
Ne faite pas tant l'asseurée,
Car tout le monde scait très bien
Que ne valustes oncques rien.

E — 1538.

Je voys, je viens, mon cueur s'en volle,
Je me tue, et si ne sçay pourquoy.
Vous est-il point ainsi de moy ?
— Nenny, je ne suis pas si folle. —

Respondez-moy quelque parolle,
Retournez vos yeulx devers moy ;
Vous auray-je point à l'essay ?
— Nenny, je ne suis pas si folle. —

Las, s'il venoit à vostre escolle
Quelque gentil rustre escolier,
Qui eust de l'ancre et du papier,
Ne le voudriez-vous point aymer ?
—Ouy, ouy, pour luy mon cœur s'en volle. —

Rossignolet qui au boys volle,
Qui fais amoureux resjouyr,
Sçauroys-je de m'amye jouyr ?
— Nenny, elle n'est pas si folle. —

1. D'après Ménage, *tinne* est un petit tonneau.

f — 1615

Air n° 23

La belle boulengère
A presté son devant,
Avec une lingère,
Pour avoir de l'argent :

Et leurs maris cocus,
Cocus tous pleins de cornes,
Vous amassez beaucoup d'escus.

Tous les jours ma voisine,
La femme d'un masson,
S'en va voir sa cousine,
Pour branler le fesson :

Et leurs, etc.

Celle qui tient taverne
Au son de l'instrument,
Où chascun se prosterne
Pour fouller son devant :

Et leurs, etc.

Ceste jeune espicière
Que vous cognoissez bien,
Pour branler la croupière
A gaigné tout son bien :

Et leurs, etc.

Mes sœurs ont tant d'affaires
Pour planter sur le front
Des cornes à mes frères,
Comme les autres en ont,

Et leurs, etc.

En ceste bonne ville,
Beaucoup d'autres y a
Qui au mestier subtile
Font bien souvent cela :

Et leurs maris cocus,
Cocus tout pleins de cornes,
Vous amassez beaucoup d'escus.

G — 1542

La belle chambrière
S'est levée au matin,
A prins trois boisseaulx d'orge
Pour aller au moulin (*bis*).

Venez, venez, venez y toutes,
Je vous feray mouldre à nostre moulin (*bis*).

A prins trois boisseaulx d'orge
Pour aller au moullin,
Le premier qu'elle rencontre,
Cest le musnier gentil (*bis*).

Venez, etc.

Le premier qu'elle rencontre
C'est le musnier gentil :
Eh musnier, beau musnier,
Mé mouldras-tu cecy ? (*bis*)
Venez, etc.

Eh musnier, beau musnier,
Me mouldras-tu cecy ?
Et oui, dist-il, la belle,
Attendez ung petit (*bis*).
Venez, etc.

Et oui, dist-il, la belle,
Attendez ung petit.
Le musnier print ses marteaux,
La meulle il battit (*bis*).
Venez, etc.

Le musnier print ses marteaux,
La meulle il battit,
Et au son de la meulle
La belle s'endormit (*bis*).
Venez, etc.

Et au son de la meulle
La belle s'endormit.
Trois foys l'a caressée
Devant qu'elle resveillist (*bis*).
Venez, etc.

Trois foys l'a caressée
Devant qu'elle resveillist.
A la quatriesme foys
La belle s'esveillit (*bis*).
Venez, etc.

A la quatriesme foys
La belle s'esveillist.
— Doulce Vierge Marie,
Que m'est-il advenu? (*bis*)
Venez, etc.

Doulce Vierge Marie,
Que m'est-il advenu?
J'estois arsoir pucelle,
Mais je ne le suis plus (*bis*).
Venez, etc.

J'estois arsoir pucelle,
Mais je ne le suis plus.
Et musnier, beau musnier,
Faictes-vous toujours ainsi? (*bis*)
Venez, etc.

Et musnier, beau musnier,
Faictes-vous tousjours ainsi? —
Et ouy, dist-il, la belle,
Du soir et du matin (*bis*).
Venez, etc.

Et ouy, dist-il, la belle,
Du soir et du matin.
Pardon, si le sçavois,
Viendrois du soir et du matin (*bis*).
Venez, etc.

Pardon, si le sçavois,
Viendrois du soir et du matin,
Et si amenerois
La fille à nostre voisin (*bis*).
Venez, etc.

Et si amenerois
La fille a nostre voisin,
Et si apporteroys
Ung flascon de bong vin (*bis*).
Venez, etc.

Et si apporterois
Ung flacon de bong vin,
— Venez, venez-y toutes,
Je vous feray mouldre
A a a a nostre moulin. —

a *bis* — 1602

La belle s'en va au moulin
Dessus son âne beaudoin,
Pour gaigner sa mouture.
Lanfrin, lanfra, la mirligaudichon,
La dondaine, la dondon,
Pour gaigner sa mouture
A l'ombre d'un buisson.

Quand le musnier la vit venir,
De rire ne se peut tenir :
Voici la femme à l'asne,
Lanfrin, etc.

— Musnier, me moudras-tu mon grain ? —
Ouy, Madame, je le veux bien,
Vous moudrez la première,
Lanfrin, etc.

Tandis que le moulin mouloit,
Le musnier la belle baisoit,
Et le loup mengeoit l'asne,
Lanfrin, etc.

— Hélas, dit-elle, beau musnier,
Que maudit en soit le mestier,
   Le loup a mangé l'asne,
Lanfrin, etc.

« En ma bourse j'ay de l'argent,
Prenez deux escus tout contant,
   Achaptez un autre asne, »
Lanfrin, etc.

La belle s'en va au marché,
Pour là un autre asne achapter,
   Achapta une asnesse,
Lanfrin, etc.

Quand son mary la vit venir,
De crier ne se peut tenir :
   Ce n'est pas là nostre asne !
Lanfrin, etc.

— Mary, tu as beu vin nouveau,
Qui t'a faict troubler le cerveau,
   As mescongnu nostre asne,
Lanfrin, etc.

Voicy le joly mois de may,
Que toutes bestes changent poil,
   Aussi a faict nostre asne,
Lanfrin lanfra, la mirligaudichon,
   La dondaine, la dondon,
   Aussi a fait nostre asne,
   A l'ombre d'un buisson.

Cette chanson se trouve déjà publiée en 1600 dans *La Fleur des plus belles chansons*, Paris ; également dans les *Airs de cour* comprenant le *Trésor des Trésors*, etc. Poitiers, 1607.

D — 1536

La belle se siet au pied de la tour,
Qui pleure et soupire, et mene grant doulour.

Son père li demande : Ma fille, qu'avez-vous ?
Vollez-vous mari, vollez-vous signour ?

— Je n'y veultz mari, je n'y veultz signour,
Je veultz le mien amy qui pourris en la tour. —

Par Dieu ! ma belle fille, à cela fauldrez-vous,
Car il sera pendu demain, au point du jour.

— Mon père, s'on le pend, enterrez-moi dessoult,
S'entrediront les gens : voicy lealle amour. —

A comparer avec la chanson : *C'est la fille du roy*, d'une date postérieure. On peut voir aussi une notice plus développée sur cette pièce dans la *Chanson populaire*, par J. B. W. 1886.

a bis — 1602

La fille de la forge
S'est levée au matin,
Ell' a pris trois grains d'orge,
S'en va droit au moulin:

Tu ne l'entens pas, la la,
Tu ne l'entens pas, ce latin.

Ell' a pris trois grains d'orge,
S'en va droit au moulin,
— Hau musnier, je te prie,
Dis-moy donc pour certain :
Tu ne l'entens, etc.

Hau, musnier, je te prie,
Dis-moi donc pour certain,
Si dedans ta trémie
Tu veux mettre mon grain :
Tu ne l'entens, etc.

Si dedans ta trémie
Tu veux mettre mon grain.
— Ouy, dit-il, m'amie,
Attendés à demain :
Tu ne l'entens, etc.

Ouy, dit-il, m'amie,
Attendés à demain. —
Or, j'ay perdu ma peine,
Car tu n'es qu'un badin :
Tu ne l'entens, etc.

Or, j'ay perdu ma peine,
Car tu n'es qu'un badin,
Qui n'entend pas la chasse
A prendre le conin :
Tu ne l'entens, etc.

1. *Conin*, lapin.

Qui n'entend pas la chasse
A prendre le conin,
Qui va manger les herbes
Jusques en ton jardin :
Tu ne l'entens pas, la la,
Tu ne l'entens pas, ce latin.

Cette chanson est déjà mentionnée dans *La Fleur des Chansons amoureuses*, Rouen, 1600.

a bis — 1602

Là haut, dans ce bois,
Proche d'un hermite,
Est un vilageois
Qui n'a une pitte [1],
Hau, Margueritte,
Hau, hau, hau, hau, la Margueritte, hau.

Est un vilageois
Qui n'a une pitte,
Mais bien qui vaut mieux :
Une fleur d'eslite,
Hau, etc.

Mais bien qui vaut mieux :
Une fleur d'eslite,
Qui de ses beaux yeux
L'amour mesme incitte,
Hau, etc.

1. Petite monnaie équivalente à la moitié d'une obole.

Qui de ses beaux yeux
L'amour mesme incitte.
Elle va parfois
Cueillir la noisille,
    Hau, etc.

Elle va parfois
Cueillir la noisille.
En sentant le frais,
La belle sommeille.
    Hau, etc.

En sentant le frais,
La belle sommeille.
La chaleur venant,
Elle s'est endormie.
    Hau, etc.

La chaleur venant,
Elle s'est endormie.
Arrive incontinent
Bonne compagnie.
    Hau, etc.

Arrive incontinent
Bonne compagnie,
Disant à par eux :
Voilà belle fille.
    Hau, etc.

Disant à par eux :
Voilà belle fille.
Ce dit le plus vieux :
Elle est bien gentille.
    Hau, etc.

Ce dit le plus vieux :
Elle est bien gentille;
L'autre la voyant,
Descend au plus vitte.

 Hau, etc.

L'autre la voyant,
Descend au plus vitte,
Saisit à l'instant
Ceste fleur d'eslite.

 Hau, etc.

Saisit à l'instant
Cette fleur d'eslite.
Elle s'esveille en sursaut,
Et si fort s'escrie.

 Hau, etc.

Elle s'esveille en sursaut,
Et si fort s'escrie,
Si fort et si haut
Que son amy l'a ouye.

 Hau, etc.

Si fort et si haut
Que son amy l'a ouye,
Qui leur dit alors :
C'est à vous follie.

 Hau, etc.

Qui leur dit alors :
C'est à vous follie
De saisir au corps
Ma loyalle amye.

 Hau, etc.

De saisir au corps
Ma loyalle amye.
Eux, oyant le bruit
Prennent la guaritte [1].

Hau, etc.

Eux, oyant le bruit,
Prennent la guaritte,
Cessant leur déduit,
Laissent Margueritte :

Hau, Margueritte,
Hau, hau, hau, hau, la Margueritte, hau.

b — 1606

Là haut dans ces bois
Y a un hermite,
Qui n'a pas vaillant
Trois fagots d'espine :

Marguerite, ho, ho, ho,
Marguerite, ho.

Qui n'a pas vaillant
Trois fagots d'espine ;
Il a, qui vaut mieux,
Une belle fille :

Marguerite, etc.

---

[1]. Font retraite.

Il a, qui vaut mieux,
Une belle fille;
Il la meine aux bois,
Elle s'est endormie :

Marguerite, etc.

Il la meine aux bois;
Elle s'est endormie.
Par là il passa
Bonne compagnie :

Marguerite, etc.

Par là il passa
Bonne compagnie.
— Ça, dit le premier,
Voilà belle fille.

Marguerite, etc.

— Ça, dit le premier,
Voilà belle fille;
— Ça, dit le second,
Elle est belle jolie.

Marguerite, etc.

— Ça, dit le second,
Elle est belle jolie.
— Ça, dit le dernier,
Elle sera m'amie :

Marguerite, ho, ho, ho,
Marguerite, ho.

On peut comparer à cette chanson une autre des *Provinces de la France* : *Derrière chez mon père*, etc.

1 bis — 1603

Là haut, là haut dans ce bocage,
Là il y a un badaut de village,
  Ouy tanti tanton tanta lery,
    Tanti tanton tantaire.

Là il y a un badaut de village,
Qui dit tous les jours qui me veut en mariage :
    Ouy tanti, etc.

Qui dit tous les jours qui me veut en mariage ;
Mais c'est un lourdaut qui n'entend pas l'usage :
    Ouy tanti, etc.

Mais c'est un lourdaut qui n'entend pas l'usage ;
Il n'a pas les outils qu'il faut en un ménage :
    Ouy tanti, etc.

Il n'a pas les outils qu'il faut en un ménage ;
Si on me le donne, je feray du ravage :
    Ouy tanti, etc.

Si on me le donne, je feray du ravage,
Je casseray les pots, troubleray le lettage :
    Ouy tanti, etc.

Je casseray les pots, troubleray le lettage,
Je laisseray aller notre chat au fromage :
    Ouy tanti tanton tanta lery,
      Tanti tanton tantaire.

B — 1530

La la la,
Loysillon du boys, ma dame,
La la la,
Loysillon du boys s'en va.

Mon père m'a mariée
A ung villain m'a donnée,
Tout au long de la journée
De dormir il ne cessa :

Et la la la,
Loysillon du boys, ma dame,
La la la,
Loysillon du boys s'en va.

1 bis — 1603

La mariée est bien malade
On ne sçais pas ce qu'elle a,
Il faut aller à l'oracle,
Pour voir ce qu'il en dira :

En mourra-elle, nenny da,
Elle n'en aura que la peine.
En mourra-elle, nenny da,
Elle n'en aura que la peine.

Il faut aller à l'oracle,
Pour voir ce qu'il en dira.
L'oracle a fait response
Qu'elle n'en aura que le mal :
En mourra-elle, etc.

L'oracle a fait response
Qu'elle n'en aura que le mal.
La maladie sera longue
Qui durera bien neuf mois :
En mourra-elle, etc.

La maladie sera longue
Qui durera bien neuf mois;
Entre vous autres filles
N'appréhendez point ce mal :

En mourra-elle, nenny da,
Elle n'en aura que la peine.
En mourra-elle, nenny da,
Elle n'en aura que la peine.

I — 1543

Langueo d'amours, ma doulce fillette,
Dum video vos au ver boys seullette.
Junctis manibus, vous requier mamye,
Species tua ne me obliez mye.
Post quasimodo irons sur l'herbette;
Verno tempore florissent rosette,
Et in aurora chante l'alouette.
Philomena dit en sa chansonnette :

Non est clericus qui na samyette,
Ero hodie en vostre chambrette,
Vobiscum jouer, si vous plaît blondette.
Ludendo sepe les ieus d'amourette ;
Multum dulcis est la chose doulcette,
Et summo mane d'une tartrelette
De bono vino vous donray, jeunette ;
Postea dicam, adieu mamiette :
Ego revertam quant serez seullette.

Cette chanson se trouve également dans *La Fleur des Chansons nouvelles*. Lyon, 1586.

V — 1579

Chanson nouvelle de la piaffe des filles, sur le chant :
Escoute, gars, je t'en prie.

La piaffe des filles
La voulez-vous sçavoir :
Elles font bonne mine
Quand quelqu'un les va veoir,
Mais quand elles sont retirées
   En leurs chambrettes,
Elles tiennent dessus leurs rancs
   Petits et grands.

Ces filles de la Brie
Se donnent du bon temps ;
Elles font bonne vie
L'espace d'un longtemps.

Il n'estoit question alors
　　Que d'assemblées
Qui se faisaient de tous costez,
　　Pour l'amitié.

Ceste fille asseurée
On ne la peut plus veoir ;
Elle s'est retirée,
Et ne sçait-on pourquoy.
J'ay veu que j'avois ce bel heur
　　D'estre à sa porte,
En contemplant ces deux beaux yeux,
　　Tant gracieux.

Le parangon des nymphes,
On la veut marier ;
Il faut que ce soit un prince,
Pour sa grâce attirer,
Car elle ne faict pas grand cas
　　Des robes courtes ;
Je ne sçay quel aura cest heur
　　D'avoir son cueur.

Quant à sa sœur aysnée
Ne la scaurions garder,
Estant en compagnie
De librement parler.
Il luy est bien advis qu'elle est
　　Des plus gaillardes,
Et que tous ceux qui la vont voir
　　C'est pour l'avoir.

Mais elle est bien trompée,
Car ils n'y pensent pas,
C'est pour la plus aisnée
Qu'ils y font tant de pas ;

Mais elle en a grand mal au cœur,
  Je m'en asseure,
Encore qu'elle n'en die rien,
  On le void bien.

Ceux qui portent l'espée
Ne sont les bien venus,
A la porte carrée,
S'ils n'ont du revenu :
Deux mille livres pour le moins,
  En belle terre,
Gentilhomme de bonne part,
  Et bien gaillard.

— Monsieur, je vous supplie,
Ne venez plus céans
Pour demander ma fille,
Vous perdez vostre temps,
Car elle est bien vouée ailleurs;
  Dès sa naissance,
Elle a vouloir de faire un saut
  Un peu plus haut. —

Le pauvre gentilhomme
N'est-il pas bien trompé ?
Il ayme sa mignonne,
Qui ne le veut aymer,
Car elle ne fait pas grand cas
  Des robes courtes ;
Je ne sçay si elle en aura
  Quand elle voudra.

Hélas ! mes damoiselles,
Adoucissez vos cœurs,
Ne soyez si cruelles
Envers vos serviteurs,

Car cela vous sera trouvé
  Bien fort estrange
De loger la cruauté
  Avec beauté.

Capitaine Mouille,
Capitaine Varon,
Vous faictes bien des mines
D'une pauvre chanson;
Si l'on vous faict cet honneur
  De vous y mettre,
Car vous estes le truchement
  Du régiment.

Dieu gard' de mal la troupe
Des amoureux servans,
Ils ont le vent en poupe
Et les voiles au vent :
Ils mangeront des pois au veau,
  A l'ordinaire,
Je ne voudrois de tel appas
  Pour mon repas.

B — 1530

La rosée du moys de may
  Si ma mouillée,

Par ung matin my levay,
  La matinée,
La rosée du moys de may
  Si ma mouillée.

Là trouvay le mien amy,
　　La matinée,
La rosée du moys de may
　　Si ma mouillée.

U — 1573

　　La roze fleurie,
　　S'elle est bien cueillie,
Est belle à mettre au chapeau.
L'autr'hier Corbin vit la brunette
　　　　Bergerette,
　　　　Mignonnette
Au blanc roquet (1),
Seule gardant sa brebiette
　　　　Et chevrette
　　　　Joliette
Au vert boquet.
Elle chante de cœur gay
Sur le jong du mois de may.
Son maintien tant gent et beau :
　　La rose fleurie,
　　S'elle est bien cueillie,
Est belle à mettre au chapeau.

Corbin de tant loing qu'il la vit
　　　　Il s'écrie :
　　　— O ma mie,
Mamy' Franchon, Dieu te gard. —

1. Robe de toile.

Et lorsque la belle l'oyt
 Si le prie
 Que lui mye
N'entre point en son escart.
— Ha, dit Corbin, et pourquoy
 Dites le moy ?—
Elle chante de plus beau :
 La rose fleurie,
 S'elle est bien cueillie,
Est belle à mettre au chapeau.

 Il vient, elle fuit,
 Il la suit,
 Brebis baye,
 Chien abaye
 Au grand colier.
Elle saulte par les buissons,
 Un l'agraffe,
 Il l'attrape,
 Et de crier :
— Ha Corbin, mauvais garçon. —
Ha ha, Franchon, hélas, hau :
 La roze fleurie,
 S'elle est bien cueillie,
Est belle à mettre au chapeau.

U — 1578

Las! je n'yray plus jouer au boys.

 Hier au matin m'y levay
 En notre jardin enray,
Las! je n'yray plus jouer au boys.

En notre jardin entray,
  Trois fleurs d'amour j'y trouvay :
Las! je n'yray plus jouer au boys.

Trois fleurs d'amour j'y trouvay,
  Une en prins, deux en laissay ;
Las! je n'yray plus jouer au boys.

Une en prins, deux en laissay,
  A mon amy l'envoyray :
Las! je n'yray plus jouer au boys.

A mon amy l'envoyray,
  Qui sera joyeux et gay :
Las! je n'yray plus jouer au bois.

G — 1542

Las, je suis mal mariée,
Et j'ay bel amy par amour,
La nuit, le jour, quant je suis couchée,
Il me souvient de mes amours.

Je souloye porter vesture
D'une jolie couleur,
Le gris portoye en ma devise,
Qui me double ma douleur,
Et maintenant me fault porter
Le tanney mélancolieux,
Mon cueur ne cesse de larmoyer,
Tousjours regretant mes amours.

Très doulce Vierge Marie,
Royne de ces amoureux,
Me vueilliez donner nouvelle
De mon amy par amours;
De mon mari ne me chault guiere,
Car cest ung hors [1] villain jaloux;
La malle mort le puisse abastre
Avant qu'ils soient quatre jours.

Je songeoye laultre nuytée :
Un songe si mervueillieux,
Que jestoye la nuyt couchée
Avec mon amy gracieulx.
Au reveille je fuz marrie,
Et entre les bras du jaloux,
Dont a plourer je me suis mise,
Tousjours regrettant mes amours.

a bis — 1602

L'autre jour, je m'y levay
Plus matin que de coustume;
En nostre jardin entray,
Pour cueillir de la verdure, la nuict :

La nuict, la nuict m'y dure,
Vray Dieu, que la nuict m'y dure.

---

1. Ord, ladre, vilain.

En nostre jardin entray
Pour cueillir de la verdure ;
Le mien ami rencontray
Qui jamais ne m'avait veüe, la nuict :
    La nuict, etc.

Le mien amy rencontray,
Qui jamais ne m'avait veüe.
Il me tira de son sein
La plus gaillarde ceinture, la nuict :
    La nuict, etc.

Il me tira de son sein
La plus gaillarde ceinture :
« Qui couchera avec moy
Ell'l'aura, c'est chose seure, la nuict :
    La nuict, etc.

Qui couchera avec moy,
Ell'gaignera la ceinture. —
« Pardon, ne sera pas moy;
J'avois peur d'estre ferue, la nuict :
    La nuict, etc.

Pardon ne sera pas moy,
J'aurois peur d'estre ferue.
Sera ma sœur que voyla,
Qui entreprendra l'advanture, la nuict :
    La nuict, etc.

Sera ma sœur que voyla
Qui entreprendra l'adventure.
Quand ce vint entour minuict,
Je pensois estre perdue, la nuict :
    La nuict, etc.

Quand ce vint entour minuict
Je pensois estre perdue ;
Quand ce vint au point du jour,
Jamais je ne fus plus druë, la nuict :

   La nuict, etc.

Quand ce vint au poinct du jour,
Jamais je ne fus plus druë.
Je voudrois qu'il m'eust cousté
Les deux bouts de ma ceinture, la nuict :

   La nuict, etc.

Je voudrois qu'il m'eust cousté
Les deux bouts de ma ceinture,
Les deux bouts et le parmy,
Et la robbe qu'ay vestuë, la nuict :

   La nuict, etc.

Les deux bouts et le parmy,
Et la robbe qu'ay vestuë,
Et qu'il m'advint tous les jours
Une si bonne adventure la nuict :

   La nuict, etc.

Et qu'il m'advint tous les jours
Une si bonne adventure.
Je marcherois si seri [1],
Les carreaux d'emmy la ruë, la nuict :

   La nuict, la nuict m'y dure.
   Vray Dieu, que la nuict m'y dure.

---

1. *Seri*, grave, sérieuse, pensive. Se trouve déjà avec ce sens dans un document du XIII° siècle. (De la Villemarqué.)

1 *bis* — **1633**

L'autre jour je revenois
De la foire de Reims,
Je rencontray trois nones
Qui dansoient main à main :

Faut-il que je vous aime,
Moi qui ne vous cognoist point?

Je rencontray trois nones
Qui dansaient sur le foing.
La plus jeune des trois
Elle ne dansoit point :

Faut-il, etc.

La plus jeune des trois
Elle ne dansoit point.
Je la prie de me dire
Quelle douleur la poinct :

Faut-il, etc.

Je la prie de me dire
Quelle douleur la poinct.
Si vous êtes malade,
Ne me le cachez point :

Faut-il, etc.

Si vous êtes malade,
Ne me le cachez point.
Je vous donneray d'une herbe
Qui croist dedans la main :

Faut-il, etc,

Je vous donneray d'une herbe
Qui croist dedans la main.
Si en prenez le soir,
Guarirez le matin :

Faut-il, etc.

Si en prenez le soir,
Guarirez le matin.
Vraiment, ce dit la fille,
Voilà bon médecin :

Faut-il, etc.

Vrayment, ce dit la fille,
Voilà bon médecin,
Qui guarit ces fillettes,
Et ne les blaisse point :

Faut-il que je vous aime,
Moi qui ne vous cognoist poinct.

B — 1530

L'autre jour, je vis par un mating
La fille de notre voisin
Qui se tenoit à ung gendarme,
    Alarme, alarme,
    Et la baisoit,
Et davantaige lui faisoit...
Hein, hein, hein, mamye.

a *bis* — 1602

Chanson a danser

L'autre jour m'acheminay
L'orée d'une prairie verte,
A mon chemin rencontray
La plus gaye bergeronnette :

Maistresse, que dictes vous,
Serez vous tousjours cruelle ?

A mon chemin rencontray
La plus gaye bergeronnette,
Alors je luy demanday
S'elle serait mamiette :

Maistresse, etc.

Alors je luy demanday
S'elle serait mamiette ;
Elle m'a respondu que non,
Et qu'elle estoit trop jeunette :

Maistresse, etc.

Elle m'a respondu que non,
Et qu'elle estoit trop jeunette,
Et que de ces courtisans
L'amour n'en est point secrette :

Maistresse, etc.

Et que de ces courtisans
L'amour n'en est point secrette :
J'aime mieux mon Robinet
A tout sa perse jaquette :
Maistresse, etc.

J'aime mieux mon Robinet
A tout sa perse jaquette,
Et avec son gris bonnet
Qui ne met qu'aux hautes festes :
Maistresse, etc.

Et avec son gris bonnet
Qui ne met qu'aux hautes festes ;
Voicy venir Robinet
Qui joue de la musette :
Maistresse, etc.

Voicy venir Robinet
Qui joue de la musette. —
Ils se mirent à danser
Le joly branle d'amourette :
Maistresse, etc.

Ils se mirent à danser
Le joli branle d'amourette ;
Si l'eussiez vu patiner
Dessus ces fraisches herbettes :
Maistresse, etc.

Si l'eussiez vu patiner
Dessus ces fraisches herbettes,
Et comme il faisoit mouver
Les gros plis de sa jaquette :
Maistresse, etc.

Et comme il faisoit mouver
Les gros plis de sa jaquette,
Et comme il faisoit bransler
Sa gaye bergeronnette :

Maistresse, que dictes-vous :
Serez-vous tousjours cruelle ?

a *bis* — 1602

AIR DE COURT

L'autre jour mallay pourmener
　Le long d'un verd boccage,
Le mien amy me vint trouver
　Justement au passage.

O que le combat d'amour
　Est plaisant à l'usage.

Le mien amy me vint trouver,
　Justement au passage.
Il y estoit venu expres,
　Afin de me combattre :

O que le, etc.

Il y estoit venu expres,
Afin de me combattre,
　Et moy le voyant de si près,
Je fis de la folastre :

　O que le, etc.

Et moy le voyant de si près
　Je fis de la folastre ;
Il me print par mon joly corps,
　Et en bas me terrasse :
O que le, etc.

　Il me print par mon joly corps
Et en bas me terrasse ;
　Et sans me laisser en repos,
Incontinent m'embrasse :
　O que le, etc.

Et sans me laisser repos,
　Incontinent m'embrasse,
Mist soudain sa lance en arrest,
　Me pensant faire outrage :
O que le, etc.

　Mist soudain sa lance en arrêt,
Me pensant faire outrage.
　Moy le voyant à courir à prest,
　Luy monstray bon visage.
O que le, etc.

　Moy le voyant à courir à prest,
Luy monstray bon visage ;
　Lors il courut cinq ou six coups
D'un fort brave courage :
　O que le, etc.

Lors il courut cinq ou six coups
　D'un fort brave courage,
Mais enfin il devint rebours
　Sur la septiesme charge :
O que le, etc.

Mais enfin il devint rebours
Sur la septiesme charge ;
Et se voyant du tout vaincu,
Me supplia de grace :
O que le, etc.

Et se voyant du tout vaincu,
Me supplia de grâce
Que je misse bas mon escu,
Et treve luy donnasse :
O que le etc.

Que je misse bas mon escu
Et treve luy donnasse,
Et qu'une autre fois reviendroit
En ceste mesme place :
O que le, etc.

Et qu'une autre fois reviendroit
En ceste mesme place,
Et qu'il seroit frais et adroit
Pour bien battre la casse :
O que le combat d'amour
Est plaisant à l'usage.

K — 1552

L'autre jour m'aloye parmy ces chams,
En mon chemin rencontray un vert galand.
Il hurte à moy et moy à luy,
Il fut plus fort, il m'abaty,
Maugré mes dens :
Maudit soit ce faus garçon, qui bat les gens.

1 bis — 1633

L'autre jour me promenois
Mes pensées entretenant,
Trouvay une damoiselle
Qui s'en alloit fort plaignant :

Laissons l'amour en arrière,
Il ne donne que tourment.

Trouvay une damoiselle,
Qui s'en alloit fort plaignant.
Je maprochay auprès d'elle,
Elle me dit doucement :
Laissons, etc.

Je maprochay auprès d'elle,
Elle me dit doucement :
Mon père ma mariée
Outre mon consentement :
Laissons, etc.

Mon père ma mariée
Outre mon consentement,
A un vieillard gentilhomme,
Mais il a bien de l'argent :
Laissons, etc.

A un vieillard gentilhomme,
Mais il a bien de l'argent.
J'en aimerois bien un jeune
Qui fût beau et bien galand :
Laissons, etc.

J'en aimerois bien un jeune
Qui fût beau et bien galand,
Et qu'il n'eust de la richesse
Que pour mon contentement :

Laissons, etc.

Et qu'il n'eust de la richesse
Que pour mon contentement.
Où l'avarice commande
Le plaisir en est absent.

Laissons l'amour en arrière,
Il ne donne que tourment.

G — 1542

L'autrier, en revenant de Tour,
Sus mon cheval qui va le trou,
  Par dessoubz la couldrette,
  L'herbe y croit jolyette.

Je men entray en ung couvant
Pour prendre mes esbatemens,
Par ung petit guinchet d'argent,
  Je vis une nonnette,
  Vray Dieu, tant joliette.

Dessoubz les draps quand je la vys,
Blanche comme la fleur du lys,
Je masseitys auprès du lit
  En luy disans : nonnette,
  Serez-vous mamiette ?

Chevallier, troup me detenez
D'en faire à vostre voulenté ;
Si men laissez ung peu aller,
   Tant que je soye parée,
   Tost seray retournée.

Sire chevallier, rassemblez
A l'espervier vous resemblez,
  Qui tient la proye emmy ses piedz
   Et puis la laisse enfuyre :
   Ainsi faictes-vous, sire.

La nonnette si s'en alla,
A son abesse racompta,
La en ces bois à ung musart [1]
   Qui d'amour m'a priée,
   Je luy suis eschappée.

Le chevallier il demeura
Soubz la branche dung olivier,
   Attendant la nonnette :
   Encor y peust-il estre.

U — 1578

L'autrier priay de danser deux fillettes.
    — Je ne scay qui vous estes. —
Je luy réponds : ma dame, j'ay argent.
Alors luy dit la mignonne au cors gent :
— Dansons, puisqu'avons des sonnettes. —

1. Étourdi, désœuvré.

U — 1573

Le bergier et la bergière
Sont a lombre dung buisson. (bis)
Ilz sont si pres lung de lautre
Qua grand peine les voit-on. (bis)

La dame dist a son mignon :
Reprenez vostre alaine (bis).
Les loups emportent les moutons,
    Mon compagnon,
Pour Dieu, sauvez-moy la vie.

U — 1581

Le franc archer à la guerre s'en va,
Testamenta comme un cretien doit faire ;
Il a laissé sa femme à son vicaire,
A son curé la clef de la maison,
Viragon, vignette sur vignon.

Le franc archer une harquebuse avoit,
Laquelle estoit de sablon blanc chargé,
Et si avoit un foureau sans espée,
Encore plus les mules au tàllons :
Viragon, vignette sur vignon.

Le franc archer à son hoste disoit :
Sangoy morgoy, je reniguoy, je te tue!
— Tout beau, monsieur, noz oyes sont en mue,—
Et l'appaisa d'une souppe à l'oignon :
Viragon, vignette sur vignon.

Cette chanson se trouve à quatre voix dans le *Harmonice musices odhecaton* de Petrucci, 1502 ; elle est reproduite dans le *Catalogue du Conservatoire*. — J.-B. W.

s — 1666

Le grand vielleur Boniface,
Jouant une chanson
Environ de ce ton :
A Margot la grosse face
Donnoit contentement,
Avec son instrument.

Survint la nourrice Susanne,
Faisant à la chanson
Sauter son nourrisson :
Guillot sauta bas son asne,
Et fit de si grands sauts,
Qu'il cassa ses sabots.

La folle de Cato gambade,
Ficha son long baston,
Au cu de cet asnon :
L'asnon fit quelque ruade,
La pauvre Jeanneton
En eut dans le menton.

Après, l'asne se mit à braire,
Le vielleur cessa
Quand ce bruit commença,
Et s'en alla de colère ;
Il s'accordoit trop mal
Avec cet animal.

W bis — 1580

Chanson nouvelle du Discours de l'ordonnance du Roy, sur le faict de la Police généralle de son Royaume. (Sur le chant du *Soldat de Poitiers*.)

Le noble Roy Henry troisième
Ayant mis paix en son païs,
A sur la monnoye luy mesme
Reiglement et police mis.

Luy, comme Roy, chef de Justice,
Craignant Dieu, aimant l'équité,
A fait généralle police
Comme il vous sera recité.

Sa Majesté ne veut permettre
De vendre aux greniers le blé,
Mais place il y a pour le mettre
Au marché, et là l'estaller.

En ensuyvant il fait deffence
A tous les maistres boulengers
Des villes et bourgs de la France
De n'en lever que six septiers.

En tout temps dedans leur boutique
De trois sortes de pain auront
Bien garnies, c'est leur trafique,
Et condamnez ceux qui faudront.

Le plus cher vin vendu la pinte
Partout ne sera que deux sols :
Qui le vendra plus cher, sans faute
Payera l'amende de tout son soul.

Et aussi du gros bois la voye
Venant par eau en ces cartiers
En flotte, ne veut qu'on en paye
Au plus qu'un escu et un tiers.

Vendues seront menues denrées,
Le cent de costerets trente sols,
Fagots vingt-cinq, et bourrées
Vingt solz, et encores au-dessous.

Aux charrestiers pour leur voiture,
Allans de grève à Sainct-Benoist,
Pour le plus en toute monnoye
Payé sera huict sols tournois.

Deffence aux bouchers d'aller prendre
A sept lieues auprès de Paris
Le bestail, qui se doit rendre
Aux marchez, ou seront punis.

Trois sols la livre de chandelle
Vendue sera seulement :
Si le chandelier est rebelle,
Condamné sera rudement.

Aux rotisseurs, pour l'abillage
D'une grosse pièce sans plus
Prest à larder, suyvant l'usage,
Aura un douzain et non plus.

Payé sera pour la despense
D'homme et cheval à l'hostellier
Pour le jour, suyvant l'ordonnance,
Vingt et cinq sols au prix dernier.

Les tavernes seront munies
De ce qu'il faut, tant pain que vin,
De viandes seront fournies,
Comme il appartient à tel train.

Six blancs on payera sans craindre,
Pour le plus grand fer de cheval,
Deux sols le moyen, et le moindre
Dixhuict deniers au mareschal.

Deffendu sont faittes civiles
Aux cordonniers de ce païs
De ne partir de ceste ville
Pour aller au-devant de cuirs.

Quant au poinct du soulier de vache,
Ne sera vendu que deux sols,
Que le cordonnier ne s'en fasche,
Celuy de veau va audessus.

Et quant au fait des draps de soye,
Point je n'en parleray icy,
Plus d'escus y a que monnoye,
Les riches en ont pour moy soucy.

Deffendre est de s'entremettre
De teincture, le faict est tel,
Si de leur art ils ne sont maistre,
Enregistrez au Chastelet.

Banquets ne feront, ne despence
Les jurez de chacun mestier,
En passant maistres en ceste France,
Ny d'eux prendre aucun denier.

Tous serviteurs qui auront maistre
Les serviront fidellement,
Ou se verront par justice estre
Punis sur le champ rudement.

Pour nostre usage draps de laine
Seront remis en leur largeur,
D'une aune et un quart, sus peine
De contrevenir au seigneur.

Chacune personne est sujette,
Suivant la fin de ce discours,
D'aider à maintenir nette
Les villes de France et fauxbourgs.

C — 1535

Le plus souvent tant il m'ennuye,
C'est de m'amye, que ne la voy,
Et mon cueur dort en fantasie,
Disant adieu, car je m'en voys.

Si sa belle figure,
Que je vois en painture,
Ne m'y donne secours,
Je croy que par nature
Du grant mal que j'endure
Je fineray mes jours.

Pleust à Dieu que fusse invisible,
Pour la veoir la nuict et le jour !
Car elle m'ayme à son possible,
Aultre qu'elle n'aura m'amour.

C'est ma grant plaisance,
Aussi mon espérance
Qu'à m'amye parler,
Mais c'est la desplaisance
Qu'elle n'a la souvenance
De mon mal supporter.

Voulez-vous ouyr la responce
Faicte sur moy cruellement ?
De son amour, pesant une once,
Je n'auroye pour le présent.

Je prens en patience,
Puisqu'elle veult attendre,
De moy donner confort.
Voylà le coup de lance
Qui navre par oultrance
Mon cueur jusque à la mort.

Je vous supplie, ma doulce amye,
Quant feray mon département,
Ung doulx baiser par courtoisie,
Donnez-moy amoureusement.

Je suis en fantasie
Fort banny de m'amye.
Mauldict soit qui ce fist,
Et toute sa lignie,
Fust-elle infinie,
Qui a si maulvais bruyt.

Celuy qui en amours se fie
Est fol d'aymer si loyaulment.
Femme me semble grant folie
D'aymer si très-parfaictement ;

Car toute le nuyctie
Suis en mélancolie
Et en grand pensement,
De peur que par envie
Je ne perde m'amye
Par les faulx mesdisans.

Celuy qui la chanson a escripte,
Çà esté ung bon compaignon,
Passant par boys, portant des livres,
Soy reposant dessus ung tronc,

Ayant en sa bouteille
Bon vin qui estincelle,
Pour boire bien souvenct ;
Mis y avoit canelle,
Clou et bonne muguette,
Pour plus estre odorant.

a *bis* — **1602**

Le Roy seant en plaine cour,
Où arrive maint grand seignour.
Là l'on ne parle que d'amour.

Le roy envoye un messager
Vers Isambourg sans plus tarder,
D'autant qu'il la veut marier.

Belle Isambourg sans s'enquérir,
Voulant à son père obéir,
S'achemine sans point faillir.

Belle Isambourg arrive en cour
Où elle void princes et seignours,
Mais point n'y trouve ses amours.

Le Roy luy est venu parler
Pour sa volonté escouter,
S'elle se vouloit marier.

— Mon père, j'ayme un chevalier,
Que j'ay aymé et veux aymer,
D'autre que luy ne veux avoir. —

Ma fille, il faut mettre en oubly
Ce chevalier et autre amy,
Trouver qui aye plus que luy.

— L'ay plus aymé pour sa beauté
Que n'ay faict tout ma parenté,
Quoy que pauvre ayt tousjours esté. —

Le Roy a faict faire une tour,
Pour y mettre belle Isambour,
Pensant qu'elle change son amour.

Belle Isambourg est à la tour,
Où il n'y a que peu de jour :
Mais toujours songe à ses amours.

Regardant avec un grand soin,
Elle avisa venir de loin
Son amy chevauchant grand train.

« Amy, qui par icy passez,
Or, arrestez-vous, arrestez,
Ma patience vous orrez. »

« Malade et morte m'y feray,
Porter en terre m'y lairray,
Pourtant morte je ne seray. »

« Puis après je vous prie, amy,
Qu'à ma chapelle à Sainct-Denis,
Ne m'y laisser pas enfouir. »

L'on va criant parmy la cour :
Elle est morte belle Isambour,
Elle est morte pour ses amours.

Par trois princes et un chevalier
L'on porte la belle enterrer,
Dont chacun se prend à plorer.

Le Roy leur commanda des lors
Cheminer par dedans le bosc.
Son amy viendra par dehors.

Il a ouy les cloches sonner,
Il a ouy les prestres chanter,
Bien tost les alla devancer.

— Entre vous qui ce corps portez,
Or, arrestez-vous, arrestez,
Pour prier pour les trépassez.

Puisqu'elle est morte pour le vray,
Las pour m'avoir par trop aymé,
Un De profundis luy diray. —

De son cousteau alors coupa
Trois points du suere et regarda,
Un ris d'amour ell'luy jetta.

Le monde de s'esmerveiller,
Et son père tout le premier,
Oyant un tel cas raconter.

Or n'est-il homme avec pouvoir,
Qui peust encor qu'il voye bien cler,
Engarder sa fille d'aymer?
C'est à luy folie d'en parler.

Cette chanson est reproduite dans les airs de Cour. Poitiers, 1607. A comparer avec : *Las ! il n'a nul mal qui n'a le mal d'amour*, 1er vol. des *Échos du temps passé*. Voir également : *La Fille de la Garde*, dans les *Chansons des Provinces de France*.

H [1]

Le roy s'en va de là les mons (bis),
Il menra force pietons,
  Ilz iront à grand peine :
La laine, la laine, me fault la laine.

Les Espagnolz nous vous lairrons (bis) ;
Le roy de France servirons,
  Nous en aurons la peine :
    La laine, etc.

A noz maisons a ung mouton (bis),
Tondre le fault en la saison,
  Pour en avoir la laine :
    La laine, etc.

Mamie avoit nom Jhaneton (bis) ;
Elle avoit un si joly c..,
  Point ny avoit de laine :
    La laine, etc.

Celuy qui fist ceste chanson,
Ce fut un gentil compaignon,
  Vestu de laine :
    La laine, la laine, me fault l'alaine.

---

1. Sans date.

I — 1543

Les chevalliers preux de la Table ronde,
Sont et seront tant qu'ilz vivront au monde ;
Prest en tous lieux pour secourir les dames
D'ung vrai desir et voulenté parfonde.

Si malle bouche que le grant Dieu confonde,
Les veult blasmer par sa langue immunde ;
Alors verrez soubdain courir aux armes
Les chevalliers de la Table ronde.

Ilz sont gentilz et de doulce faconde,
Leur haultain bruyt par tout pais redonde ;
En ardiesse couraigeux, francs et fermes
Comme pilliers, sans craindre nulz allarmes,
Car amour tient en vigueur floribonde
Les chevalliers preux de la Table ronde.

I — 1543

CHANSON DE PÉRONNE
Sur le chant : *N'oserait-on dire.*

Le seigneur de la Marche
Ne dort ne nuict ne jour,
Chevauchant la Champagne,
Pour trouver Bourguignons.

Hélas la, don don,
Noseroit-on, don,
Noseroit-on dire (*bis*)
Que à Péronne allon.

Chevauchant la Champagne,
Pour trouver Bourguignons ;
En son chemin rencontre
Troys gentilz compagnons.

Hélas la, don, etc.

En son chemin rencontre
Troys gentilz compagnons :
Dieu vous gard, capitaine,
Et à vous compagnons.

Hélas la, don, etc.

Dieu vous gard, capitaine,
Et à vous compagnons :
Avez-vous point ouï dire
Où sont les Bourguignons?

Hélas la, don, etc.

Avez-vous point ouï dire
Où sont les Bourguignons?
— Par ma foy, très cher sire,
Devant Péronne sont.

Hélas la, don, etc.

Par ma foy, très cher sire,
Devant Péronne sont. —
Print moreau [1] par la bride,
Picqua des esperons.

Hélas la, don, etc.

Print moreau par la bride,
Picqua des esperons.
Quant fut devant Péronne,
On luy descend le pont.

Hélas la, don, etc.,

1. *Moreau*, cheval noir.

Quand fut devant Péronne,
On lui descend le pont,
Monta sur les murailles,
Hardy comme ung lyon.

Hélas la, don, etc.

Monta sur les murailles,
Hardy comme ung lyon,
Delaschant couleuvrines,
Bombardes et canons.

Hélas la, don, etc.

Delaschant couleuvrines,
Bombardes et canons,
Les fossez de Péronne
Remplis de Bourguignons.

Hélas la, don, etc.

Les fossez de Péronne
Remplis de Bourguignons.
On leur a fait la barbe
Ric à ric du menton.

Hélas la, don, etc.

On leur a faict la barbe
Ric à ric du menton.
Le seigneur de la Marche
Ne dort ne nuict ne jour.

Hélas la, don, don,
N'oserait-on, don,
N'oserait-on dire (bis)
Que à Péronne allon.

⁂

Lorsque j'étais petit, petit gas pasturiau,
On m'envoyait aux landes, pour garder mes [aigniaux,
 Jean Guignol, que j'aime entendre,
  La gentill' farlaquin, quin, quin,
  Que j'aime entend'r la farlaquin.

Le loup y est venu, m'a mangé les plus biaux :
« Puisque t'es si goulu, garde m'en donc la piau. »
 Jean Guignol, etc.

Et le bout de la queu' pour mettre à mon chapiau,
Et le bout des quat' pattes pour faire un chalumiau.
 Jean Guignol, etc.

Pour fair' danser les filles à ce printemps nouviau,
Les jeun's aussi les vieill's, toutes dans un monciau.
 Jean Guignol, etc.

Aux gentils tourdions, de la fontain' les eaux :
 Jean Guignol, que j'aime entendre,
  La gentill' farlaquin, quin, quin,
  Que j'aime entend'r la farlaquin.

Cette transcription est moderne; M. de Beaurepaire l'a déjà donnée en 1856 (*Etudes sur la poésie populaire en Normandie*); mais le dernier versiculet qui parle du tourdion donnerait un certain âge à cette chanson. Thoinot Arbeau, dans son Orchésographie, 1588, nomme encore le *tourdion* parmi les *Basses danses*, et l'assimile à la gaillarde, mais après cet auteur il n'est plus guère question du tourdion.

m bis — 1633

L'otre jour je cheminoie,
Mon chemin devers Bordeaux,
Rencontray Bergeronnette,
Qui aloit quérir de l'eau :
Are la berre maison,
Si a des pots à moigno.

Rencontray Bergeronnette,
Qui aloit quérir de l'eau.
Je luy demanday : bergère,
Veux-tu logé mon moigno ?
Are la berre, etc.

Je lui demanday : bergère,
Veux-tu logé mon moigno ?
— Ouy dea, monsieur, ce dit-elle,
Sy a le plumage beau.
Are la berre, etc.

Ouy dea, monsieur, se dit-elle,
Sy a le plumage beau :
Y a la teste bien faite,
Et a le rouge muzeau.
Are la berre, etc.

Y a la teste bien faite,
Et a le rouge muzeau,
Y plore aussi tendrement
Que faict l'enfant du berceau.
Are la berre, etc.

Y plore aussi tendrement
Que faict l'enfant au berceau.
Y chante aussi doucement
Que feroit un rossignol.

Are la berre maison,
Si a des pots à moigno.

m bis — 1633

L'un des jours de la sepmaine
Du matin allant aux champs,
Rencontray un joüeur de harpe,
Qui fredonnoit plaisamment :
Tire lira lire, tire lira lire, tire lira lire,
    Prend, prend, prend.

Rencontray un joüeur de harpe
Suivy d'une grande troupe,
Qui s'en alloient tous chantans.
Tire lira, etc.

Suivy d'une grande troupe
Qui s'en alloient tous chantans.
Alors je luy ay demandé :
Dy moy qui sont tous ces gens ?
Tire lira, etc.

Alors je luy ay demandé :
Dy moy qui sont tous ces gens ?
— Sur leurs mains jette une œillade,
Les cognoistras aysement.
Tire lira, etc.

Sur leurs mains jette une œillade,
Les cognoistras aysement. —
Je les aperçeu crocheües
Et les ongles si très grands.

Tire lira, etc.

Je les aperçeu crocheües
Et les ongles si tres grands;
— Le premier que tu regarde
C'est Mestinet lieutenant,

Tire lira, etc.

Le premier que tu regarde
C'est Mestinet lieutenant,
Et moy le greffier la Rafle,
Les autres sont les sergens.

Tire lira, etc.

Et moy le greffier la Rafle,
Les autres sont les sergens,
Et ces deux qui vont si vistes,
C'est Jean Simon le gourmand.

Tire lira, etc.

Et ces deux qui vont si vistes,
C'est Jean Simon le gourmand
Et le procureur son père,
Qui va tousjours gasoüillant.

Tire lira, etc.

Et le procureur son père,
Qui va tousjours gasoüillant;
Je ne joue point sur la harpe
A moins de cinquante francs.

Tire lira, etc.

Je ne joue point sur la harpe
A moins de cinquante francs,
Et que vefves et pupilles
Je ne ronge à belles dents.

Tire lira, etc.

Et que vefves et pupilles
Je ne ronge à belles dents,
Car mon maistre qui ne donne
Ny houbilles [1] ny argent.

Tire lira, etc.

Car mon maistre qui ne donne
Ny houbilles ny argent,
Veut qu'à deux mains je fredonne
Sur la harpe rudement.

Tire lira, etc.

Veut qu'à deux mains je fredonne
Sur la harpe rudement,
Par accord allons ensemble,
Prez d'Autruy cheux un manant.

Tire lira, etc.

---

1. *Houbilles*, expression normande, mauvais habillement, guenilles.

Par accord allons ensemble,
Prez d'Autruy cheux un manant,
C'est pour y faire inventaire :
Il est mort sans testament.

Tire lira, etc.

C'est pour y faire inventaire,
Il est mort sans testament.
Là nous y ferons grand chère,
Et si y boirons d'autant.

Tire lira, etc.

Là nous y ferons grand chère
Et si y boirons d'autant,
Levraux, perdrix et bécasse,
Et du bon vin d'Orléans.

Tire lira, etc.

Levraux, perdrix et bécasse,
Et du bon vin d'Orléans.
Quant serons plus plain que vuides,
Nous chanterons hautement :

Tire lira, etc.

Quant serons plus plain que vuides,
Nous chanterons hautement ;
Greffier porte force plumes,
Car nous plumerons bravement.

Tire lira, etc.

Greffier porte force plumes,
Car nous plumerons bravement.
Bien peu de papier et d'encre
Seront plus que suffisant.

Tire lira, etc.

Bien peu de papier et d'encre
Seront plus que suffisant,
Car aux us de Meneuille [1],
La moitié se harpe en blanc.

Tire lira, etc.

Car aux us de Meneuille
La moitié se harpe en blanc.
L'autre moitié sur la harpe
C'est pour nostre payement.

Tire lira, etc.

L'autre moitié sur la harpe.
C'est pour nostre payement.
Jean Colas si achemine
Il y fut assez à temps.

Tire lira, etc.

Jean Colas si achemine,
Il y fut assez à temps,
Disant j'ay part à la harpe,
Donnez la moy vistement.

Tire lira, etc.

---

1. C'est-à-dire : Se prend sans être inscrit ; harper, prendre avec des mains crochues.

Disant j'ay part à la harpe,
Donnez la moy vistement.
Il entonna cette notte
Si mélodieusement.

Tire lira, etc.

Il entonna cette notte
Si melodieusement,
Qu'il en fit danser les asnes,
Les regnards pareillement.

Tire lira, etc.

Qu'il fit danser les asnes,
Les regnards pareillement.
N'est-ce pas grande merveille
D'un si petit instrument.

Tire lira, etc.

N'est-ce pas grande merveille
D'un si petit instrument?
Jamais la harpe d'Orphée
Ne fit miracle si grand.

Tire lira, etc.

Jamais la harpe d'Orphée
Ne fit miracle si grand.
Qu'au diable soit la vermine
Et tous ses crocques manans !

Tire lira, etc.

Qu'au diable soit la vermine
Et tous ces crocques manans :
Au procureur la gratelle,
Et la galle au lieutenant.

Tire lira, etc.

Au procureur la gratelle
Et la galle au lieutenant,
Les doubles fièvres quartaines
Aux greffier et aux sergens.

Tire lira, etc.

Les doubles fièvres quartaines
Aux greffiers et aux sergens !
Qui a fait la chansonnette ?
C'est un jeune paysant.

Tire lira, etc.

Qui a fait la chansonnette ?
C'est un jeune paysant,
Que tous les joüeurs de harpes
Ont plumé si nettement.

Tire lira, etc.

Que tous les joüeurs de harpes
Ont plumé si nettement,
Qu'il ne luy en a resté
Pas un bouton seulement.

Tire lira lire, tire lira lire, tire lira lire,
   Prend, prend, prend.

K — 1552

Madame a fait un estat de sa grace
Qu'elle sera servie par quartier ;
C'est quand l'un sort, l'autre vient à sa place,
Sans être deux ensemble d'un mestier.

Je le sçay bien pourceque devant hier
Je la voulus servir de mon office ;
Mais elle dit : Retirez-vous, Gautier,
Vous n'êtes pas au quartier de service.

K — 1552

Madame dit à Monsieur un matin
Qu'il s'en allast lever sa chambrière.
Il si en va, et voyant son tetin,
Si rond et dur, lui donne une carrière.

La dame oyant bruyre en telle manière,
Cria : Fessez, mon amy, fessez tant
Qu'une autre fois se liève la première,
Ou tous les jours luy en donnez autant.

G — 1542

Madame la gorriere [1],
Vous avez beau derrière,
Mais le devant est tout chansy,
  Nycolas, mon beau frère,
Mais le devant est tout chansy,
  Nycolas, mon amy.

L'on dict parmy la ville
Qu'on vous fera mourir,
Brusler dans une cage,
Rostir dessus un gril ;
Mais les gens en auront menty,
  Nycolas, mon beau frère,
Mais les gens en auront menty,
  Nicolas, mon amy.

Lon vous a mys en cage,
Pour vous apprendre à parler ;
La cage est rompue,
Loyseau s'en est vollé.
Hors de Paris nous fault partir,
  Nycolas, mon beau frère,
Hors de Paris nous fault partir,
  Nicolas, mon amy.

Quand la poire est meure,
On la doibt menger [2].
Quand la fille est en aage,
L'on la doit marier,

---

1. Gorrière, vaniteuse, coquette.
2. VARIANTE : Il la faict bon manger.

Qu'elle ne face à son plaisir
  Nycolas mon beau frere,
Quelle ne face a son plaisir,
  Nicolas mon amy.

  Lon dict que je suis grosse,
  Las, vous le scavez bien :
  Si c'est de vostre affaire,
  Las vous m'entendez bien ;
Faictes de moy vostre plaisir,
  Nycolas, mon beau frère,
Faictes de moy vostre plaisir,
  Nicolas, mon amy.

  Vous allez à Rouen,
  Ne vous veuille desplaire,
  Se je demande argent,
Ou je feray ung aultre amy,
  Nycolas, mon beau frère,
Ou je feray ung aultre amy,
  Nicolas, mon amy.

  M'en iray au vert bocage
  Faire mon hermitage,
Mais baisez moy au departir,
  Nicolas mon beau frere,
Mais baisez-moy au departir,
  Nicolas, mon amy.

Cette chanson, reproduite dans le *Recueil de toutes les sortes de chansons*, 1555, Bibl. nationale, Y 6082, a été collationnée sur ce dernier ouvrage, où elle me paraît plus correcte que dans *Sensuyt*, etc.

G — 1542

Madame s'en va au marché,
Ce nest pas pour rien achepter,
Mais cest pour veoir ces gentilz hommes :
Et tant bon homme, encor meilleur homme,
Vray Dieu, qu'il est bon homme.

Madame sen va au moustier,
Mais ce n'est pas pour Dieu prier,
Mais cest pour veoir ces grands couronnés :
Et tant bon homme, encor meilleur homme,
Vray Dieu, qu'il est bon homme.

Mon mari sen va a Rouen,
Contrefaisant du bon marchant,
Mais il n'a pas vaillant ung blanc :
Et tant bon homme, encor meilleur homme,
Vray Dieu qu'il est bon homme.

Mon mary est bon turelupin,
Il prend le pot et va au vin,
Tandis quon luy faict sa besogne,
Et tant bon homme, encor meilleur homme,
Vray Dieu, qu'il est bon homme.

f — 1615

Air n° 24

Ma femme m'a tant batu
Qu'elle m'a rompu la teste,
Mon voisin te moque-tu?
Ma foy, je te le proteste :

Beuvons, beuvons toute nuit
De ce clairet qui reluit,
  Fi de l'avarice,
  C'est un vilain vice.

Voisin à qui mieux boira
De ce vin à toute reste
Tant qu'un teston durera,
  Parbieu je te tiendray teste :

Beuvons etc.

— Lourdaut que fais-tu icy,
Que n'es-tu à ta besogne ?
Est-ce à toy à boire ainsi ?
  Parle à moy vilain yvrongne ! —

Beuvons, etc.

Voulez-vous pas boire à nous,
Qu'en dites-vous ma commère ?
Pour en faire autant que vous
  Nous ne serons les dernières :

Beuvons etc.

Y a-t-il plus rien aux pots ?
Nenny, ma foy, que je pense,
Laissons, laissons là nos sots
Pour gage de leur despense,
    Beuvons, etc.

Allons, allons, toute la nuit
Prester notre habit à vit
A quelque bon drole
Qui bien nous bricolle :
    Beuvons, etc.

Sa ça, mes amis, contons,
Donnons de l'argent à l'hoste,
Pour ce que nous luy devons
Faisons luy dancer la volte :
    Beuvons, etc.

Dançons, dançons, mon voisin,
C'est le payement du vin.
— Payez-moy, canaille. —
Nous n'avons la maille.

Beuvons, beuvons toute nuit
De ce clairet qui reluit.
Fi de l'avarice,
C'est un vilain vice.

N bis — 1557

Malheur vient après moy,
Qui me suit pas à pas,
Pour l'amour d'une dame
Je suis près du trespas.

Or prisonnier je suis,
Enfermé bien estroict
Dans une basse fosse
Qui est souz chastelet.

Et quand nous fusmes en bas,
On nous vint enfermer :
Voilà une salette,
C'est pour vous promener.

A neuf heures du soir
On nous vient visiter,
Regardant les murailles
Si n'avons rien gravé.

A sept heures au matin
On nous vient deffermer,
Nous apportant de l'eau,
C'est pour les mains laver.

Quand ce vient à midy,
On nous vient esclairer :
Voicy venir les dames,
Vous viennent visiter.

Remerciez les dames
Et les bourgeoises aussi,
Car si n'estoient les dames,
Mourriez de faim icy.

Or est venu la belle
Par qui je suis icy,
Toute lasse esplorée,
Qui m'a le cœur transi.

Où allez-vous la belle,
Où allez-vous maintenant ?
— M'en vois rendre nonnette
En ce petit couvent. —

Or peux je bien porter
L'orangé pour couleur,
Car patient je suis,
Le roy des malheureux.

Qui fist la chansonnette ?
Ce fut un bon souldat,
Estant à la fin d'aise,
En endurant grand mal.

a bis — **1602**

   Mamye ma faict (*bis*)
De sa main un touret,
   Moy je l'ay prins (*bis*)
Pour faire un bracelet,
Et les cordons sont si mignons,
   Tissus en broderie :
Sont noz amours, la dibe dibe dou,
  Sont noz amours mamye.

   Mamye et moy (*bis*)
Allasmes proumener
   Puis à requoy [1] (*bis*)
Nous mismes à deviser,
Et elle de me carresser
   Pour faire la folie :
Sont noz amours etc.

1. A *requoi*, à l'écart.

Mamye un jour (*bis*)
Alla au bois jouer,
Moy d'un fin tour (*bis*)
Je m'allay aviser,
Voyant la belle sommeiller
Je fis la drolerie :

Sont noz amours, etc.

Mamye un soir (*bis*)
Estant dans un jardin,
S'alla asseoir (*bis*)
Proche d'un roumarin.
La je luy manie les tetins,
Et ce que ne veux dire :

Sont noz amours, etc.

Mamye alors (*bis*)
Me donna un baiser,
Et par son corps (*bis*)
Je l'alay embrasser,
Incontinent sans trop tarder,
La mis bas de furie :

Sont noz amours, la dibe dibe don,
Sont nos amours, mamye.

M — 1555

Chanson nouvelle sur le chant de la Bigotte.

Mamye, pourquoy las m'estes si rude,
    M'amie si rude,
Vous qui m'avez par si longtemps aismez,
Le doulx regret qu'au cœur m'a frapé,
C'est un grief mal qui trop m'y dure,
    Las que j'endure.

Dame d'honneur, n'oubliez mie,
    N'oubliez mie,
N'oubliez point votre loial servant,
Qui nuict et jour vit en languissant.
Secourez-moy, ma doulce amye,
    Car il m'ennuie.

Et je la prins par sa main blanche,
    Par sa main blanche :
Au joly bois je l'ay menée jouer,
Cinq ou six fois l'ay priée d'aimer,
De son gent corps j'en ay prins la mesure
    Et pourtraicture.

De ses deux bras elle m'a faict ceincture
    Et rien plus juste :
Or voy-je bien qu'amours sont faulces,
Moy qu'ay perdu mon tres loial amy,
Oncques depuis n'euz soulas ne plaisir,
Pendu soit-il qui m'a de luy banny
    Et qui me l'oste.

Je m'en yray rendre bigotte
    Avecq'les autres,
Au joly bois avecques mon amy,
Et porteray le noir, aussi le gris :
Sont les couleurs de mon loial amy.
Se porteray les blanches patenostres
    Comme bigotte.

Je m'en iray de porte en porte,
    De porte en porte,
Jusques à la porte de mon loial amy,
C'est pour savoir las s'il est mort ou vif,
Ou il m'a changé pour une autre :
    Qu'amours sont faulces !

Mon père m'y defend trois choses,
    Deffend trois choses :
C'est de aller aussi du venir,
Et de parler à mon loial amy,
Pour denier d'or ne m'en tiendroye,
    Car je mourroye.

Celuy qui fist la chansonnette
    Tant joliette,
Ce fut un clerc, delaissant son pais,
Qui s'en alloit demourer à Paris,
Disant adieu à sa doulce amiette,
    Qui tant luy haitte [1].

Voir cette chanson reproduite dans le recueil **N** *bis* **1557**.

---

1. Qu'il souhaite tant.

G — 1542

Mamye, voulez-vous danser
Au son de ma cornemuse?
Non, dist-elle, mon amy,
Trop de monde si amuse,
Et le son qui est trop hault
Ce n'est pas ce qu'il me fault.
Il me fauldroit ung bourdon,

Et hon hon hon hon hon, ma trognette,
Et hon hon hon hon hon, ma garcette,
Hon hon hon hon hon hon,
Trop enquerre n'est pas bon.

Mamye voulez-vous danser
Au son de ma chalemye ?
Ouy, dist-elle mon amy,
Puisque m'en avez requise.
La gettis dessus le jonc,
Lui levis son cotteron
Et en apres son pelisson,

Et hon hon, etc.

Si tu m'as presté Lyon
Et je t'ay presté Paris ;
Si ne t'a point semblé bon,
Ne m'en dicts point grands mercys ;

Si tu t'en veulx repentir,
Prens Lyon et moy Paris,
Quitte quitte et bons amys.

Et lyre lyre ma trognette,
Et lyre lyre, ma garcette,
Hon hon hon hon hon hon
Trop enquerre n'est pas bon.

Cette chanson se trouve aussi dans le *Recueil de toutes les sortes de chansons nouvelles, rustiques*, etc., Lyon, 1555.

R — 1571

Margot un jour estant à ses esbas,
Dit à Robin qui branslait laschement :
De votre force à présent je rabas
Si vous n'allez un peu plus vistement.
Le povre sot qui ne sçait pas comment
Femme d'esprit veut estre besongnée !
— Hélas ! dit-il, ayez contentement,
Ou je rueray le manche et la congnée. —

***

Marguerite, ma doulce amie,
Oublier ne puis vostre nom.
Se j'ay souffert qu'on vous marie,
Au cueur j'en ai très grand cuisson.

Souffrez que soys vostre sergent
A vos nopces, je vous en prie,
Que soys vostre escuier tranchant
A la dolente departie.

Je l'allis veoir l'autre semaine,
Avant que le jour fust bien cler ;
Elle dit : vous perdez voz peines,
Allez ailleurs vous pourchasser.

Congié vous donne ceste fois ;
N'i revenez plus, je vous prie,
Acollez-moy encore un' fois
A la dolente departie.

Mes amourettes sont encloses
Dedans un annelet d'argent ;
Toutes les fois que les esgarde,
A petit que le cœur me fent.

Tel cuide oublier qui ne peult,
Et qui ne dort pas en son ayse :
Qui de ce mal point ne se deult,
Il ne scet pas que amour poyse.

Bibliothèque nationale. Man. anc. Suppl. fr. 169.

j *ter* — 1631

Marguerite qui souspire
Que son amoureux s'en va,
Mais sa mère lui vint dire :
Fille, tu ne l'auras pas.
Ha! mon Dieu que je l'ayme,
Pourquoi ne l'auray-je pas ?

Mais sa mère luy vint dire :
Fille, tu ne l'auras pas.
— Si je ne l'ay pas, ma mère,
Je souffriray le trespas. —
Ha! mon Dieu, etc.

Si je ne l'ai pas ma mère,
Je souffriray le trespas.
Quand les deux parties s'entr'ayme,
N'est-ce pas le principal?
Ha ! mon Dieu, etc.

Quand les deux parties s'entr'ayme,
N'est-ce pas le principal?
Car il m'a la foy promise,
Je croy bien qui la tiendra.
Ha ! mon Dieu, etc.

Car il m'a la foy promise,
Je crois bien qu'il la tiendra. —
Son père lui vint à dire :
Dy moy quand il reviendra.
Ha ! mon Dieu, etc.

Son père luy vint à dire
Dy moy quand il reviendra.
— Il y reviendra dimanche
Ou bien lundy au plus tard. —
Ha ! mon Dieu, etc.

Il y reviendra dimanche,
Ou bien lundy au plus tard.
Puis quand il sera revenu
Je croy qu'on nous marira.
Ha ! mon Dieu, etc.

Puis quand il sera revenu
Je croy qu'on nous marira,
Et quand serons mariés,
Avec moi il couchera.

Ha! mon Dieu, etc.

Et quand serons mariés,
Avec moy il couchera :
Tous deux sur une couchette,
Nous embrassant bras à bras.

Ha! mon Dieu, que je l'ayme,
Pourquoy ne l'auray-je pas?

**

Marianson, dame jolie,
Pretez-moi vos anneaux dorés.

Marianson, mal avisée,
Ses trois anneaux lui a prêtés.

Quand il a tinct les trois anneaux,
Chez l'argentier s'en est allé.

Bel argentier, bel argentier,
Faites-moi trois anneaux dorés.

Qu'ils soient beaux, qu'il soient gros
Comme ceux de Marianson.

Quand il a tint les trois anneaux,
Sur son cheval il a monté.

Le premier qu'il a rencontré
Fut le mari de Marianson.

« Oh, Dieu te gard, franc chevalier !
Quell' nouvell' m'as-tu apporté ? »

— Marianson, dame jolie,
De moi elle a fait son ami. —

Tu as menti, franc chevalier,
Ma femme n'est pas débordée.

— Oh bien, croyez-le ou non croyez,
En voilà les anneaux dorés. —

Quand il a vu les trois anneaux,
Contre la terre il s'est jeté.

Il fut trois jours et trois nuits
Ni sans boire, ni sans dormir.

Au bout de trois jours et trois nuits,
Sur son cheval il a monté.

La mère étant sur les balcons,
Avisit son gendre venir.

Vraiment, fille, ne savez-vous pas ?
Voici, votre mari qui vient.

Il n'y vient point en homme aimé,
Mais il vient en courroucé.

Montrez-lui votre petit fils,
Cela le pourra réjouir.

« Bonjour, mon fils, voilà ton fils,
Quel nom lui donras-tu, mon fils ?

A pris l'enfant par ses maillots
Et en a battu les carreaux;

Puis la mère, par ses cheveux
Et l'a attaché à son cheval.

N'y avoit, arbre ne buisson
Qui n'eût sang de Marianson.

Oh, venez ça, rusée catin,
Où sont les anneaux de vos mains?

Prenez la clef du cabinet,
Mes trois anneaux vous trouverez.

Quand il a vu les trois anneaux,
Contre la terre il s'est jeté.

N'est-il barbier ni médecin
Qui puisse mettre ton corps en sain?

Il n'est barbier, ni médecin
Qui puisse mettre mon corps en sain;

Ne faut qu'une aiguille et du fil,
Et un drap pour m'ensevelir.

Bouchaud. *Essai sur la Poésie rhythmique,* Paris, 1763, in-8.

U — 1593

Marion est bien malade,
Il luy faut une sallade.
  S'a, dit Marion,
  Hélas! Marion,
  Qu'avez-vous?
Hélas! j'ai mal aux genoux.

Il luy faut une sallade
D'une andouille à la moutarde.
  Sa, dit Marion,
  Hélas ! Marion,
  Qu'avez-vous ?
Hélas ! j'ai mal aux genoux.

Marion est accouchée,
D'un beau fils a fait portée,
  S'a, dit Marion,
  Hélas ! Marion,
  Qu'avez-vous ?
Hélas ! j'ai mal aux genoux.

D'un beau fils a fait portée,
Qui a la teste peslée.
  S'a, dit Marion,
  Hélas ! Marion,
  Qu'avez-vous ?
Hélas ! j'ay mal aux genoux.

G — 1542

Mauldit soit jalousie et qui jaloux sera (*bis*).
Javoys faict une amye depuis trois jours en ça (*bis*).

Mais elle ma laissé et faict nouvel amy,
Dont vint la congnoissance de mamye et de moy,
En dansant une danse, mestrainct le petit doigt,
La dame luy demande : serez mon amoureux ?
Le galand luy respond : ma dame, je le veulx,

Jay veu que je souloys à mamye parler,
En soulas et en joye je soulois triumpher,
Fault-il que je vous laisse par si grand desplaisir,
Au moins que je vous baise avant que de partir,
Car pour la bonne chere qu'a vous faict vous et moy,
Vous sera cher vendu, si sera elle a moy.

Rossignolet qui chante par dessoubz l'olivier,
Vaten dire a mamye que delle prens congé,
Et quelle si consente, je my consentiray,
Et selle ne si consent, je fineray mes jours,
Hélas! jay perdu mes amours.

Mon amy, je te prie, prends en toy reconfort,
Les maulditz envieulx ty pourchassent ta mort.
Sil plaist a la justice, brief tu seras hors.
— Monsieur le lieutenant, prenez de moy pitié,
En une basse fosse nous avez faict boutez.

Nous sommes sur la dure piteusement couchez,
De poulx et de punaises avons a grand planté. —
Qui fist la chansonnette? Ung gentil escollier,
Du regrect de samye, sans ancre et sans papier,
Du regrect de samye, car il la fault laisser.

1 *bis* — **1633**

Me levay par un matinet,
J'ai perdu mon blanc bonnet,
M'en entray dans mon jardinet,
Mes amours, adieu vous commant

J'ay perdu maintenant
Mon petit bonnet tout blanc.

M'en entray dans mon jardinet
Où je trouvay Rossignolet,
Qui en son joly chant disoit :
Mes amours, adieu vous comm ant.
J'ay perdu, etc.

Qui en son joly chant disoit :
Belle fille, marie-toy,
Et n'y prends point ces marjolets,
Mes amours, adieu vous commant.
J'ay perdu, etc.

Et n'y prends point ces marjolets,
Prends y moi ces courtisans,
Ils baisent si mignonnement.
Mes amours, adieu vous commant,
J'ay perdu maintenant
Mon petit bonnet tout blanc.

w

CHANSON NOUVELLE SUR LA MODE DES RUBANS

Menons réjouissance,
Compagnons rubaniers,
  Sans tardé,
Tous chacun dans la France
Des rubans vont porté,
  Laridé :
Faut pousser la navette,
Compagnon Rubanier.

A la Cour, c'est la mode
De porter des rubans,
Tout chacun s'accommode
    Des rubans,
Pour estre lestement :
Faut pousser la navette,
Compagnons rudement.

Les gentilshommes en porte
Aux épaules et chapeaux,
    Des plus beaux,
Sur les manches de sorte,
Des nœuds faits à pros,
    Comme il faut :
Faut pousser la navette,
Pour boire comme il faut.

Les dames et damoiselles,
En portent des plus fins,
    Pour certain,
Des nœuds tout en eschelle,
Tout le long de leur sein,
    L'on voit bien :
Faut pousser la navette,
Le soir et le matin.

Leur petit tablier même
Sont des rubans lacés,
    Bien bordés,
Sur leur gorge à l'extrême,
Un nœud fort bien noué,
    Attaché :
Faut pousser la navette,
Compagnons, sans tarder.

Mes dames les servantes
Portent aussi des rubans,
   A présent,
Pour paroistre plaisantes,
Et d'un regard charmant
   Aux a mants :
Faut pousser la navette,
Compagnons, hardiment.

Ils portent à leur coiffure,
Par derrière et devant,
   Des rubans :
Aussi des garnitures,
Autour d'eux mesmement
   A leurs gants :
Faut pousser la navette,
Compagnon, à présent.

Mesme une revendeuse
En veut porter aussi,
   Comme elle dit ;
Pour estre gratieuse,
Et plaire à son mari,
   Vieux pourri.
Faut pousser la navette,
Compagnon, jour et nuit.

Une asnière très belle,
D'Oberviller, qui vend
   Des choux blancs,
Fut acheter pour elle,
Au Palais des gallans,
   Des rubans.
Faut pousser la navette,
Compagnon, joliment.

Catin, aussi Nanette,
Disent à cette fois,
   Désormais,
Qu'elles auront des tournettes
Pour dévider la soye.
   Sans délais
Faut pousser la navette,
Bon compagnon François.

Compagnons de la ville,
Et des faux bourgs aussi
   De Paris :
J'irons avec les filles
Rubanier nous réjouir.
   Avec plaisir
Faut pousser la navette,
Selon nostre désir.

Les dimanches et les festes
J'irons nous promener,
   Et trinquer :
Au cabaret, en teste,
J'entreray le premier,
   Pour chanter :
Faut pousser la navette,
Compagnons rubaniers.

La mode est bien jolie
De porter des rubans,
   A présent.
Menons joyeuse vie,
Nous aurons de l'argent,
   Tout comptant :
Faut pousser la navette,
Compagnons, rudement.

Ce coup, maistre et maistresse,
Il nous faut régaler,
    Et dancer,
Et vivre en allégresse
Pour mieux travailler,
    Et veiller :
Faut pousser la navette,
Bons vivants rubaniers.

f — 1615

Air n° 25

Mon amy s'en est allé
Sans de moy congé prendre,
Avant qu'il soit demain nuit
J'en auray la revenche :

Baise-moy, si m'en iray,
Car ma mère m'y mande.

Avant qu'il soit demain nuit
J'en auray la revenche,
Je m'en iray au bois d'amour,
Où personne n'y entre :

Baise-moy, etc.

Je m'en iray au bois d'amour,
Où personne n'y entre
Que le doux Rosinolet,
Qu'en ce vert bois chante.

Baise-moy, etc.

Que le doux Rosinolet
Qu'en ce vert bois chante ;
Rossignol, beau rossignol
Qu'en ce verd bois chante :

Baise-moy, etc.

Rossignol, beau rossignol,
Qu'en ce verd bois chante,
Va-t-en dire à mon amy
Que par toy je luy mande :

Baise-moy, etc.

Va-t'en dire à mon amy
Que par toy je luy mande :
Si je me dois marier,
Ou si je dois attendre :

Baise-moy, etc.

Si je me dois marier
Ou si je dois attendre :
— Belle, attendez ; belle, attendez ;
Vous estes bien plaisante.

Baise-moy, etc.

Belle, attendez ; belle, attendez ;
Vous estes bien plaisante ;
Il viendra quelque seigneur
En ce beau pais de France : —

Baise-moy, si m'en iray,
Car ma mère m'y mande.

X ter — 1586

Mon beau riban vert, joly vert, tout vert,

    Mon beau riban vert,
L'autre hier en revenant de Tours,
Trouvay la fille d'un seignour :
    Mon beau riban vert.

Trouvay la fille d'un seignour
Qui travailloit en lacs d'amour :
    Mon beau riban vert.

Qui travailloit en lacs d'amour.
— Belle, Dieu vous doint le bon jour :
    Mon beau riban vert.

Belle, Dieu vous doint le bon jour,
Je ne veux point de vos bon jour :
    Mon beau riban vert.

Je ne veux point de vos bons-jour.
Vous estes un donneur de bon jour :
    Mon beau riban vert.

Vous estes un donneur de bon jour,
J'en fus battue l'autre jour :
    Mon beau riban vert.

J'en fus battue l'autre jour.
Mary, pourquoy m'y battez vous ?
    Mon beau riban vert.

Mary, pourquoi m'y battez-vous ?
Couche-je pas la nuict en vous :
  Mon beau riban vert.

Couche-je pas la nuict en vous,
Et le jour avec mes amours :
  Mon beau riban vert.

1 bis — 1633

Mon chemin je cheminois,
Mon chemin vers Saint-Michaut ;
J'y rencontray trois fillettes
Qui mangeoient des patez chaux :
Mordonbille sont ces filles
Qui font ces garçons ribaux.

J'y rencontray trois fillettes
Qui mangeoient des patez chaux.
Je m'assieudy auprès d'elles,
Pour leur tailler leurs morceaux.
Mordonbille, etc.

Je m'assieudy auprès d'elles,
Pour leur tailler leurs morceaux ;
Je donne à l'une et à l'autre,
Je mangeois tous les plus gros.
Mordonbille, etc.

Je donne à l'une et à l'autre,
Je mangeois tous les plus gros.
Lors ce levay la plus jeune
Qui m'arrachi mon chapiau.
Mordonbille, etc.

Lors ce levay la plus jeune
Qui m'arrachi mon chapiau ;
Je la pris et je la gitte
Tout droict sur le revarguiau,
Mordonbille, etc.

Je la pris et je la gitte
Tout droict sur le revarguiau [1].
Tout soudain elle s'écrie :
Velce un bon garsongniau !
Mordonbille, etc.

Tout soudain elle s'écrie :
Velce un bon garsongniau ;
Qu'on luy donne un coup à boire,
Et qu'on luy rende son chapiau.
Mordonbille sont ces filles
Qui font ces garçons ribaux.

m bis — 1633

Mon compagnon et moy, un jour par fantaisie,
Je nous allions promener le long d'un verd bocage.
  En mon chemin je rencontray
  Un gros et grand et large sacq.

Le panier que c'estoit estoit tout plein de neffles,
L'advocat est d'avis que c'estions des grenouilles,
  Je luy ay dit, tout en riant :
  Je vous remercie de bien bon cœur.

Que ne vous marie-n'en, la belle jeune fille,
A un beau cordonnier de noble parentage,
  Qui ayt de l'or et de l'argent
  Pour acheter de beaux habits tous neufs.

1. La verdure, la prairie.

a bis — 1602

Mon père a des brebis tant,
Gentil petit casaquin blanc,
Il me les envoye gardant,

   Et tant, et tant
Tu m'y donnes de peine,
Tu ne m'en donras plus tant,
Gentil petit casaquin blanc,

Il me les envoye gardant,
Gentil petit casaquin blanc,
Par les rues et par les champs.

   Et tant, etc.

Par les rues et par les champs,
Gentil petit casaquin blanc,
Le mien amy va devant.

   Et tant, etc.

Le mien amy va devant,
Gentil petit casaquin blanc,
Qui d'amours me va priant.

   Et tant, etc.

Qui d'amours me va priant,
Gentil petit casaquin blanc.
Je luy réponds en riant,

   Et tant, etc.

Je lui réponds en riant,
Gentil petit casaquin blanc,
Que mon père il me battrait tant,

Et tant, et tant,
Tu m'y donnes de peine,
Tu ne m'en donras plus tant,
Gentil petit casaquin blanc.

Se trouve déjà dans la *Fleur des Chansons amoureuses*, etc,
Rouen, 1600.

1 bis — 1633

Mon père a fait faire trois bateaux sur l'eau,
  C'est pour y mener la belle Alison,
Lironfa, ladrirette, lironfa ladrira.

C'est pour y mener la belle Alison,
La belle Alison elle a le cœur tant gay,
Lironfa ladrirette, lironfa ladrira.

La belle Alison a le cœur tant gay,
Rossignolet du bois, pour Dieu conseillez-moy,
    Lironfa, etc.

Rossignolet du bois, pour Dieu conseillez-moy,
De trois amoureux lequel je prendray,
    Lironfa, etc.

De trois amoureux lequel je prendray,
Et si je prends le jeune, il est nécessiteux,
    Lironfa, etc.

Et si je prends le jeune, il est nécessiteux ;
Et si je prends le riche, il n'est pas à mon gré ;
   Lironfa, etc.

Et si je prends le riche, il n'est pas à mon gré,
Et ces batteliers ils ont le cœur tant gay :
   Lironfa, etc.

Et ces batteliers, ils ont le cœur tant gay.
Quand ils sont sur la mer, ils crient à haute voix :
   Lironfa, etc.

Quand ils sont sur la mer, ils crient à haute voix :
Si je tenois mamie, je la baiserois,
   Lironfa, etc.

Si je tenois mamie, je la baiserois,
Par ma foy de Dieu jusques à très bien,
   Lironfa, etc.

Par ma foy de Dieu jusques à très bien,
Je luy metterois un agneau d'or au doigt,
Lironfa, ladrirette, lironfa ladrira.

Z — 1600

Mon père, aussi ma mère
Ont juré par leur foy
Qu'ils me rendront nonnette,
Tout en despit de moy :

 Je le diray,
Je le diray, diray, ma mère,
 Ma mère, je le diray.

Qu'ils me rendront nonnette,
Tout en despit de moy ;
La partie est mal faite,
Elle est faite sans moy :
   Je le diray, etc.

La partie est mal faite,
Elle est faite sans moy ;
J'ay un amy en France,
Qui n'est pas loin de moy :
   Je le diray, etc.

J'ay un amy en France,
Qui n'est pas loin de moy ;
Il n'est pas loin de moy,
Je le tiens par le doigt :
   Je le diray, etc.

Il n'est pas loin de moy,
Je le tiens par le doigt ;
La nuict, quand je me couche,
Se met auprès de moy :
   Je le diray, etc.

La nuict, quand je me couche
Se met auprès de moy,
M'apprend ma patenostre
Et aussi mon *ave :*
   Je le diray, etc.

M'apprend ma patenostre
Et aussi mon *ave,*
Et encore autre chose
Que je vous celeray :
   Je le diray, etc.

Et encore autre chose
Que je vous celeray ;
De peur que ne l'oublie,
Je le recorderay :

   Je le diray, etc.

De peur que ne l'oublie,
Je le recorderay :
Mon père, aussi ma mère,
Ont juré sur leur foy :

   Je le diray,
Je le diray, diray, ma mère,
   Ma mère, je le diray.

ter — **1627**

Mon pere avoit deux garçons
Qui alloient à l'écolle,
Ils sçavoient quasi par cœur
Toute leur patenostre :

Le petit est mort et le grand vit,
Et le grand vit encore.

Ils sçavoient quasi par cœur
Toute leur patenostre ;
Ils sçavoient conter cinq sols,
Sans manquer d'une obole :

Le petit, etc.

Ils sçavoient conter cinq sols,
Sans manquer d'une obole,
Mais là dessus arriva
La mort qui tout dévore :

Le petit, etc.

Mais là-dessus arriva
La mort qui tout dévore,
Elle a pris le plus petit,
Et nous a laissé l'autre.

Le petit est mort et le grand vit,
Et le grand vit encore.

1 bis — 1633

Mon père est bon homme,
Mariée si m'a, lerire,
Mariée si m'a, lera :

Ce n'est pas mon cas, lerire,
Ce n'est pas mon cas, lera.

A un vieillard bon homme
Qui bien cent ans a, lerire,
Qui bien cent ans a, lera :

Ce n'est pas, etc.

La première nuictée
Qu'avec luy coucha, lerire,
Qu'avec lui coucha, lera :

Ce n'est pas, etc,

M'y tourna l'épaule,
Je lui tournay le bras, lerire,
Je lui tournay le bras, lera :

Ce n'est pas, etc.

J'ay pris ma cotte rouge,
Chez mon père m'en vay, lerire,
Chez mon père m'en vay, lera :

Ce n'est pas, etc.

— Mon père, mon père,
Ostez-moy ce vieillard, lerire,
Ostez-moy ce vieillard, lera :

Ce n'est pas, etc.

Ma fille, ma fille,
Ne le changez pas, lerire,
Ne le changez pas, lera :

Ce n'est pas, etc.

Le vieillard est riche,
Qui vous nourrira, lerire,
Qui vous nourrira, lera :

Ce n'est pas, etc.

Le vieillard est riche
Qui a des ducats, lerire,
Qui a des ducats, lera :

Ce n'est pas, etc.

— Fy de la richesse
Qui son plaisir n'a, lerire,
Qui son plaisir n'a, lera :

Ce n'est pas, etc.

Vieillesse et jeunesse
Ce n'est qu'un débat, lerire,
Ce n'est qu'un débat, lera :

Ce n'est pas, etc.

Jeunesse à jeunesse,
Plaisirs et soulas, lerire,
Plaisirs et soulas, lera.

Et c'est bien mon cas, lerire,
Et c'est bien mon cas, lera.

a bis — 1602

Mon père et ma mère
Leur foy ont juré
Que dans six sepmaines
Je me marieray :

Au joli bois, je m'en vay,
Au joli bois j'iray.

Que dans six sepmaines
Je me marieray
A un vieux bon homme
Que je tromperay :

Au joli bois, etc.

A un vieux bon homme
Que je tromperay,
Droit en Cornuaille
Je l'envoyeray :

　Au joli bois, etc.

Droit en Cornuaille
Je l'envoyeray,
Et de ses richesses
Largesse en feray :

　Au joli bois, etc.

Et de ses richesses
Largesse en feray,
A un beau jeune homme
Je les donneray :

　Au joli bois, etc.

A un beau jeune homme
Je les donneray.
S'il dit quelque chose,
Je le gratteray :

　Au joli bois, etc.

S'il dit quelque chose,
Je le gratteray ;
Puis nous en irons
Droit au bois jouer :

　Au joli bois, je m'en vay,
　Au joli bois j'iray.

Se trouve aussi dans la *Fleur des plus belles Chansons*, Paris, 1600.

G — 1542

Mon père et ma mère
N'avoient enfant que moy,
Mais ils m'ont mariée,
Tout en despit de moy :
   Rybon ribeine,
Tout en despit de moy.

Mais ils m'ont mariée,
Tout en despit de moy,
A ung vieillard bonhomme,
Qui na cure de moy :
   Rybon ribeine,
Qui na cure de moy.

A ung vieillard bonhomme,
Qui na cure de moy.
Au soir il my fiance,
Au matin mespousit :
   Rybon ribeine,
Au matin mespousit.

Au soir il my fiance,
Au matin mespousit.
Premier jour de mes nopces
Il menvoya coucher :
   Rybon ribeine
Il menvoya coucher.

Premier jour de mes nopces
Il menvoya coucher,
Dung gros baston de saule
Il my bat les costés :
   Rybon ribeine,
Il my bat les costés.

Dung gros bâton de saule
Il my bat les costés.
Je mandis à ma mère
Quelle menvoyast querir :
   Rybon ribeine,
Quelle menvoyast querir.

Je mandis à ma mère
Quelle menvoyast querir.
Cest le vieillard bonhomme
Qui me veult delaisser :
   Rybon ribeine
Qui me veult delaisser.

C'est le vieillard bonhomme,
Qui me veult delaisser.
Je prins mon corset rouge,
Je men suys en allée :
   Rybon ribeine,
Je men suys en allée.

Je prins mon corset rouge,
Je m'en suys en allée.
Dans une hostellerie
Je men suys arrivée :
   Rybon ribeine,
Je men suys arrivée.

Dans une hostellerie
Je m'en suys arrivée,
Je demanday choppine,
Pinte on ma baillée :
 Rybon ribeine,
Pinte on ma baillée.

T *bis* — 1576

Air n° 26

Mon père et ma mère
N'ont que moy d'enfant :
Gaudinette, je vous ayme tant !
Et y m'ont fait faire
Un cotillon blanc :
Gaudinette, je vous ayme tant !
J'étois trop petite,
Il estoit trop grand :
Gaudinette, je vous aime tant !

J'étois trop petite,
Il estoit trop grand :
Gaudinette, je vous ayme tant !
J'en ay faict rogneure
Trois pieds par devant :
Gaudinette, je vous ayme tant !

J'en ay faict rogneure
Trois pieds par devant :
Gaudinette, je vous ayme tant !
Autant par derrière,
Encore est trop grand :
Gaudinette, je vous ayme tant !

Autant par derrière,
Encore est trop grand :
Gaudinette, je vous ayme tant !
Et de la rogneure
J'en ay faict des gands :
Gaudinette, je vous ayme tant !

Et de la rogneure
J'en ay faict des gands :
Gaudinette, je vous ayme tant !
Pour mon amy Pierre,
Luy que j'ayme tant :
Gaudinette, je vous ayme tant !

Pour mon amy Pierre,
Luy que j'ayme tant !
Gaudinette, je vous ayme tant !
M'empoigne et m'embrasse,
M'a faict un enfant :
Gaudinette, je vous ayme tant !

M'empoigne et m'embrasse,
M'a fait un enfant :
Gaudinette, je vous ayme tant !
Aussi m'a guérie
Du grand mal de dents :
Gaudinette, je vous ayme tant !

Aussi m'a guérie
Du grand mal de dents :
Gaudinette, je vous ayme tant !
Quand le sceut mon père,
Il me battit tant :
Gaudinette, je vous ayme tant !

Quand le sceut mon père,
   Il me battit tant :
Gaudinette, je vous ayme tant !
« Tout beau, tout beau, père,
   Frappez doucement : »
Gaudinette, je vous ayme tant !

« Tout beau, tout beau, père,
   Frappez doucement :
Gaudinette, je vous ayme tant !
   Sy la mèr' fit faute,
   Qu'en peut mais l'enfant ?
Gaudinette, je vous ayme tant !

   Sy la mèr' fit faute,
   Qu'en peut mais l'enfant :
Gaudinette, je vous ayme tant !
   Ce n'est rien du vostre,
   Ny de vostre argent :
Gaudinette, je vous ayme tant !

   Ce n'est rien du vostre,
   Ny de votre argent :
Gaudinette, je vous ayme tant !
   C'est d'mon amy Pierre,
   Qu'au vert bois m'attend :
Gaudinette, je vous ayme tant !

   C'est d'mon amy Pierre,
   Qu'au vert bois m'attend :
Gaudinette, je vous ayme tant !
   Et pour moy endure
   La pluye et le vent :
Gaudinette, je vous ayme tant !

Et pour moy endure
La pluye et le vent :
Gaudinette, je vous ayme tant !
Et la grand' froidure
Qui du ciel descend :
Gaudinette, je vous ayme tant !

Et la grand' froidure
Qui du ciel descend :
Gaudinette, je vous ayme tant !
Et pour luy j'endure
La honte des gens :
Gaudinette, je vous ayme tant !

Chanson insérée aussi dans la *Fleur des Chansons amoureuses*, Rouen, 1600.

e bis — **1614**

Mon père et ma mère
N'ont que moy d'enfant,
Ils m'y ont fait faire
Un cotillon blanc :
Claudinette, je vous aime tant.

Ils m'y ont fait faire
Un cotillon blanc.
J'estoy' trop petite,
Il m'estoit trop grand :
Claudinette, je vous aime tant.

J'estoy trop petite,
Il m'estoit trop grand;
Je prends mes forcettes [1],
J'en roignay devant :
Claudinette, je vous aime tant.

Je prins mes forcettes,
J'en roignay devant ;
Mon père le sceut,
Qui m'en batit tant :
Claudinette, je vous aime tant.

Mon père le sceut,
Qui m'en battit tant ;
« Hola ho, mon père,
Frappez bellement. »
Claudinette, je vous aime tant.

« Hola ho, mon père,
Frappez bellement ;
Si la mère est grosse,
Qu'en peut mais l'enfant ?
Claudinette, je vous aime tant.

Si la mère est grosse,
Qu'en peut mais l'enfant ?
Ce n'est pas d'un prestre,
Ni d'un moyne blanc :
Claudinette, je vous aime tant.

Ce n'est pas d'un prestre,
Ni d'un moyne blanc,
C'est de mon ami Pierre
Qui au bois m'attend.
Claudinette, je vous aime tant.

(1) *Forcettes*, ciseaux.

C'est de mon ami Pierre
Qui au bois m'attend,
Et pour moy endure
La pluye et le vent :
Claudinette, je vous aime tant.

M — 1555

Chanson nouvelle fort joyeuse récréative à tous amoureux sur un chant nouveau.

Sur l'air : *J'ai quatorze ans ou davantage.*

Mon père, je vous ay servi
Bien quatorze ans ou davantaige,
Mais je vueil servir un ami
Qui est mon loial couraige.
Mon père, vous ferez que sage
En bref temps de me marier,
Car je pers la fleur de mon age,
Adieu mon joli temps passé.

Il n'y a pas trois mois passez
Que j'aime d'une amour certaine
Un amoureux qui est tant gay,
Qui est de Lyon la jolie.
Mon pauvre cœur ne l'ose dire,
Un jour viendra qu'il le dira,
Je seray sa loialle amie,
Si coucherai entre ses bras.

Quand viendra l'heure, aussi le jour
Que je seray bien mariée,
Que je seray dessoubz les draps,
Entre les bras de ma partie,

Dessoubz la blanche couverture,
Nous conterons tous noz douleurs,
Disant : Voicy l'heure venue,
Il fault acomplir noz amours.

Rossignolet qui chante au bois,
A l'ombre, sur l'herbe jolie,
Va au logis de mon amy,
Et recommande son amye,
Qui tousjours veit en grand martire,
Ne peult oublier ses amours,
A son père ne l'ose dire,
C'est de peur d'alonger ses jours.

Ma mère a passé ses douleurs,
Et je n'ay pas passé les miennes.
Mon père, c'est chose certaine,
Si bien tost ne suis à mon gré,
Un jour viendra que les estreines
Deviendront à plus grand marché.

Celle qui la chanson disoit,
C'estoit une fille plaisante,
Devant son père la chantoit,
Mais point ne la vouloit entendre :
Mon père, je suis hors d'enfance,
Gardez vostre honneur et le mien,
Donnez-moy congé et licence
D'avoir celuy que j'ayme bien.

Cette chanson se trouve aussi dans le *Recueil de toutes sortes de chansons nouvelles,* etc., Paris, 1557, et dans le *Recueil de plusieurs chansons tant musicales,* etc., Lyon, 1567.

a bis — **1602**

Mon père m'a donnée
A un jeune advocat;
La première nuitée
Qu'avec moy il coucha, la la.
Courage, courage, ma fille,
Non, tu n'en mourras pas.

La première nuitée
Qu'avec moy il coucha,
Il me vint sans parler
Frapper de son matelats.
Courage, etc.

Il me vint sans parler
Frapper de son matelats;
Je me prins à crier :
Venez à mon trespas.
Courage, etc.

Je me prins à crier :
Venez à mon trespas.
Ma mère oyant ma plainte,
Vint et me consola.
Courage, etc.

Ma mère oyant ma plainte,
Vint et me consola,
Me disant : n'ayez crainte,
Non, tu n'en mourras pas.
Courage, etc.

Me disant : n'ayez crainte,
Non, tu n'en mourras pas,
Car j'estois de ta sorte
Quand on me fit cela.
Courage, etc.

Car j'estois de ta sorte
Quand l'on me fit cela,
Et si j'en fusse morte,
Tu ne serois pas là.
Courage, etc.

Et si j'en fusse morte,
Tu ne serais pas là.
Au fort si tu y meurs,
Enterrée tu seras.
Courage, etc.

Au fort si tu y meurs
Enterrée tu seras,
Et avec force pleurs
Las ! on te portera.
Courage, etc.

Et avec force pleurs
Las! on te portera;
Au plus haut de la ville
Ton sépulchre sera.
Courage, etc.

Au plus haut de la ville
Ton sépulchre sera,
Et par un homme habille
Ces mots l'on gravera.
Courage, etc.

Et par un homme habille
Ces mots l'on gravera :
Cy gist la jeune fille
Qui mourut de cela.

Courage, etc.

Cy gist la jeune fille
Qui mourut de cela,
Ça esté la première,
La dernière sera.

Courage, etc.

k — 1632

Mon père m'a donné mary,
Un faux vieillard tout racourcy,
Tant j'étois innocente,
Qui n'avoit point, qui n'avoit point
De bonne avoyne à vendre.

Un faux vieillard tout racourcy,
La nuict que couchay avec luy,
Après ma longue attente,
Il me jura qu'il n'avoit point
De bonne avoyne à vendre.

La nuict que couchay avec luy,
Se recule et s'endormit ;
Je demeuray constante,
Croyant alors qu'il n'avoit point
De bonne avoyne à vendre.

Se recula et s'endormit ;
Tout promptement je sors du lict,
Outrée et mescontente,
Disant fi de ceux qui n'ont point
De bonne avoyne à vendre.

Tout promptement je sors du lict,
M'en vay chés mon père et luy dist,
Faschée et mal plaisante :
Il n'en a point ce faux vieillard,
De bonne avoyne à vendre.

M'en vay chez mon père et luy dist :
Mon père, il me faut un amy,
Qui librement se vante
D'avoir, au défaut du vieillard,
De bonne avoyne à vendre.

p — 1644

CHANSON A DANSER

Ou complainte d'une jeune fille qui a épousé, étant contrainte, un vieillard jaloux et incapable du jeu d'aimer.

Mon père m'a mariée
 A sa fantaisie,
A un vieillard m'a donnée,
 Plein de jalousie :

O que le sujet est beau
 Pour qui je soupire.

Étant couchée avec luy,
  Je pleure et m'attriste,
Car mon langoureux ennuy
  Jamais ne me quitte :
O que le sujet, etc.

Il est froid comme un rocher,
  Dont mon cœur s'ennuye,
Car il ne fait que jetter
  Crachats et roupies :
O que le sujet, etc.

Quand je veux toucher la nuit
  Sa chair endormie,
Songeart il dit que je suis
  Vers lui trop hardie :
O que le sujet, etc.

Ne pouvant par-fois dormir,
  Il prend son caprice,
Et croit que j'ai un amy
  Propre à mon service :
O que le sujet, etc.

Allant ensemble tous deux
  Souper à la ville,
Je n'ose lever les yeux,
  Ny parler, ny rire :
O que le sujet, etc.

Le plus beau de ses discours
  Et de ses paroles,
Au lieu de parler d'amours,
  N'êt que de pistoles :
De n'avoir point de secours,
  Cela me désole.

Si nous allons quelquefois
  Dans quelque bocage,
Les fueilles qui sont au bois
  Lui portent ombrage :
Hélas, faut-il que je sois
  En si grand servage !

S'il void quelque oyseau chanter
  Dessus les fleurettes,
Il croit qu'on me veut parler
  Du jeu d'amourettes :
Faut-il mon printemps passer
  En telles détresses !

O mes peu sages parens,
  C'êt votre avarice,
Qui fait que je vay souffrant
  Ce cruel supplice :
O que le sujet est beau,
  Pour qui je soupire.

Hélas, ô mon beau soleil
  Que mon cœur désire,
Pour toy je ne ferme l'œil,
  Toy seul me fait dire :
O que le sujet, etc.

De quoy me sert, ô destin,
  D'être belle et riche,
Si j'apperçois mon jardin
  Demeurer en friche !
O que le sujet, etc.

De quoy me peut alleger
  Son humeur jalouse,
Puisqu'il ne peut se loger
  Dedans ma belouse :
Faut-il qu'il ait abusé
  Une telle épouse ?

S'il voit dessus notre lit
  Voler une mouche,
Il la chasse par dépit
  Sans qu'elle me touche :
Faut-il que j'aye un mary
  Qui soit si farouche.

Bellotes aux yeux mignards,
  En votre jeunesse,
N'épousez point de vieillards ;
  Fy de leur richesse.
Car pour amoureux soulas
  On n'a que tristesse.

Encor luy veus-je joüer
  Un tour en ma vie,
C'est de luy faire porter,
  Je ne veus pas dire...
O que le sujet est beau,
  Pour qui je soupire.

f — 1615

Air n° 27

Mon père m'a marié à un bossu, (*bis*)
Le premier jour de mes nosses il m'a battu :

    Tu ne la voirras plus, petit bossu,
    Tu ne la voirras plus, petit bossu
        Tortu.

Le premier jour de mes nopces il m'a battu (*bis*)
Je m'en allis au jardin prier Vénus :

    Tu ne la voirras, etc.

Je m'en allis au jardin prier Vénus, (*bis*)
La prière que j'ay faite est advenu.

    Tu ne la voirras, etc.

La prière que j'ay faite est advenu, (*bis*)
J'ay trouvé le bossu mort sur ses escus :

    Tu ne la voirras, etc.

J'y trouvé le bossu mort sur ses escus, (*bis*)
Je l'ay fait ensevelir dans de la glu.

    Tu ne la voirras, etc.

Je l'ay fait ensevelir dans de la glu, (*bis*)
J'ay fait son luminaire de trois festus :

    Tu ne la voirras plus, petit bossu,
    Tu ne la voirras plus, petit bossu
        Tortu,

p — 1644

Chanson plaisante et propre à dancer, sur le chant :
Je veux avoir le matou.

Mon père m'a marié
L'autre jour à la mal-heure ;
A un vilain m'a donné,
Qui fait que toujours je pleure,
D'avoir achepté si cher
Son petit morceau de chair.

J'ay bien eu quatre cens francs
D'argent à mon mariage,
Je le regrette à présent,
Ayant esté si peu sage
D'avoir acheté si cher
Son petit morceau de chair.

Estant couchée avec luy,
Je pensois au badinage,
Mais je fus bien en ennuy
De voir si petit bagage ;
Faut-il achepter si cher
Son petit morceau de chair.

Je luy dis incontinent,
Voyant que j'estois trompée :
Rendez-moy donc mon argent,
Car vous m'avez abusée
De m'avoir vendu si cher
Un petit morceau de chair.

Il ne parle et ne dit mot,
Et moy je suis en mal-aise,
Car sa viande dans mon pot
Ne paroit pas une fraise :
Faut-il acheter si cher
Un petit morceau de chair.

Pour le pris de mon argent
J'aurois bien eu de la viande,
Il y a d'honnestes gens
Qui m'en avoient fai toffrande :
Quatre cents franc c'est trop cher
D'un petit morceau de chair.

Nostre grand valet Colas
Sans aucun argent ny gage,
Quand nous prenions nos ébats,
M'en donnoit bien davantage :
Ma foy, c'est un peu trop cher
Ce petit morceau de chair.

Filles d'un cœur diligent,
Voyez ma douleur extrême;
Employez mieux votre argent
Que je n'ay pas fait moy-mesme :
N'achetez jamais si cher
Un petit morceau de chair,

a bis — 1602

AIR DE COURT.

Mon père ma mariée
Toute noire que je suis,
A un villain ma donnée.

Hon voire ian c'est mon,
Mon père dit que je suis noire
Ce suis non.

Qui de rien ne ma donné,
Toute noire que je suis,
Que d'une brebis pelée.

Hon voire etc.

Que d'une brebis pelée,
Toute noire que je suis,
Et le loup si la mengée.

Hon voire, etc.

Et le loup si la mengée,
Toute noire que je suis,
La queu m'en est demeurée.

Hon voire, etc.

La queu m'en est demeurée,
Toute noire que je suis,
J'en fis une fricassée.

Hon voire, etc.

J'en fis une fricassée,
Toute noire que je suis,
Le curé si la mengée.

Hon voire, etc.

Le curé si la mengée,
Toute noire que je suis,
Et la sienne il m'a donnée,

Hon voire, etc.

Et la sienne il m'a donnée,
Toute noire que je suis,
Dont je m'en suis bien trouvée,

Hon voire, etc.

Dont je m'en suis bien trouvée,
Tout noire que je suis ;
Ma sœur me la demandée.

Hon voire, etc.

Ma sœur me la demandée,
Toute noire que je suis,
Et je la luy ay prestée.

Hon voire, etc.

Et je la luy ay prestee,
Toute noire que je suis,
Elle me l'a du tout usée.

Hon voire, etc.

Elle me la du tout usée,
Toute noire que je suis,
Dont j'en ay ésté fachée.

Hon voire, etc.

Dont j'en ay ésté faschée,
Toute noire que je suis,
Je m'en feusse encor jouée.

Hon voire, ian c'est mon,
Mon père dit que je suis noire,
Ce suis non.

M — 1555

AULTRE CHANSON NOUVELLE

Mon père m'envoie
Garder les moutons,
Après moy envoie
(Dureau la duroye)
Après moy envoie
Un beau valeton.

Après moy envoie
Un beau valeton,
Qui d'amour me prie,
(Dureau la duroye)
Qui d'amour me prie,
Et je luy responds.

Qui d'amour me prie
Et je luy responds :
Allez à Binette,
(Dureau la durette)
Allez à Binette,
Plus belle que moi.

Allez à Binette,
Plus belle que moy,
S'elle vous refuse,
(Dureau la durette)
S'elle vous refuse,
Revenez à moy.

S'elle vous refuse,
Revenez à moy.
Elle m'a refusée,
(Dureau la durette)
Elle m'a refusée,
Je reviens à vous.

Elle m'a refusée,
Je reviens à vous.
J'ay en ma boursette
(Dureau la durette)
J'ay en ma boursette
Cent escus du Roy.

J'ay en ma boursette,
Cent escus du Roy,
Et bien autre chose,
(Dureau la durette)
Et bien autre chose
Que je vous diray.

Et bien autre chose
Que je vous diray.
De mon pucellage,
(Dureau la durette)
De mon pucellage
Présent vous feray.

De mon pucellage
Présent vous feray,
Et de bon courage
(Dureau la durette)
Et de bon courage
Je vous aimeray.

Et de bon courage
Je vous aimeray.
Andely-sus-Seine
(Dureau la durette)
Andely-sus-Seine
Trois basteau y a.

Andely-sus-Seine
Trois basteau y a,
C'est pour mener Binette
(Dureau la durette)
C'est pour mener Binette
Au chasteau gaillart.

C'est pour mener Binette
Au chasteau gaillart.
Que fera Binette,
(Dureau la durette)
Que fera Binette
Au chasteau gaillart ?

Que fera Binette
Au chasteau gaillart ?
Fera la lessive
(Dureau la durette)
Fera la lessive
Pour blanchir les draps.

Fera la lessive
Pour blanchir les draps,
Servira son maistre
(Dureau la durette)
Servira son maistre
Quand il luy plaira.

Cette chanson a été publiée aussi dans *Sensuyvent plusieurs belles chansons*, 1535, et dans les *Chansons nouvellement assemblées*, 1538.

1 bis — 1633

Mon père m'envoye garder les moutons,
M'en donna pas quinze, mais un quarteron,
Mais un quarteron, Claudine, mais un quarteron.

M'en donna pas quinze, mais un quarteron.
Par icy passe trois bons compagnons,
Trois bons compagnons, Claudine, trois bons com-
[pagnons.

Par icy passe trois bons compagnons.
D'amour m'ont priée et je leur répond,
Et je leur répond, Claudine, et je leur répond.

D'amour m'ont priée et je leur répond :
C'est pour un gentil homme qui est à la cour,
Qui est à la cour, Claudine, qui est à la cour.

C'est pour un gentil homme qui est à la cour.
Si plus il m'en parle il aura m'amour ;
Il aura m'amour, Claudine, il aura m'amour.

Si plus il m'en parle, il aura m'amour,
M'amour et ma vie, et mon cœur et tout,
Et mon cœur et tout, Claudine, et mon cœur et tout.

M'amour et ma vie, et mon cœur et tout,
Et mon pucelage qui vaut mieux que tout,
Qui vaut mieux que tout, Claudine, qui vaut mieux
[que tout.

Et mon pucelage qui vaut mieux que tout ;
Et s'il le refuse, ce sera un fou,
Ce sera un fou, Claudine, ce sera un fou.

G — 1542

Mon père, mon père,
Vous avez faict mal,
 Derira,
De mavoir donnée
A ung faulx vieillard
 Derirette,
A ung faulx vieillard,
 Derira.

De mavoir donnée
A ce faulx vieillard,
   Derira.
Première nuictée
Quavec moy coucha,
   Derirette,
Quavec moy coucha,
   Derira.

Première nuictée
Qu'avec moy coucha,
   Derira,
My tourna lespaulle
Et puis sendorma,
   Derirette,
Et puis sendorma,
   Derira.

My tourna lespaulle
Et puis s'endorma,
   Derira,
Et je prins ma cotte,
Ainsi me vesta,
   Derirette,
Ainsi me vesta,
   Derira.

Et je prins ma cotte,
Ainsi me vesta,
   Derira,
Et je prins ma robe,
Sur mon père alla,
   Derirette,
Sur mon père alla,
   Derira.

Puis je prins ma robe,
Sur mon père alla,
 Derira.
« Mon père, mon père,
Vous avez faict mal,
 Derirette,
Vous avez faict mal,
 Derira.

Mon père, mon père,
Vous avez faict mal,
 Derira,
De m'avoir donnée
A ce faulx vieillard,
 Derirette,
A ce faulx vieillard,
 Derira.

De mavoir donnée
A ce faulx vieillard,
 Derira. »
— Ma fille, ma fille,
De l'argent il a,
 Derirette,
De l'argent il a,
 Derira.

— Ma fille, ma fille,
De l'argent il a,
 Derira. —
Mon père, mon père,
Je scay bien qu'il a,
 Derirette,
Je scay bien qu'il a,
 Derira.

Mon père, mon père,
Je scay bien qu'il a,
   Derira.
Fy de la richesse
Qui grand joye n'en a,
   Derirette,
Qui grand joye n'en a,
   Derira.

Fy de la richesse
Qui grand joye n'en a,
   Derira.
Vieillesse et jeunesse
Ce n'est que fatras,
   Derirette,
Ce n'est que fatras,
   Derira.

Vieillesse et jeunesse
Ce n'est que fatras,
   Derira,
Jeunesse et jeunesse
Ce n'est que soulas,
   Derirette,
Ce n'est que soulas,
   Derira.

a *bis* — **1602**

CHANSON A DANSER

Mon père n'a fille que moy,
Il a juré la sienne foy, guoy,
Trépignez-vous, trépignez,
Trépignez-vous comme moy.

Il a juré la sienne foy
Que nonnette il fera de moy, guoy,
Trépignez, etc.

Que nonnette il fera de moy,
Et non feray, pas ne voudray, guoy,
Trépignez, etc.

Et non feray, pas ne voudray,
J'aimerois mieux mary avoir, guoy,
Trépignez, etc.

J'aimerois mieux mary avoir,
Qui my baisast la nuit trois fois, guoy,
Trépignez, etc.

Qui my baisast la nuict trois fois,
L'une au matin, et l'autre au soir, guoy,
Trépignez, etc.

L'une au matin et l'autre au soir,
L'autre à minuict, ce sont les trois, guoy.
Trépignez-vous, trépignez,
Trépignez-vous comme moy.

a bis — 1602

Mon père n'a pas voulu,
Pensant bien me rendre heureuse,
Me donner celuy sans plus
Dont je suis tant amoureuse.
Je ne m'y marieray jamais,
Je seray religieuse.

Alors qu'il le vouloit bien,
Je n'en estois soucieuse,
Maintenant il n'en faict rien,
Et j'en suis tant désireuse :

Je ne m'y, etc.

Dieu que j'estois sotte alors
De faire tant la fascheuse,
Car je ne sache thresors
Qui m'eust rendu tant heureuse :

Je ne m'y, etc.

Las! si je le puis revoir,
Je ne ferais la desdaigneuse,
Mais bien luy feray sçavoir
De quoy je suis envieuse :

Je ne m'y, etc.

Afin que je puisse gouster
Cette chose savoureuse,
Qui seulle peut alleger
Ma peine tant ennuieuse :

Je ne m'y marieray jamais,
Je seray religieuse.

a bis — **1602**

Mon père s'en va au bois et ma mère fagotte,
Mon père porte un pannier et ma mère une hotte;
Tousjours je fagotte, gottegot, et tousjours je fagotte.

Mon père porte un pannier et ma mère une hotte,
M'ont laissée en la maison, petite pucelotte :

Tousjours, etc.

M'ont laissée en la maison, petite pucelotte,
Je fermay mon huis de devant d'une grosse buchotte :

Tousjours, etc.

Je fermay mon huis de devant d'une grosse buchotte,
Mon amy y est venu qui a rompu la porte :

Tousjours, etc.

Mon amy y est venu qui a rompu la porte,
Il me print et m'embrassa, me jeta sur un coffre :

Tousjours, etc.

Il me print et m'embrassa, me jeta sur un coffre,
Lors je me prins à crier comme une souris morte :

Tousjours, etc.

Lors je me prins à crier comme une souris morte ;
Ma mère vint arriver qui s'escrie de la sorte :

Tousjours, etc.

Ma mère vint arriver qui s'escrie de la sorte :
Que fais-tu là, meschant garçon, voyla ma fille morte :

Toujours, etc.

Que fais-tu là, meschant garçon, voyla ma fille morte.
« Non suis, ma mère, non suis, car je remue encore :

Toujours, etc.

Non suis, ma mère, non suis, car je remue encore,
C'est un brave cousturier qui m'y taille des chausses :

Toujours, etc.

C'est un brave cousturier qui m'y taille des chausses,
Si me taille bien ceux-là, il m'en fera bien d'autres:»

Tousjours je fagotte, gottegot, et tousjours je fagotte.

Se trouve aussi dans la *Fleur des Chansons amoureuses*, 1600.

U — 1578

Mon père si m'a marié,
A un vieilard si m'a donné,
Qui n'estoit point à ma plaisance :
  La gallande, la gallande,
Qui n'estoit point à ma plaisance.

Premier soir qu'avec ell' couchay,
Je la prins et l'embrassay,
Je me getay entre ses jambes :
  La gallande, la gallande,
Je me getay entre ses jambes.

Mais quand elle eut la fleute au bec,
Et que le tabourin sonnoit,
Elle se gette à la cadence,
  La gallande, la gallande,
Elle se gette à la cadence.

K — 1552

Mon père si mi maria,
Vous mentendez bien ;
A un viellard si m'y donna,
Pensez vous que je l'ayme ?
  Jamais je n'aymeray viellard,
Et nous le lairons là.

a bis — 1602

Mon père trois moulins avoit,
Deux sont à luy et l'autre à moy,
  Je suis musnière moy,
    Je suis musnière.

Deux sont à luy et l'autre à moy,
Et le musnier qui les tenoit,
  Je suis, etc.

Et le musnier qui les tenoit,
  Une si belle fille avoit :
  Je suis, etc.

Une si belle fille avoit,
Je luy dy : belle, baisez-moy,
  Je suis, etc.

Je luy dy : belle, baisez-moy.
De vos deux yeux regardez-moy,
  Je suis, etc.

De vos deux yeux regardez-moy,
De vos deux bras embrassez-moy.
  Je suis musnière moy,
    Je suis musnière.

G — 1542

Mon petit cueur qui vit en grand martire,
Et mon pere et ma mere qui m'ont faict et nourry,
Et si ont eu grand peine de moy entretenir,
  Mais maintenant suis avec les gensdarmes.

Or my dictes, ma mye, my voulez vous servir ?
— Monsieur le capitaine, feray vostre plaisir. —
  Je vous donneray une robbe de soye (bis);
  — Une robbe de soye, ce n'est pas la saison,
Mais une robbe verte.—C'est très bien la façon (bis),
  Car c'est l'habit de fille habandonnée.

Las! pensez-vous, l'hotesse, pourtant si je suis icy
Que soye habandonnée à ces gendarmes cy?
  Et nenny dea, car ilz m'ont desrobée (bis) ;
  Jay este habillée comme ung compagnon,
  C'est pour passer le pays de mon pere (bis),
Du pays de mon pere, hélas, quand je partis ;
Je fus mal advisée de prendre tel chemin,
  Veu la douleur où je me suis trouvée.

Monsieur le capitaine, me donriez vous congé
De aller veoir ma mère, puis je reviendray.
  Regardez la mignonne affectée ! (bis)
  Je pense quelle cuyde yci de m'endormir,
Et quelle soit eschappée sans jamais revenir,
Mais mais non est dea, car elle est bien gardée.
—Si j'estoys sur la rivière ou sur le bort d'ung puis
  Je finirais ma vie, plus vivre je ne puis,
Mais mieux vauldrait estre morte et enterrée. —

K — 1552

Monsieur l'abé et monsieur son valet
Sont faiz egaux tous deux comme de cire,
L'un est grand fol, l'autre petit folet,
L'un veult railler, l'autre gaudir et rire ;
L'un boit du bon, l'autre ne boit du pire.

Mais un debat au soir entre eulz s'esmeut,
Car maistre abé toute la nuict ne veut
Estre sans vin, que sans secours ne meure,
Et son valet jamais dormir ne peult
Tandis qu'au pot une goute en demeure.

B — 1530

My levay par ung matin,
Plus matin que apris navoye,
Rencontray en mon chemin
Une dame que j'aymoye ;

Par amours je la prie,
Mais elle m'a refusé,
Car elle a ouy le son
De la musette au bourdon :
Trop enquerre n'est pas bon.
Et mamion, mamiette,
   Et mon trognon,
    Corbillette,
     Et hon,
Trop enquerre n'est pas bon.

k — 1632

Navet n'avet point de vin,
Navet n'avet point de vin,
Et son vallet en avet,
Et pourquoy n'en avet Navet,
Et pourquoy n'en avet Navet,
Puisque son valet en avet ?

Navet n'avet point d'argent,
Navet n'avet point d'argent,
Et son vallet en avet.
Et pourquoy n'en avet Navet,
Et pourquoi n'en avet Navet,
Puisque son valet en avet ?

Navet n'avet point de pain,
Navet n'avet point de pain,
Et son valet en avet,
Et pourquoy n'en avet Navet,
Et pourquoy n'en avet Navet,
Puisque son valet en avet ?

Navet n'avet point de nez,
Navet n'avet point de nez,
Et son valet en avet,
Et pourquoy n'en avet Navet,
Et pourquoy n'en avet Navet,
Puis que son valet en avet ?

a bis — 1602

N'a vous point veu la Peronnelle
Que les gens d'armes ont amenée ?
    Et où ?

Sur le pont d'Avignon j'ay ouy chanter la belle,
Qui en son chant disoit une chanson nouvelle :
    Et quelle ?

Vous aurez sur l'oreille mon fronc,
Vous aurez sur l'oreille,
    Et quand ?

Quand la bergère va aux champs,
Tousjours bon temps à son ami s'en va disant :
    Et quoi ?

Baisez moy, Jean ; je vous tuerai des poux.
Baisez moy bien, je les tueray trestous.
    Pourquoy ?

Pour l'amour de Margot, qu'on dit qui m'aime,
Pour l'amour de Margot, qu'on dit qui m'aime trop ;
    Qui est elle ?

La musnière de Vernon, preste moy ton fronc.
Tu ne l'auras pas la la, elle est mignonne, gorrière.
   Et si elle fait l'amour :
   Quel amour ?

amour avec l'honneur combat dedans mon cœur,
Mon vouloir et mon devoir s'en vont disant :
   Et quoy ?

Baisons-nous, belle, cependant que se présente le
               [loisir,
Et puisque nous nous aymons tant, jouyssons de
   Quel plaisir ?   [notre plaisir.

Pour cinq ou six coups, Guillemette m'esconduirez-
 Et, Guillemette, où avez-vous les yeux ? [vous ?
 D'un tel Jobet [1] faire vostre amoureux,
   Qui a tousjours sa main...
   Et où ?

En sa jolie brayette, tant vous allez doux Guil-
   Tant vous allez doux,   [lemette,
   En quel lieu ?

Sus le bois brunette, mon bel amy m'attend,
   Pourquoy faire ?

C'est pour y planter des choux, je renie dienne,
             [frere Estienne,
C'est pour y planter des choux, je renie dienne
   En quel endroit ?   [tout debout :

C'est au pays de par là, la belle bergère.
   Que fait-elle ?

---

1. Origine de *jobard*, sans doute.

La soubredondon luronlurette,
La soubredondon derrière le four,
    Avec qui ?

Avec les croquans, ces pilleurs de bonhomme,
    Où sont-ils ?

Ils sont à la sainct Jean des choux,
Les gens, les gens, les gensd'armes,
Ils sont à la sainct Jean des choux,
Les gens d'armes de Poitou.
    Combien sont-ils ?

Ils sont bien trois mille homme, tant de reistres
    Où vont-ils ?   [qu'allemans :

Le Dauphiné si n'est pas large, il en sera plustost
    Et quand ?   [passé.

Quand le beau printemps je voy, j'appercoy,
    Par où ?

Je regarday par un pertuis premen,
    Qu'est-ce que tu vis ?

J'avisay deux culs tout nuds :
    Qu'estoyent-ils ?

Le berger et la bergère sont à l'ombre d'un buis-
                                    [son,
Et ils sont si près l'un de l'autre qu'à grand'peine
    Est-il vray ?   [les voit-on :

Il est vray, je le confesse, je suis amoureux :
    De qui ?

C'est de Denyse qu'est revenue en France,
Qui se veut r'embarquer :
    Où va-t-elle ?

Les carabins la mandent
Qu'elle les aille trouver :
    Et où ?

En un pays estrange, cent lieuës de là la mer :
    Quel pays ?

C'est en Surie, pays tant redouté, hay la gay :
    Qu'y faire ?

Il y a compagnie de gens de tous mestiers :
    Que font-ils ?

Ils vont prendre Bavière, Claquedent sans parler :
    Et comment ?

Comme on void flotter la mer,
Et changer la lune :
    Et quand ?

Quand je vois ce bel œil vainqueur,
Roy de mon cœur :
    Qu'est-il ?

Je ne vous le veux, je ne vous le veux,
Je ne vous le veux pas dire :
    Pourquoy ?

   Le coq-à-l'âne était très cultivé au xvie et au xviie siècle, nos aïeux trouvaient cela spirituel, le peuple en raffolait.

L — 1553

Ne sçauroit-on trouver
Un messager en France,
Qui s'en vouloist aller,
Au jardin de plaisance,
Dire à Robert, le beau Robert,
Que la brunette se mouroit?
Je suis Robert, le beau Robert,
Que la brunette tant aymoit.

Et quand Robert ouyt
Ces certaines nouvelles,
Il a bridé grison
Et luy a mis la selle ;
Frappit trois coups des esperons jolis,
Pour la brunette secourir :
Je suis Robert, le beau Robert,
Que la brunette tant aymoit.

Et quand Robert y fut
A l'entrée de la porte,
Il a ouy sonner
Trois fois les grosses cloches,
Qui en leur piteux son disoient
Que la brunette se mouroit :
Je suis Robert, le beau Robert,
Que la brunette tant aymoit.

Quand Robert fut entré
Au milieu de la ville,
Il a ouy chanter
L'alouette jolie,

Qui en son joli chant disoit
Que la brunette guérissoit :
Je suis Robert, le beau Robert,
Que la brunette tant aymoit :

    Quand Robert fut entré
    Au milieu de la chambre,
    Il avait oublié
    Toutes ses contenances.
Il fit trois tours autour du lict,
Pour la brunette resjouir :
Je suis Robert, le beau Robert,
Que la brunette tant aymoit.

    Et Robert, mon amy,
    Et ne t'esbahis mie,
    Avant qu'il soit trois jours
    Tu verras ton amie,
Tu la verras en grand estat,
Portant mancherons de Damas :
Brunette suys, parlez à moy,
Mon cœur mourra s'il ne vous voit.

    Et Robert, mon amy,
    Nous n'avons qu'une fille ;
    Mais les gens vont disant
    Qu'elle estoit trop petite.
Elle est à vous, elle est à moy,
Elle est brunette comme moy :
Brunette suis, parlez à moy,
Mon cœur mourra, s'il ne vous voit.

    Et Robert, mon amy,
    Quand viendrez à la ville,
    Venez-y hardiment
    En grande compaignie,

Et y venez en grand estat,
Comme le filz d'un advocat:
Brunette suis, parlez à moy,
Mon cœur mourra s'il ne vous voit.

   Et Robert, mon amy,
   Vous n'avez point de chausses;
   Prenez de mon argent
   Et en achetez d'autres,
Et les prenez en grand estat,
Qu'elles bouffent le taffetas :
Brunette suis, parlez à moy,
Mon cœur mourra s'il ne vous voit.

A — 1500

Nostre chambriere
Se lieve de matin,
Elle a prins son sac d'orge
Et s'en va au molin.

Venez, venez, venez-y toutes,
Nous vous ferons mouldre
A nostre meusnier.

Elle a prins son sac d'orge
Et s'en va au molin.
Le premier qu'elle rencontre
Rencontra le meusnier.

   Venez, etc.

Le premier qu'elle rencontre
Rencontra le meusnier :
Et Dieu vous gard, meusnier,
Me voulez-vous engrener ?

Venez, etc.

Et Dieu vous gard, meusnier,
Me voulez-vous engrener ?
— Oui, par ma foy, fille,
C'est mon propre mestier.

Venez, etc.

Oui, par ma foy, fille,
C'est mon propre mestier. —
Il a prins son marteau,
Pour la mole enchappler.

Venez, etc.

Il a prins son marteau,
Pour la mole enchappler,
Et au son de la mole
La fille s'endormit.

Venez, etc.

Et au son de la mole
La fille s'endormit.
Troys foys il l'a embrassée,
Qu'oncques mot n'en sonnit.

Venez, etc.

Troys foys il l'a embrassée,
Qu'oncques mot n'en sonnit ;
Quand ce vint à la quarte,
La belle s'esveillit.

Venez, etc.

Quand ce vint à la quarte,
La belle s'esveillit ;
— A toutes celles qui viennent,
Leur faictes-vous ainsi ?

Venez, etc.

— A toutes celles qui viennent,
Leur faictes-vous ainsi ?
— Oui, par ma foy, fille,
Jamais je n'y failly.

Venez, etc.

Oui, par ma foy, fille,
Jamais je n'y failly. —
Par foy, se le sçavoye,
Je viendroye le matin.

Venez, etc.

Par foy, se le sçavoye,
Je viendroye le matin,
Et si ameneroye
Les filles à nos voisins.

Venez, venez, venez-y toutes,
Nous vous ferons mouldre
A nostre meusnier.

B — 1530

Nous estions troys compaignons
Qui alions de la les monts,
Nous voulions faire grant chere,
   Sen devant derrière,
Et sy navions pas ung solz,
   Sen dessus dessoubz.

Quant on nous veit arriver,
On nous pria de souper
Avec la chamberière,
   Sen devant derrière,
Nous mengeames notre soul,
   Sen dessus dessoubz,

Et sy navions pas un solz,
   Sens dessus dessoubz.

G — 1542

Nous estions troys compagnons (*bis*),
Qui venoient de là les monts (*bis*),
Pensant tous faire grand chere,
Sen devant derriere,
Et si navoys pas ung soulz,
Sen dessus dessoubz.

Quand fusmes au logis arrivez (*bis*),
Lhotesse quavez habillé ? (*bis*)
Faictes-nous a tous grand chere,
Sen devant derriere,
Et nous deust-il couster cent soulz,
Sen dessus dessoubz.

Quand nous eusmes bien disné (bis)
Lhotesse, que soupperons-nous (bis)?
Habillez-nous perdrix et lièvres,
Sen devant derrière,
Et une perdrix aux choux,
Sen dessus dessoubz.

Quand nous eusmes bien souppé (bis),
Lhotesse ou coucherons-nous? (bis)
Envoyez nous la chamberiere,
Sen devant derriere,
Pour coucher avecques nous,
Sen dessus dessoubz.

Quand la dame entendit ce mot (bis),
Faicte encore ung aultre escot (bis) :
Je vous feray a tous grand chere,
Sen devant derriere,
Et ne vous coustera pas ung soulz,
Sans dessus dessoubz.

Quand la chambriere entendit (bis) :
Qui nestoient que quatre ou cinq (bis),
Elle deist en basse maniere,
Sen devant derriere,
Je vous fourniray bien trestous,
Sen dessus dessoubs.

Et quant ce vint à compter (bis)
Navoient ne maille ne denier (bis) ;
Lhostesse print sa grand rapiere,
Sen devant derriere :
Vous me payerez tout à coup,
Sen dessus dessoubz.

Quant Thibault ouyt ces mots (*bis*),
Il print ung de ses sabotz (*bis*)
Et luy rompit les machoueres,
Sen devant derriere,
Et ne bailla pas ung soulz,
Sen dessus dessoubz.

*
**

Sensuyvent plusieurs belles chansons nouvellement imprimées.
On les vend à Lyon, en la maison de feu Claude Nourry, près
Nostre-Dame de Confort.

Nous estions troys galans
De Lyon la bonne ville,
Nous en allons sur mer,
N'avons ne croix ne pile.

La bise nous faict mal,
Le vent nous est contraire,
Nous a chassé si loing
Dedans la mer salée.

Voicy venir Preian
A toutes ses galères :
« Or vous rendez, enfans
« De Lyon, la bonne ville. »

Ne ferons pas pour toy,
Ny pour toutes tes galères :
Nous nous rendons à Dieu,
A la Vierge Marie.

Monsieur Sainct Nicolas,
Madame Saincte Barbe,
Rossignolet du boys,
Va t'en dire à ma mye :

« L'or et l'argent que j'ay
En sera trésorière,
De troys chasteaux que jay
Aura la seigneurie ;

L'un est dedans Milan,
L'aultre en Picardie,
L'aultre dedans mon cœur,
Mais je n'ose le dire.

Péricaud, Variétés historiques, p. 144. On trouve aussi cette pièce dans les *Chansons nouvellement assemblées, etc.*, 1538.

a bis — 1602

Nous étions trois dames,
Vestues de damas,
Nous allions sur Marne
Prendre nos esbats :

Hé voyez comment il trotte,
A son pas comment il va !

Nous allions sur Marne
Prendre nos esbats,
Par là passe un poste
Qui nous salua :

Hé voyez, etc.

Par là passe un poste
Qui nous salua,
A la plus acorte
Si luy demanda :
Hé voyez, etc.

A la plus acorte
Si luy demanda :
Sera-ce vous, belle,
Qui ma mie sera?
Hé voyez, etc.

Sera-ce vous, belle,
Qui ma mie sera ?
Dans mon escarcelle
J'ay bien cent ducats :
Hé voyez, etc.

Dans mon escarcelle
J'ay bien cent ducats,
Avec ma monteure,
Qui est bon traquenart :
Hé voyez, etc.

Avec ma monteure
Qui est bon traquenart.
— De ce je n'ay cure,
Mais bien des ducats :
Hé voyez, etc.

De ce je n'ay cure,
Mais bien des ducats, —
Luy dit à l'oreille :
Allons à l'escart.
Hé voyez, etc.

Luy dit à l'oreille :
Allons à l'écart.
Vous aurez la bille,
Avec le billart.
Hé voyez, etc.

Vous aurez la bille
Avec le billart.
Quoy oyant la fille,
Monta à cheval :
Hé voyez comme il trotte,
A son pas comment il va !

a bis — 1602

Nous estions trois jeunes filles,
Toutes dansans dans un pré,
Vint arriver de la ville, la la,
Un bon drolle d'escollier, lalironfa.

Vint arriver de la ville
Un bon drolle d'escollier,
Qui nous dit : mes jeunes dames, lala,
Pourrois-je avec vous danser, lalironfa.

Qui nous dit : mes jeunes dames, lala,
Pourrois-je avec vous danser, lalironfa.
Il despouilla sa soutane, lala,
Et vint avec nous branler, lalironfa.

Il despouilla sa soutane, lala,
Et vint avec nous branler, lalironfa.
Quand la dance fut faillie, lala,
A rire il nous demanda, lalironfa.

Quand la dance fut faillie, lala,
A rire il nous demanda, lalironfa.
— Quelle, dy nous, je te prie, lala,
Voudrois-tu pour tes ébats, lalironfa.

Quelle, dy nous, je te prie, lala,
Voudrois-tu pour tes ébats, lalironfa.
Je n'en voudrais pour une, lala,
Mais trop bien toutes vous trois, lalironfa

Je n'en voudrois pour une, lala,
Mais trop bien toutes vous trois, lalironfa. —
L'une ferait ma cuisine, lala,
L'autre serait pour mon choix, lalironfa.

L'une feroit ma cuisine, lala,
L'autre seroit pour mon choix, lalironfa.
Pour celle qui est plus jeune, lala,
Coucherait entre mes bras, lalironfa.

Pour celle qui est plus jeune, lala,
Coucherait entre mes bras, lalironfa.
— Tes fortes fièvres cartaines, lala,
Tu peux bien prendre cela, lalironfa.

Tes fortes fièvres cartaines, lala,
Tu peux bien prendre cela, lalironfa. —
Tout honteux il s'en retourna, lala,
Sa quille pendante en bas, lalironfa.

Tout honteux il s'en retourna, lala,
Sa quille pendante au bas, lalironfa,
Retrouver ses compagnons, lala,
Où il ne s'en vanta pas, lalironfa.

i ter — 1627

Nous estions trois jeunes hommes
Qui nous allions promener,
Nous trouvasmes Cupidon
Qui estoit très bien armé :
Cupidon, petit archer,
Tu vends ton plaisir bien cher.

Nous trouvasmes Cupidon
Qui estoit très bien armé,
Son carquois dedans son poing
Et ses fleiches à son costé :
Cupidon, etc.

Son carquois dedans son poing
Et ses fleiches à son costé ;
Il a débandé son arc,
Qui tous trois nous a blessé :
Cupidon, etc.

Il a débandé son arc,
Qui tous trois nous a blessé ;
L'un est blessé dans l'espaule,
Et l'autre dans le costé :
Cupidon, etc.

L'un est blessé dans l'espaule,
Et l'autre dans le costé,
Et moy je le suis au cœur,
Dont je suis le plus navré :
Cupidon, etc.

Et moy je le suis au cœur,
Dont je suis le plus navré,
D'une jeune damoiselle,
Si je ne l'ay j'en mourray :

Cupidon, petit archer,
Tu vends ton plaisir bien cher.

G — 1542

POT POURRI

Nous meismes à jouer,
Il nous vint bien ce point ;
Nous prinsmes noz raquettes,
Nous meismes en pourpoint.
La dame estoit au coing,
Qui sonnoit la retraite,
Vous leussiez veu troter, oyez ;
Avec la tourloura,
      la la
Le rong de la ruellée.

Il y avoit un paintre,
Qui ses coulleurs mesloit,
Estant à la fenestre,
Contrefaisant le guet ;
Tandis l'autre tastoit
Du vin par excellence,
Tandis monsieur fringuoit dehet
Avec la tourloura,
      la la,
Madame à sa plaisance.

Nous fusmes aux estuves,
La veille sainct François,
Ou feusmes bien fringuées
De chevaliers courtois ;
De leurs robes de soyes
Nous feismes couvertures,
Faisant feu de gros bois,
Avec la tourloura,
la la,
A la bonne adventure.

La premiere acointance,
Le fut au coing du lyct,
Frapit troys coups de lance,
Son escusson fendit.
Elle sescria un si hault cry, oyez :
Vous m'y faictes outrance ;
Il s'est cuidé noyer, oyez,
Avec la tourloura :
la la,
Au plus grand c.. de France.

Nous ferons feu gregoys,
Maulgré les médisans,
Porterons cotte blanche,
L'ouvreront le devant,
Descouvrir le derrière,
Il ne nous chault comment, oyez,
Avec la tourloura,
la la,
Mais que soyons fringuées.

Qui feist la chansonnette,
Ce fust ung paoure oyon [1],
Estant en une chambre
Faisant du compagnon (bis),
Cuidant blasmer les dames.
L'est ung beau esturgon,
Avec la tourloura,
      la la,
Baillez-luy une femme.

a bis — 1602

Nous sommes une bande
De compagnons gallois,
Nul de nous ne demande
Lance, picque ou harnois.
Nous jouons des haubois,
Qui sont doux comme voix,
Quand nous sommes ensemble
Nous buvons vin François,
Maintenant est le chois,
Ainsi comme il nous semble.

Or nous resjouyssons,
Chantons une chanson
Qui soit cointe et jolie :
Ce n'est pas la façon
D'engendrer marrison
En bonne compagnie.

---

[1]. Au seizième siècle, *oyon* voulait dire jeune oie.

Chassons tous en arrière
Ces avaritieux
Qui boyvent de la bière,
Encor sont trop heureux,
Leurs écus sont leurs Dieux,
Ils en sont amoureux,
Car ils n'ont autre attente,
Il n'est qu'estre joyeux,
Et boire à qui mieux mieux,
Jusqu'à ce qu'on s'en sente.

Or nous resjouyssons, etc.

Quand nous sommes à table
Devant un bon fagot,
Ny Roy ny connestable
Ne craignons d'un ergot.
Nous rions de Margot
Qui met l'andouille au pot,
Sans laver, c'est sa guise.
Puis après vient Philipot
Qui apporte plein pot,
C'est notre marchandise.

Or nous réjouissons, etc.

Si quelqu'un nous demande
De la belle Margot,
Fut-ce le roy de France,
N'en sçaura pas un mot.
Nous escumons le pot
De la belle Margot,

Sans cuiller, mais du manche,
Qui escume si fort
Que jamais n'en resort
Qu'il n'ait vuidé la grange.

Or nous réjouyssons, etc.

Vive l'imprimerie
Et tous les compagnons,
Aussi la librairie,
Avec les bons garçons.
Tabourins nous sonnons,
Et de bon vin buvons
Quand nous l'avons sur table,
Nous mangeons gros chappons,
Saucisses et gros jambons,
Qui est un cas notable.

Or nous réjouyssons,
Chantons une chanson
Qui soit cointe et jolie :
Ce n'est pas la façon
D'engendrer marrison
En bonne compagnie.

H — S. d.

AULTRE CHANSON

Nous yrons jouer, nous yrons jouer
  Sur la verdure,
Où le mien amy m'atant,
  C'est chose sure :
Et mon amy, et mon amy,
Le souvenir de vous my tue.

Mon amy n'a plus que faire
De venir en noz maisons ;
Il y en vient bien ung aultre
Plus gorrier [1] et plus mignon,
    Par adventure :

  Et mon amy, etc.

Hélas ! mon Dieu, tant il m'aimoyt ;
Ne scay que dois devenir ! —
De la belle que tant j'amoye,
Que ne la tiens à mon plaisir
    Sur la verdure :

  Et mon amy, etc.

C'est à Paris la bonne ville
Que nos amourettes sont,
Je ne les ay neant perdue,
Si ce nest par trayson
    Ou pour envie :

  Et mon amy, etc.

Mon amy ma mise en mue,
De cela il ne m'en chault,
Mal chaussée et mal vestue ;
C'est fait d'ung meschant ribault,
    C'est chose seure :

  Et mon amy, et mon amy,
Le souvenir de vous my tue.

---

1. *Gorrier*, plus glorieux, plus huppé.

K — 1552

FRAGMENT

Ol est vray que Jon Tallebot,
Mon vezin, me cassyt mon bot,
Un jour en jouant au pallet;
Y m'avisy qu'au m'en fallet
En avoir ryparation,
Que Dieu predoint au trespassy
Qu'elle en morguyt : ma dea pretant,
A lavet yne feure terce.
Peu après o faut dyre comme
Y vous fy adjourny menomme
Devant le juge dau village,
Qui condonyt de bon courage
Mon genty vea de Talebot,
Et me de le vous faire aller
A Poeters devant doynea
Au quau y ousty mon chappea,
Et ly dicy : monsieur, vecy
Gle me cassyt mon bot ainsy
Croc, croc, croc, se fyt ilg de son pallet.
Fyt doynea a Talebot.

   Etc., etc., etc.

i — 1627

On dit qu'à Vaugirard ill y a de belles filles,
Qui pour leur grand beauté le Roy les voulut voir,
Farlarira lironfa, liron lanlere.

Qui pour leur grand beauté le roy les voulut voir,
Il n'y a pas envoyé son laquais ni son page,

Farlarira, etc.

Il n'y a pas envoyé son laquais ni son page,
Mais il a envoyé ce bon prince d'Orange,

Farlarira, etc.

Mais il a envoyé ce bon prince d'Orange. —
Aussi tost qu'elle le veid : je suis fille perdue!

Farlarira, etc.

Aussi tost qu'elle le veid : je suis fille perdue!
— Ne te chagrine point, c'est pour ton mariage:

Farlarira, etc.

Ne te chagrine point, c'est pour ton mariage.—
« A moy n'appartient pas d'avoir un fils de France,

Farlarira, etc.

» A moy n'appartient pas d'avoir un fils de France.
Mais à moy appartient d'avoir un gentilhomme,

Farlarira, etc.

» Mais à moy appartient d'avoir un gentilhomme,
Qui soit de bonne maison et de bon parentage, »

Farlarira, etc.

a bis — 1602

Or escoutez, gentils galans,
Tout par amour, je vous prie,
D'une fille de quinze ans
Qui estoit cointe et jolie,
Qui s'en alloit l'autre jour
Chantant par si grand doulour,
Elle disoit en sa chanson :
Je m'en vay planter le cresson.

Ainsi qu'elle s'en alloit,
Une proye a rencontrée,
Un fort et puissant varlet,
Qui ne sauroit sa pensée ;
A elle s'en alla de hait,
Et luy dit en peu de plaîè :
Où allez-vous, Marion?
— Je m'en vay planter le cresson. —

Si ne le sçavez planter,
Je vous apprendray la guise :
Sa robbe luy va lever,
Son plisson et sa chemise ;
D'une plante au bas rouget
Luy plante en son jardinet,
Puis luy a dit : Marion,
On plante ainsi le cresson.

Quant la fillette eut senty
La douceur de ceste plante,
Elle dit : mon doux amy,
Vers vous j'ay mis mon attente ;

Je n'ay amy ne parent
Que j'ayme si parfaitement :
Mieux vaut que tout Alençon
La plante de ce cresson.

Onc jamais en mon vivant
Ne senty si douce chose :
C'est dommage vrayment
Qu'un tel galand se repose.
Si vous estes bon galois,
Commencez une autre fois,
Je vous donray le renon
De bien planter le cresson.

Quand le cresson fut planté,
En la jolie cressonnière,
Le jardinier print congé
De la belle jardinière,
Luy disant sans nul sejour :
Adieu jusques au retour,
Vous avez, par sainct Simon,
Grande plante de cresson.

B — 1530

Or m'y rendez mon Karolus,
   Tant belle jeune fille,
Or m'y rendez mon Karolus,
   N'en parlez plus.

Mon père avoit ung jardinet,
Couvert de roses, de muguet:
  Tant belle jeune fille,
Or m'y rendez mon Karolus,
  N'en parlez plus.

Le filz du roy sy ombragoit,
Une tant belle amye avoit:
  Tant belle jeune fille,
Or m'y rendez mon Karolus,
  N'en parlez plus.

Toutes les fois qu'il la baisoit,
La poure fille si trembloit:
  Tant belle jeune fille,
Or m'y rendez mon Karolus,
  N'en parlez plus.

a *bis* — **1602**

Or oyez entre vous, gens qui dormez,
Réveillez-vous, réveillez.

Escoutez d'une fillette
Aymant l'amoureux déduit,
Qui avec une clochette
Va criant durant la nuict :

Or oyez entre vous, gens qui dormez,
Réveillez-vous, reveillez.

La fille gaye et subtille
D'un laquest qu'ell' vit dormant
Print haut de chausse et mantille,
Pour crier plus finement :

Or oyez, etc.

Desguisée en la manière
Par la ruë sans nul soucy,
Puis s'estant donné carriere,
Toujours elle crie ainsi :

Or oyez, etc.

Sans repos son travail dure,
Le jour prend l'esbattement
Dans le moulle de nature,
La nuit ell' crie hautement :

Or oyez, etc.

Ma foy, s'ell' estoit plus belle,
Je prendrois bien quelque fois
La patience avec elle
De crier à haute voix :

Or oyez, etc.

K — 1552

Or regardez dy quou vilain qui bat les gens ;
En m'en allant à la foire à Sainct-Laurent,
Rencontray nostre varlet en labourant;
Il m'appelit, j'aly à ly, tout en courant :
Or regardez dy quou vilain qui bat les gens.

Sçavez-vous qui gle me fist y quou gallant?
Me baisit et m'embrasit incontinent,
Il me lutit, choguy soubs luy, en m'escriant :
Or regardez dy quou vilain qui bat les gens.

Pu quen me vouguy bougy y quou fringant,
Y criy tant que pouguy bien hautement ;
Mais par despit il me vinguy ce mau faisant :
Or regardez dy quou vilain qui bat les gens.

Laissez-y quou, je ly dy, méchant brigant,
Jou diray et te mettray en jugement,
Je regimby, me remuy, en le poussant :
Or regardez dy quou vilain qui bat les gens.

Et quand il fut convaincu praiournement,
Dont monsieur Jan, qui fait tout, ly vint disant,
Mais en effect, as-tu forfaict dont t'accusant :
Or regardez dy quou vilain qui bat les gens.

Gla menty plus de six fois tout en seguant,
Maugré moi il mou faisit, peu s'en repent,
A si disy, marme fifi, ma n'est pas temps :
Or regardez dy quou vilain qui bat les gens.

Adonc monsieur Jan ly dist pramendement :
Je condanne a ly deffaire y quou meschant,
Au demourant payeras six blancs pour tous despens :
Or regardez dy quou vilain qui bat les gens.

W — 1580

CHANSON NOUVELLE

De la réjouissance de la deffaite de Montgommery, lequel a esté exécuté en la place de Grefve, le samedi 26ᵉ jour de juin 1574, Sur l'air de *Feret.*

Or sus quant à moy France,
Je ne veus plus souffrir,
Puisque ceste sentence
N'a esté excusance
Dessus Montgommery.

Conteray-je ton vice,
Dy meschant malheureux ?
Non, puisque la justice
A faict faire l'office
De ton corps orgueilleux.

Mais ta mort misérable
Partout raconteray,
Comme un meschant damnable,
Vilain et exécrable,
Point ne le dediray.

O mort bien ordonnée,
Pour entre nous François
De Dieu estoit donnée
Et des cieux colloquée,
Tu es mort toutes-fois.

Tu pensois de vitesse
Te sauver dans Donfront,
Et pour tenir ton estre,
Mais tu trouvois ton maistre,
Monsieur de Matignon.

Combien de mal en France
As faict depuis quinze ans !
Quand entras dans la lice,
Pour faire au Roy service,
Tu le tuas, meschant.

Bien dois maudire l'heure
Que jamais tu fus né,
Et aussi la journée,
Car ta vie malheurée
Nous a bien tourmenté.

Tu as faict de bravades
Contre France et ton Dieu,
Car, hélas, tu es cause
Que les deux Rois reposent
En leur obscur sercueil.

Je parle à toy damnable,
Tu n'as poinct, exécrable,
Voulu baizer la croix ;
Ton ame tollerable
Sera endommageable,
Si ton Dieu n'y pourvoit.

J'ay passé tant d'alarmes
D'aller et de venir,
A coup de masse d'armes,
J'en ay aux yeux les larmes
Quant m'en vient souvenir.

Samedy d'excellence
Vingteseptième Juing,
Dans la place de Grefve
Fut ta sentence breve.
Le monde le vit bien.

On te tranchit la teste,
Ayant les yeux bandez,
Et puis d'un cousteau large
Sur toy fist une charge,
Pour te mettre en quartiers.

O Royne, ô régente,
Un honneur à jamais
Tu auras de la France,
D'avoir faict la vaillance
Qu'as monstré desormais.

Païsans de village,
Et vous femmes, chantez
Ceste chanson en foulle,
Et si lachés vos poulles,
Car plus guerres n'aurez.

Le vieux regnard sauvage
A dict son immanus,
Et puis d'une espée large
Avec une descharge,
Fi, je n'en parle plus.

Prions Dieu d'excellence
Que tous noz ennemis
Puissent venir en France,
Pour avoir récompence
Comme Montgommery.

Q — 1567

Oyez par bonne façon
D'un petit homme la chanson,
Et de ses faictz toute la somme ;
Dieu gard de mal ce petit homme.

Ce petit homme tant joly
Tousjours chante et tousjours rit,
Et tousjours baise sa mignonne :
Dieu gard, etc.

Ce joly mois d'aoust tant gaillard
Irons jouer à Vaugirard,
Et de là au boys de Boulongne :
Dieu gard, etc.

Je m'en vay demain au marché,
Pour maintes choses acheter,
Tout le besoing de ma personne :
Dieu gard, etc.

J'auray la coquille d'un bœuf,
Pour couvrir m'amye, quand il pleut,
Et quand il pleut et quand il tonne :
Dieu gard, etc.

Si j'avois la peau d'un connin,
J'en ferois faire un casaquin
Et des souliers pour ma mignonne :
Dieu gard, etc.

Ce petit homme a un collet,
Un manteau et un bonnet,
Qu'il porte par dessus sa couronne :
Dieu gard, etc.

Ce petit homme a un cochet
Qui luy donne un resveil,
Tous les matins, quand il prend somme :
Dieu gard, etc.

Ce petit homme a des ducatz
Qui sont de fin or et de poix,
Pour faire brave sa mignonne :
Dieu gard, etc.

Ce petit homme alloit aux champs,
Et il a trouvé des brigans,
Qui ont vollé toute sa somme :
Dieu gard, etc.

Ce petit homme a trois enfans,
Et il n'a pas vaillant trois blancz,
Et aux champs fait du gentilhomme :
Dieu gard, etc.

Ce petit homme a trois maisons,
Pour loger trois petits cochons,
Et les cochons et la cochonne :
Dieu gard, etc.

Ce petit homme n'est pas grand,
Duquel nous parlons maintenant,
Je l'ay veu luy mesme en personne :
Dieu gard de mal ce petit homme.

Si l'auteur de Cadet Rousselle a connu cette chanson, il a dû l'utiliser.

L — 1553

Passant mélancholie
Un soir après souper,
Par devant l'huis m'amie
Je m'en viens pourmener ;
Ma pensée fut telle,
Je lui criay : la belle,
Je croy que vous dormez,
Ouvrez moy la fenestre,
Car mon amour secrette
Je vous veux déclairer.

Elle estoit endormie ;
Tout soudain se leva,
Sortit à la fenestre,
Demande : qui est là ?
Ie me prins à luy dire :
C'est celuy qui désire
D'estre le serviteur
De vostre cœur, m'amie,
D'une si grand envie
Que j'en vis en langueur.

De vostre cœur, m'amie,
De loing me suis saisy.
Ne me refusez mie
Me choisir pour amy ;
Long temps ha que pourchasse
Pour avoir votre grâce,
Et de jour et de nuict.
Je vous prie de grâce,
Dites-moy sans fallace
Si j'en pourrois jouir ?

— Hélas, ce me dit-elle,
Que venez vous chercher
Si tart à ma fenestre ?
Que pourriez-vous gaigner
Si non travail et peine ?
Car je suis bien certaine
Que ne puis contenter
La moindre de vos peines
Que prenez es semaines,
Me venant visiter. —

Hélas, je puis bien dire
Qu'il m'en fault donq aller ;
Au moins de vostre bouche
Donnez-moy un baiser.
Hélas ! la grand tristesse,
Aussi, la grand angoisse,
Où mon cœur est bouté ;
Je mourray de tristesse,
Aussi de grand angoisse,
Puisqu'il m'en fault aller.

Quand la belle ouyt dire
Qu'il s'en vouloit aller,
Humblement luy va dire,
Se mettant à pleurer :
Las, je suis toute nue,
Et si courte tenue
Que ne vous puis ayder.
Si faisoit belle lune
l'escrirois d'une plume :
Bon soir vous soit donné.

a bis — 1602

Pendant nostre jeune aage,
Nous allions au verd bois, la la,
Jouer dessus l'herbage,
Durant ce joly mois, la la :

Mourons mon cœur, mourons m'amour,
Puisque c'est icy le dernier jour.

Nous cueillions la rousée
Du joly mois de may, la la,
Et de la giroflée,
Avec un cœur tant gay, la la :

Mourons, etc.

Nous ne pensions à l'heure,
A cest advenement, la la,
De la mort rigoureuse,
Et du département, la la :

Mourons, etc.

M'amie, l'heure s'approche,
Faissons un testament, la la,
Baise mes lèvres closes,
Car je m'en vay mourant, la la :

Mourons, etc.

Puisqu'il faut à c'est heure
Departir nos amours, la la,
Et convient que je meure,
Ainsi finant mes jours, la la :

Mourons, etc.

Faisons nostre complainte,
Nous deux ensemblement, la la,
Que nostre amitié sainte
Soit veuë de tous amans, la la :

Mourons mon cœur, mourons m'amour,
Puisque c'est ici le dernier jour.

K — 1552

Petite beste, je ne te nourriray jamais,
Je ne te puis cognoistre.
A Paris, sur petit pont, y-a une linotte ;
Elle s'en alla voler en la maison d'un hoste ;
Petite beste, je ne te nourriray jamais,
Je ne te puis cognoistre.

B — 1530

Point ne flates ne sembles la marmaille,
De noz mignons qui souvent n'ont pas maille :
   Parquoy convient que n'aille
   Ça ne là, ça ne là,
Je viens au point et respons à cela :
Amy, venez fringues, fringues, ne vous en chaille.

m — 1633

Pourquoy sont venus en France
Tant d'étrangers si nouveaux,
Ces beuveurs à grosse panse,
Et ces vuideurs de tonneaux?
C'est pour faire au vin la guerre :
Sauve, sauve, sauve le verre,

Sauve le vin de ces gourmans,
Suisses, Reistres et Allemans.

Avons-nous par trop à boire
Pour appeller l'estranger,
Car s'il vient jusqu'à la Loire,
Nos vins sont en grand danger,
J'en frissonne tout de crainte,
Sauve, sauve, sauve la pinte,

Sauve, etc.

Ces beuveurs d'eau en sont cause,
Ce seroit bien employé :
Car ils ne font autre chose
Que le dernier fut noyé
Dans le Rhin jusqu'aux oreilles :
Sauve, sauve les bouteilles,

Sauve, etc.

Nostre roy remply de gloire
Renversera leurs projets,
En leur empeschans de boire
Le bon vin de ses sujets.

Ils mourront s'il les attrape :
Sauve, sauve la grappe,

Sauve, etc.

Dieu nous punit pour le vice,
Que ne beuvons-nous d'autant,
Et que c'est pour son service
Qu'il nous en envoye tant ;
Bénit soit qui bien entonne :
Sauve, sauve, sauve la tonne,

Sauve le vin de ces gourmans,
Suisses, Reistres et Allemans.

K — 1552

Pour un galand, pour un mignon,
 Il n'est que nos villages,
 On y mange ces gras moutons,
 Aussi les mous fromages.

Si manie-t-on aucune fois
 Ces frons de ces fillettes ;
Quand on les a tous barboullez,
  Tous fatroullez,
  Tous barboullez,
 On leur manie les tettes,
  Compère Jacob.

N bis — 1557

Puisque j'ay perdu mon amy,
J'ay bien cause de souspirer.
Je le regrette jour et nuict ;
Rien ne m'y vault le regretter.
Las, se doit-on esmerveiller
Si j'ay le cœur triste et marry ?
Jamais joye au cœur je n'auray,
Tant que j'aye parlé à luy.

Sans dire adieu, s'en est allé
Hors d'avec moi, par desplaisir ;
La veille de sainct Honoré
J'estois couchée avecques luy,
De moy faisoit à son plaisir,
Quant on vint à notre huis heurter ;
Ce fut bien luy à courir,
On le vouloit emprisonner.

Las! oncques puis je ne le veis,
Et si n'en ay ouy parler ;
Je prie à Dieu de paradis
Que de mal le vueille garder,
Et qu'il le vueille ramener,
Ou de bref me faudra mourir,
Ou vrayment l'iray chercher ;
Je ne puis plus vivre sans luy.

Je sçay de vray que s'il sçavoit
Que mon cœur eust tant de doulours,
Que bientost il s'en reviendroit,
Fust-il à Lyon ou à Tours.

Vrayement je feray tant de tours
Pour voir si je le trouveray ;
J'auray grand joye de mes amours
Si tost que trouvé je l'auray.

Nous ferons faire une tour,
Moy et mon amy par amour ;
Aux quatre piliers de la tour
Feray planter quatre esglantiers,
Où le joly rossignolet
Si chantera son gergonnet.
Mon amy, aymez-moy autant
Que celle qui vous veut avoir.

Rossignolet du bois joly,
Le messager des amoureux,
Je te prie, cherche mon amy,
Celuy pour qui à glaive meurs.
Dy luy que j'ay tant de douleurs
Que je ne me puis soustenir ;
Je fons en larmes et en pleurs,
Et te haste de revenir.

e bis — **1614**

Puis que l'on ne m'a donnée
A celuy que j'aimois tant,
Avant la fin de l'année,
Quoy que disent mes parens,
Je me rendray capuchine,
Capuchine en un convent.

Si mon ami vient les festes,
A la grille regardant,
Je luy feray de la teste
La reverence humblement :
Comme pauvre capuchine
Je n'oserois autrement.

S'il se pouvoit par fortune
Escouler secrettement
Dans ma chambre sur la brune,
Je lui diroy' le tourment
Que la pauvre capuchine
Pour luy soufre en ce convent.

Mon Dieu s'il se pouvoit faire
Que tous deux ensemblement
Fussions dans un monastere,
Pour y passer nostre temps,
Capuchin et capuchine,
Nous vivrions tous deux contens.

L'on me verra attiffée
D'un grand voile de lin blanc,
Mais je seray bien coiffée
Dans le cœur tout autrement,
Puisque l'on m'a capuchine
Mise dedans ce convent.

N'est-ce pas une grand' rage,
Quand au gré de ses parens,
Il faut prendre en mariage
Ceux qu'on n'aime nullement :
J'aimeroy' mieux capuchine
Estre mise en un convent.

a bis — 1602

Quand Colinet faisoit l'amour (bis),
Avec sa toque de velours (bis)
Et sa belle jaquette,
Qui n'a faict, qui n'a dit :
Colinet, mon amy,
Et sa belle jaquette,
Vray Dieu qu'il est joly :

Hélas! Guillaume,
Sur le vert, sur le gris, sur le jaune,
Hélas! Guillaume, t'y lairray-tu mourir !

Colinet s'en va pourmener (bis)
Avec sa maîtresse à Ducler, (bis)
Pour se donner carrière ;
Qui n'a faict, qui n'a dit :
Colinet mon amy,
Pour se donner arrière,
Est-il pas bien joly !

Hélas, etc.

Quand Colinet revient des champs (bis)
Il veut qu'on frotte son galand (bis),
C'est pour afin qu'il entre,
Qui n'a fait, qui n'a dit :
Colinet mon amy,
C'est pour afin qu'il entre
Dedans le pertuis ·

Hélas, etc.

Quand Colinet veut s'aprocher (bis),
Sa femme ne faict que gronder (bis),
Luy disant que son membre
Qui n'a faict, qui n'a dit :
Colinet mon amy,
Luy disant que son membre
Est trop mol et petit :

   Hélas, etc.

Par la morguoy sera vendu (bis)
Et couppé rasibus du cul, (bis)
En dépit de ma femme,
Qui n'a faict qui n'a dit :
Colinet mon amy,
En dépit de ma femme,
Qui dit qu'il est trop petit :

   Hélas, etc.

Vendons, brebis, vendons moutons (bis),
Vendons tout ce que nous avons,
N'y vendons pas ce membre,
Qui n'a faict, qui n'a dit :
Colinet mon amy,
N'y vendons pas ce membre
Qui faict la paix du lit :

   Hélas! Guillaume,
   Sur le vert, sur le gris, sur le jaune,
   Hélas! Guillaume, t'y lairras-tu mourir[1].

---

1. Ce *t'y lairras-tu mourir* avait déjà servi, comme on voit avant l'éclosion de la chanson de Guillery; les trois brigands, Guillery furent roués en 1608.

j *quater* — **1631**

CHANSON NOUVELLE

D'un jeune homme, lequel a esté condamné d'estre mis en gallère. Sur le chant : *Quand j'entris dans Marseille.*

Quand j'entris dans Marseille
Je fus bien estonné
De voir tant de forceres,
Deux à deux enchainez,
Et moy bien estonné,
Me pensant reculer,
A grands coups de gourdin
L'on me fit avancer.

Quand j'entris en gallere,
Trouvis un argousin
Tout remply de collère,
Plus traistre que Caïn,
Un rasoir dans sa main,
Pour raser mes cheveux,
Je ne fais que languir,
De vivre je ne peux.

Quand ce meschant perfide
La teste m'eust rasé,
Je n'estois plus en vie,
Mais j'estois tout pasmé,
Encore, me dit-il :
Vilain despouille toy,
Prends les habits du Roy,
Car les tiens sont à moy.

Les habits qu'on me donne
De grosse toille estoit,
Une chemise rouge,
Aussi est le bonnet,
Une chaisne à mes pieds :
Pour plorer mes pechez,
J'endure autant de mal
Que les pauvres damnez.

Il vint un capitaine,
Lequel m'a demandé,
Où est celuy qui t'ameine
Où es-tu condamné ?
J'estois si estonné,
Je luy respondis rien,
Mon arrest luy donnès,
Il l'a pris dans la main.

Or voicy un gomiste,
Qui en son col portoit
Une chaîne bien riche,
Et au bout un ciflet,
Qui m'a dit : mon amy,
Courage tu prendras,
Ne te laisse mourir,
Un jour tu sortiras.

L'on m'apprend à escrire
D'une estrange façon,
La plume qu'on me donne
A trente pieds de long,
L'ancre ne manque point,
Car l'ancre c'est la mer,
La plume c'est la rame,
Qui m'apprend à voguer.

Messieurs de la justice
Où m'avez-vous réduit!
Dedans une gallere,
Bien loin de mes amis,
Lié et garrotté,
Comme un cruel lion,
Battu et tourmenté
A grands coups de baston.

Qui a fait la chansonnette?
C'est Pierre du Blaty,
Qui est né de la ville
De Cahors en Quercy,
Lequel est accusé,
En son corps deffendant,
De tuer un escollier,
Et ce dit innocent.

Cette chanson est bien plus ancienne que 1631, puisqu'on la trouve dans le *Trésor et triomphe des plus belles chansons*, etc., Paris, 1624.

N — 1557

Quand je partis de ceste ville,
J'en partis à grant regret,
Tout pour l'amour d'une dame,
    La la la,
Qu'on ne m'a pas voulu donner,
    Liron fa.

Tout pour l'amour d'une dame
Qu'on ne m'a pas voulu donner.
Il n'a tenu qu'à son père,
    La la la,
Que je ne l'ay fiancée,
    Liron fa.

Il n'a tenu qu'à son père
Que je ne l'ay fiancée ;
Mais il en vient un autre,
    La la la,
Qui ne l'a pas méritée,
    Liron fa.

Mais il en vient un autre
Qui ne l'a pas méritée.
Je m'en iray à son père,
    La la la,
Veoir si me la veut donner,
    Liron fa.

Je m'en iray à son père,
Veoir si me la veut donner.
Il me feit une responce,
    La la la,
Qui ne fut point à mon gré,
    Liron fa.

Il me feit une responce
Qui ne fut point à mon gré.
Elle est là haut en ma chambre,
    La la la,
Enfermée dessoubs ma clef,
    Liron fa.

Elle est là haut en ma chambre,
Enfermée dessoubs ma clef.
Sa cousine la va voir,
  La la la,
C'est pour la reconforter,
  Liron fa.

Sa cousine la va voir,
C'est pour la reconforter.
— Ma cousine, ma cousine,
  La la la,
Et vous le faut oublier,
  Liron fa. —

— Ma cousine, ma cousine,
Et vous le faut oublier. —
Hélas, comment l'oubliray-je,
  La la la,
Car il est trop à mon gré,
  Liron fa.

Hélas, comment l'oubliray-je,
Car il est trop à mon gré.
Si je n'ay celuy que j'aime,
  La la la,
Jamais ne me mariray,
  Liron fa.

Si je n'ay celuy que j'ayme,
Jamais ne me mariray.
Je luy ai ma foy promise,
  La la la,
La sienne m'a affermée,
  Liron fa.

Je luy ai ma foy promise,
La sienne m'a affermée.
Qui fist ceste chansonnette ?
　　La la la,
Une qui aymoit ses esbas,
　　Liron fa.

Qui fist cette chansonnette?
Une qui aymoit ses esbas,
Aymant le jeu d'amourettes,
　　La la la,
Plus que d'estre renfermée,
　　Liron fa.

X ter — 1586

Quand j'étois chez mon père à l'aage de quinze ans,
On m'envoioit à l'herbe jouer emmy les champs
　　Avec ses galans,
　　Qui gardoient les vaches :

　Aux champs je m'en iray esbattre,
　Au bois je m'en iray jouer.

En gardant mes ouailles, j'ay vu arriver
Chevauchant à merveilles un brave chevalier,
　　Il m'a prié d'aymer,
　　Il m'a donné son cœur en garde.

　Aux champs, etc.

De sa gaye main blanche il me descouvry
Mes cuisses blanches jusqu'au nombry,
Et puis il m'a osté mon pucelage chery...
    En riant je le voulu battre :

    Aux champs, etc.

Nous recommençames trois fois ces combats,
Trois fois nous baisames, tenans bras à bras,
Et passames ainsi l'esté sans soucy,
    De le dire n'avois garde :

    Aux champs, etc.

Nous fumes surpris par un lundy matin
D'une de nos voisines, passant son chemin,
Mais elle en eut autant par mon consentement,
    De peur qu'elle ne me feist battre :

    Aux champs, etc.

Cette jeune fille, je vous jure ma foy,
Que nous estions voisines proches elle et moy,
Toujours me demandoit, las, quand il viendroit,
    Ce brave chevalier combattre:

    Aux champs je m'en iray esbattre,
    Au bois je m'en iray jouer.

f — 1615

Air n° 28

Quand j'estois de chez mon père,
Fillette de quatorze ans,
L'on m'envoyoit à l'herbette,
Mes moutons j'alois gardant :

Brunette, allons gay, gay,
Brunette, allons gaiment.

L'on m'envoyoit à l'herbette,
Mes moutons j'alois gardant.
J'estois encore trop jeunette,
Je m'assis en passant temps :

Brunette, etc.

J'estois encore trop jeunette,
Je m'assis en passant temps ;
Par le bout de ma pasture
Passa deux gentils gallants :

Brunette, etc.

Par le bout de ma pasture
Passa deux gentils gallants :
Dieu vous gard la belle fille,
Combien gaignez-vous par an ?

Brunette, etc.

Dieu vous gard la belle fille,
Combien gaignez-vous par an ?
Par ma foy, mon gentil'homme,
Je ne gaigne que six blancs.

Brunette, etc.

Par ma foy, mon gentil'homme,
Je ne gaigne que six blancs.
— Que six blancs, Vierge Marie,
Vous deussiez gaigner dix francs. —

Brunette, allons, gay, gay,
Brunette, allons gaiment.

K — 1552

Quand la bergère va aux champs,
Sa quenoillette va filant,
O ve, o ve, o ve laquy,
   O ve la lay,
La bergère au champ dou roay.

Les aignelets s'en vont davant,
De paour des loups, les chiens jappant,
O ve, o ve, o ve laquy,
   O ve la lay,
La bergère au champ dou roay.

La bergère après va chantant
La desrello en cheminant,
O ve, o ve, o ve laquy,
   O ve la lay,
La bergère au champ dou roay.

Le berger en luy respondant,
De son flaiollet va jouant,
   O ve, o ve, o ve laquy,
      O ve la lay,
   La bergère au champ dou roay.

Et peu après gle se trouvant,
Près l'un de l'autre se couchant,
   O ve, o ve, o ve laquy,
      O ve la lay,
   La bergère au champ dou roay.

Je ne sçai pas si gle faisant,
   Comme le loup fait en dansant,
   O ve, o ve, o ve la quy,
      O ve la lay,
   La bergère au champ dou roay.

Et peu après y gle chantant,
L'un après l'autre vont disant,
   O ve, o ve, o ve laquy,
      O ve la lay,
   La bergère au champ dou roay.

T — 1572

Quand le gril chante au son du gringoulin,
      Derin, din, din, din, din,
   Madame dit qu'on luy huche [1] Martin,

1. *Hucher*, appeler.

Derin, din, din, din,
Gentil Martin,
O beau Martin,
Saute Martin,
Din, derin, din, din,
Oh ! que ne suis-je au lieu de ce Martin.

Au point du jour, quand chante le serin,
Derin, din, din, din, din,
Madame dit qu'on luy huche Martin,
Derin, din, etc.

Quand le coq chante, approchant le matin,
Derin, din, din, din, din,
Madame dit qu'on luy huche Martin :
Derin, din, etc.

Et quand elle oyt frapper chez son voysin,
Derin, din, din, din, din,
Madame dit qu'on luy huche Martin :
Derin, din, etc.

Quand heurte à l'huys le questeur augustin,
Derin, din, din, din, din,
Madame dit qu'on luy huche Martin :

Derin, din, din, din, din,
Ou Augustin,
Ou bien Martin,
Puis l'Augustin
Après Martin,
Din, derin, din, din,
O ! que ne suis-je Augustin ou Martin.

Un jour Martin dansoit avec Catin,
  Derin, din, din, din, din,
 Madame l'oyt, elle s'escrie Martin !

  Derin, din, din, din, din,
  Hola Martin,
  Viens ça, Martin,
  Ça hau, Martin,
  Monte, Martin,
  Din, derin, din, din, din
O ! que ne suis-je au lieu de ce Martin.

Lors dit, grondant entre ses dents Martin,
  Derin, din, din, din, din,
 Ne suis-je pas un harassé mastin ?

  Derin, din, din, din, din,
  Soir et mastin,
  Toujours Martin,
  Martin, Martin,
  Venez Martin,
  Din, derin, din, din, din.
Je ne croy pas qu'on n'en veuille la fin.

K — 1552

Quand Marion, tendre épousée,
Sentit l'assaut de mariage,
Pria Robin toute esplourée
D'estre plus dous en son bagage.

Robin se teust, feit le passage,
Puis dit : m'amour suis-je trompeur ?
Dit Marion : ce n'est pas charge,
Recommence, je n'ay plus peur.

U — 1570

Quand mon mari vient de dehors,
Ma rente est d'estre batue.
Il prend la cuillier du pot,
A la teste me la rue,
J'ay grand peur qu'il ne me tue :
C'est un faux vilain jaloux,
C'est un vilain rioteux [1],
  Grommeleux,
Je suis jeune, et il est vieux.

s — 1666

Quand nous plantons le may,
  Dans notre vilage,
Rien n'est si plaisant, rien n'est si gay
  Que nostre badinage :

L'on va, l'on vient, l'on saute et l'on dance
  En cadence,
L'on tappe des mains, des pieds, et des genoux,
  Et sur la mousse
  L'on se tremousse,
  L'on s'entrepousse
  Comme des foux.

---

1. Querelleur.

M — 1555

Quand une dame a un mary
Qui d'un serviteur est marry,
Et fait le guet pour l'assommer,
Il fait lors dangereux aimer.

Quand il faut estre sus la glace,
Toute la nuict en une place,
Sans ouir nul huis defermer,
Il fait lors dangereux aimer.

Et quand l'on en cuide eschaper,
Un petit chien vient à japer,
Qui fait chandelles allumer,
Il fait lors dangereux aimer.

B — 1530

Quant jay beu du vin clairet,
  Tout tourne ;
 Quant je ne bois point,
  Tout ne tourne point.

Et quant nay maille ne denier
  Je ne boys point,
 Ny belle fille à mon coucher,
  Tout ne tourne point.

Et quant de ces vins blancs je boys,
Si ne sont d'Anjou ou d'auprès,
　Point ne m'a tourné.

Quant jay beu du vin clairet,
　　Tout tourne ;
　Quant je ne bois point,
　Tout ne tourne point.

G — 1542

　Qui sont ces gentilz hommes
Qui veullent aymer tant et tant,
　Qui veulent aymer tant.

　Ilz n'en auront pas une,
　Ilz perdent bien le temps.
　Adieu les variables,
Adieu les faulx amans, amans (*bis*).

　De mentir font coustume,
Et dy chanter souvent, souvent (*bis*).

　Ilz en sont advertiz,
Et si n'en font semblant, semblant (*bis*).

　Vous pensez quilz vous ayment,
Mais vous les faschez tant et tant (*bis*).

　Messieurs, de bonne grâce,
Que nous desirons tant et tant (*bis*).

Souvent allez au change,
Dont netes pas contens, contens (*bis*).

Mais vous en aurez une
Qui vous payera content, content (*bis*).

Et si ne mettez en ordre,
Vous en repentirez tant et tant (*bis*).

Changer il fault vos ruses,
Mais on vous congnoist tant et tant (*bis*).

Et quand on leur demande,
Que leur dictes-vous tant et tant (*bis*) ?

Ils prennent pour excuse
Cest pour passer le temps, le temps (*bis*).

Qui sont ces damoyselles
Qui veullent aymer tant et tant (*bis*) ?

Ilz sont aux blancz manteaulx,
Leurs mygnons attendans, tendans (*bis*).

Le nez à la fenestre,
C'est pour prendre le vent, le vent (*bis*).

Leurs maris leur demandent
Que bigotez-vous tant et tant (*bis*)?

Les femmes leurs respondent :
Cest pour nostre saulvement (*bis*).

j quater — **1631**

CHANSON NOUVELLE

Sur le départ d'un jeune homme chapelier de la rue St-Denys pour s'en aller à Montauban. (Sur un chant nouveau.)

Qui veut ouyr chanson,
Chansonnette jolie,
D'un jeune chapelier
Qui avoit bonne mine.
Un jour luy print envie
D'aller passer son temps,
Et de faire un voyage
Jusques à Montauban.

Avant que de partir
Dit adieu à son père
Et à tous ses amis,
Sans oublier sa mère
De moy n'ayez pitié,
Dedans la compagnie,
Je feray le fourrier.

Il fut bien quinze jours,
Environ trois sepmaines,
Son espee au costé,
Suivant son capitaine,
Luy promettant la foy,
Qu'il avoit bonne envie
D'aller servir le Roy.

Quant fut à Lonjumeau,
Ceste petite ville,
S'en va par le marché
Baisant femmes et filles,
Baisant femmes et filles :
Ha priez Dieu pour moy,
Je m'en vay à la guerre,
Au service du roy.

Sa mère va après,
Et tout le voisinage,
Les deux bras estendus :
Vray Dieu, je perds courage
De l'avoir tant nourry,
Mon fils se fera perdre,
Car il est trop hardy.

Quant fut à Mont-léhery
Sur ses hautes montagnes,
Voyant derriere luy
Tous ses grandes campagnes,
Fit trois pas en arriere :
Ha, que le monde est grand,
La volonté me change
D'aller à Montauban.

Lors son sergent l'a prins
Rudement par l'espaule,
Lors son sergent l'a prins
Rudement par l'espaule :
Soldat, que pensez faire ?
Avez l'argent reçeu,
Vous viendrez à la guerre
Ou vous serez pendu.

— N'ay point accoustumé
D'y aller à la guerre,
N'ay point accoustumé
D'y aller à la guerre,
Je crains les canonnades,
Qui frappent sans parler ;
Quant pour moy, à la guerre
Je n'y veux point aller. —

— Vaut mieux à S. Denys
Estre dessous la mitre,
Vaut mieux à S. Denys
Estre dessous la mitre,
A siffler la rostie,
Et prendre du tabac,
Que de se faire perdre
Au milieu des combats. —

— Vaut mieux dedans Paris
Travailler en boutique,
Vaut mieux dedans Paris
Travailler en boutique ;
Il vaut mieux estre brave,
Faisant du courtisan,
Que d'aller en guerre,
Mourir à Montauban. —

Cette chanson est suivie de la *chanson ou response* du chapelier aux médisans, et de la *mort du chapelier*, lequel a esté tué près la Rochelle, et comme trois férailliers l'ont porté en terre.

I bis — 1543

Ramonnez moy ma cheminée,
Ramonnez-la-moy hault et bas.
Une dame, la matinée,
Disoit, de chaleur forcenée :
Mon amy, prenons noz esbas ;
Ramonnez-moy ma cheminée,
Ramonnez-la-moy hault et bas.

Resveillez-vous Piccars, Piccars et Bourguignons,
Et trouvez la manière d'avoir de bons bastons,
Car veez cy le printemps et aussy la saison
Pour aller à la guerre donner des horrions.

Tel parle de la guerre qui ne scet pas que c'est,
Je vous jure mon ame que c'est ung piteux fait,
Et que maint homme d'armes et gentil compai-
[gnon]
Y ont perdu la vie et robbe et chaperon.

Où est le duc d'Aultriche ?[1] il est au Pays Bas,
Il est en basse Flandre, avecques ses Piccars,
Qui nuyt et jour le prient quil les vueille mener
En la haulte Bourgoigne, pour la luy conquester.

1. Sans doute l'archiduc d'Autriche Maximilien Ier.
Bibliothèque nationale, man. n° 12744.

Adieu, adieu Salins, Salins et Bezançon,
Et la ville de Beaulne, là où les bons vins sont,
Les Piccars les ont beus, les Flamans les payeront
Quatre pastars la pinte, ou bien bastuz seront.

G — 1542

Chanson sur : *Nimphe des Bois.*

Reveillez vous tous, chantres naturelz,
Qui endurez fantaisie de cervelle,
Venez nous voir et vous nous trouverez.
Délibérez : si nous sommes enrumez,
Nen murmurez : ce fait nostre chapelle,
Lung se *brumelle*, l'autre se *josquinelle* ;
Pierre sonnelle et l'autre se *compere*,
Quant nous souvient de Brumel nostre père.
Ne pleurez plus dame de court,
Laissez vostre douleur amère ;
Monsieur reviendra quelque jour,
Ce que n'est fait se pourra faire.

Cette chanson est curieuse pour ses jeux de mots sur les noms des musiciens Brumel, Josquin, Pierre de la Rue, Compère.

U — 1675

Resveillez vous, tous gentils compagnons,
Vicaires, vicaires, et si beuvez du bon ;
Eh, dormés vous, don don don, barillon,
  Nous chanterons à haute voix :
    Vive le Roy,
    Aussi Vendosme,

Eh! dormés vous, vicaires, vicaires,
   Or sus beuvés, haussés les nés :
    Grincés les dents, rouillés les yeux,
Vicaires, vicaires, il n'y faut laisser rien,
     Nos pères beurent bien,
      Don don don.

Tost, tost tost, va ce pot, va ce verre,
  Et si beuvez tant qu'en rouillié lez yeux,
    Aussi vous renfronguez le front,
     La la lire, lariron,
    Donnez luy des sonnettes
      D'houette [1].

Entre vous, petits enfans, gentils garçons,
     Ne beuvez pas d'autant,
Laissez cela, vous buverez quand vous serez grands,
   Et si chantez une chanson en gringotant
      Sur le printens,
   A pleine voix tant que pourrez,
   Lala lire, lon la liron la.

K — 1552

Robin a bon credit,
Tout le monde le dit,
Chacun est son cousin :
Ma mère je veulx Robin.

Robin n'a plus d'escus,
S'a dit Nostradamus,
Il souffrira tout plein :
Ma mère, je veulx Robin.

---

1. *Houette*, chouette.

Robin a fait cela
A la musnière là,
Sur l'eschelle au moulin :
Ma mère, je veulx Robin.

Robin par testament
A laissé un grand blanc
A sa femme Catin :
Ma mère, je veulx Robin.

Robin, que fais-tu là ?
Ut, ré, mi, fa, sol, la,
Je chante sur ma main :
Ma mère, je veulx Robin.

Robin meurt de courroux,
Tant il est fort jaloux
De sa femme Catin :
Ma mère, je veulx Robin.

Robin est trespassé,
Requiescat in pace,
Dans un caque de vin :
Ma mère, je veulx Robin.

Robin va en enfer,
Tourmenter Lucifer
Et tous les diablotins :
Ma mère, je veulx Robin.

On indique la première édition des prédictions ou pronostications de Nostradamus à 1555; d'après cette chanson, publiée en 1552, il a dû y avoir une édition antérieure des prophéties Nostradamus.

M — 1555

Autre chanson nouvelle très bonne et fort joyeuse touchant le faict d'amours, et se chante sur le chant: *Garson de vilaige.*

Rossignolet du bois,
Qui chante au verd bocage,
N'as-tu point ouï la voix
D'un garson de village,
Qui dit en son langage
Qu'il se vouloit marier?
Mais il n'entend pas l'usage
Comme c'est qu'il fault aimer.

Garson de village,
Qui s'est voulu marier,
Mais il n'entend pas l'usage
Comment c'est qu'il fault aimer.

Si j'avois de l'argent,
De l'argent à grand somme,
Je m'en iroys souvent
Avecques ma mignonne,
Qui est tant belle et bonne,
Las je m'en irois jouer,
Car elle m'aprendroit en somme
Comment c'est qu'il fault aimer.

Garson, etc.

Hélas! dit l'amoureux
A sa douce amoureuse :
Quand n'estions que nous deux,
Vous n'estiez point honteuse;

Vous faictes la fascheuse
Maintenant devant les gens,
Mais quand vous estes seulette,
Vous n'en faictes pas autant :

Garson, etc.

Un loyal amoureux
Doit avoir bonne audace,
Se monstrer gracieux,
Acquerir bonne grace,
Sans user de fallace.
Qui veult les dames hanter,
Plaisamment faut qu'il s'hazarde
A souvent les fréquenter.

Garson, etc.

Qui fist ceste chanson?
Fut un gallant de ville,
Estant à la maison
D'une plaisante fille,
A passetemps babille,
Pour apprendre à aimer
A un garson de vilage,
Qui se vouloit marier.

Garson de vilage,
Qui s'est voulu marier :
Mais il n'entend pas l'usage
Comment c'est qu'il fault aimer.

Le *Recueil de toutes sortes de chansons nouuelles*, etc., Paris, 1557, reproduisant cette pièce, nous nous sommes servi de sa version pour rectifier maint passage qui en avait besoin. Le *Premier livre de chansons en forme de vau de ville*, Paris, 1572, ne donne que la première strophe.

C — 1535

Rossignolet du boys ramé,
Va m'y saluer, je te prie,
Mon doulx amy plaisant et gay,
Et luy dy qu'il ne m'oublie mie.

Je te supplie, rossignolet,
Va m'y tantost faire ung messaige,
Va à mon amy, et luy dy
Que je l'attens au vert bocaige.

Et qu'il vienne parler à moy,
Et j'en seray plus resjouye ;
Toutes les foys que je le voys,
De tous mes maulx je suis guérie.

La nuict, quant je m'y doy dormir,
Je m'y resveille tressaillant ;
Il m'est advis que doy tenir
Mon doulx amy que j'ayme tant.

Puisqu'il m'ayme sans faulceté,
Je lui seray loyalle amie :
Et l'eussent mesdisans juré,
Par sus toutes il m'a choisie.

B — 1530

Serpe et la serpette,
Les serpiers et le serpillon,
La serpe taille la vignette ;
Vive la serpe !
Voulez-vous chose plus honneste
Pour vendenger le grapillon :
Vive la serpe,
Les serpiers et le serpillon !

L — 1553

Si j'avois fait
Amie à mon vouloir,
J'eusse bien fait
La faire demander.
J'en eusse eu ma demande,
J'en suis bien adverty,
Par plusieurs me le mande.

Tous ses parents
En estoient bien contents,
Mais j'ay trop mis,
Ne suis venu à temps.
Elle estoit fiancée,
Mais non obstant cela,
S'amour m'avoit donnée.

Si j'eusse dit
Que je vouloye l'avoir,
Sans contredit
C'estoit son bon vouloir;
Elle y avoit fiance,
De soy desfiancer
Souhaitoit sans doubtance.

En lieu secret
Je luy fuz dire adieu.
Elle plouroit
Tendrement de ses yeux,
Me disant de la sorte :
Amy, si me laissez,
Je voudrois estre morte.

Quand j'eus cogneu
D'elle le bon vouloir,
Qu'elle vouloit
Si loyaument m'aymer
D'une amour si certaine,
De la vouloir laisser
Mon cœur souffrit grand peine.

Ma douce amie,
Las, pourquoy plourez-vous?
— Mon doux amy,
C'est pour l'amour de vous.
Vous allez à la guerre,
Si le vent vient à point,
Passez par ceste terre. —

Si j'eusse esté,
Belle, à vostre vouloir,
Ja souhaité
Ay d'avoir le pouvoir

Pour estre vostre amye,
Une heure à son plaisir
Vault mieux que cinq cens mille.

 Celuy qui a fait
Ceste belle chanson,
 En bon soudart,
Tirant à l'aviron,
S'en allant à la guerre,
Regrettant ses amours,
Tant par mer que par terre.

N — 1557

 Si j'avois faict
Demande à mon vouloir,
 Ce ne seroit
Or, argent, ny avoir,
Ni aucune chevance,
Ce seroit seulement
De lire ma plaisance.

 Non pas Ogier,
Ny Hercules aussi,
 Mais de mon Dieu,
Au lieu de ces deux-cy,
La divine escripture,
Qui est pour mon esprit
La propre nourriture.

Quand j'apperceu
De Dieu le bon vouloir,
Qui m'a voulu
Si loyaument aymer
D'une amour si certaine,
Jamais je ne craindray
Pour luy endurer peine.

Il appert bien
Qu'il a amour en nous,
Quand lui a pleu,
Pour le salut de tous,
Venir cy-bas en terre,
Pour vaincre l'ennemy
Qui nous faisoit la guerre.

Hélas ! Seigneur,
Il y a si long temps
Qu'on n'a cogneu
La vérité vrayement,
Comme on faist à ceste heure ;
C'est par le Sainct-Esprit,
Qui en a faict les œuvres.

Dieu éternel,
Vueille nous pardonner
Tous noz péchés,
Pour nos ames saulver
Et les mettre en ta gloire,
Car tant que je vivray
De toy auray mémoire.

Or prions tous
Le Seigneur gracieux
Nous amollir
Le cueur malicieux,
Qui est plus dur que pierre,
Et qu'il soit réclamé
Tant au ciel qu'à la terre.

Celuy qui fist
Cette jolie chanson,
Un bon souldat,
Tirant à l'aviron
En ce lieu de misère,
Desirant estre faict
Le vouloir de son père.

Pour une chanson de soldat, la tournure est assez singulière ; on pourrait même appeler cette pièce un cantique.

M — 1555

Si j'estois du tout aymée,
Mon Dieu m'auroit bien aydé
Mon amy m'a délaisée,
Je ne l'ay pas mérité.
Or, combien qu'il eust pensé
Que le tort fust venu de moy,
Mon Dieu, aiez pitié de moy.

Mon amy est tout honneste,
Il est tel que je le veulx ;
Sa parolle m'admonneste,
Son maintien est gracieulx,

Qui m'y tient en grand esmoy,
Mon Dieu, aiez pitié de moy.

Je prie à Dieu par sa grâce
Mes amours vueille garder,
Et m'y faire cette grace
D'y tousjours persévérer.
Seigneur, vueille moy oster
De l'ennui où je me voy,
Mon Dieu, aiez pitié de moy.

Las, si j'avois un bon père,
Une bonne mère aussi,
Et aussi un bon frère
Qui mi voulaist retirer,
Je m'y ferois renommer
Que je serois fille d'un Roy,
Mon Dieu, aiez merci de moy.

De m'y tourmenter et plaindre,
J'en ai bien l'occasion ;
Que par une grand'contraincte,
Mi fault garder la maison.
Je vis en tribulation
Et si suis en grand esmoy,
Mon Dieu, aiez pitié de moy.

Entre vous, jeunes fillettes,
Qui estes à marier,
Suivez toutes gens honnestes,
De déshonneur vous gardez.
Ici exemple prenez
Et n'y faictes pas comme moy,
Mon Dieu, aiez pitié de moy.

Qui fist la chansonnette ?
Fust une dame d'honneur,
Tenue captive et subgette
De son maistre et seigneur.
Et disoit souvent en son cueur,
Soupirant seullette à part soy :
Mon Dieu, aiez pitié de moy.

B — 1530

S'il est à ma porte,
Il aura mon cueur ;
Je lairay mon père, ma mère,
Mon frère, ma sœur,
M'en iray jouer seulette,
Au joli bocquet,
Cueillir la violette,
Mon amy et moy.

Si planterai-je le may
Et si ne my feindray mie,
Avant la fin du vert may
D'un accord avec m'amye.

S'un tems fortune ennemie
　　Empesche notre désir,
Ceste perte avec usure
　　Dessus la gaye verdure,
Recouvrant en grand plaisir [1].

*
* *

Je ne suis pas si sot berger,
Si vous tenois à mon coucher,
Que ne vous feisse despouillier robe et chemise,
Et puis mon flajollet auriez à votre guise.

*
* *

Soyons joyeux sur la plaisant verdure
　　A ce beau may,
　　Tant doux, tant frez et gay,
Il resjouist tout cœur qui dueil endure :
Soyons joyeux sur la plaisant verdure.

*
* *

Un advocat dit à sa femme :
Sus, mamie, que jourons-nous ?
— Si je gaigne, ce dit la dame,
Vous le me ferez quatre coups. —

---

1. 6ᵉ livre de chansons à 4 et 5 parties de J. Arcadét et autres. A. Le Roy et Rob. Ballard, 1569. Les quatre chansons suivantes sont tirées du même volume.

Quatre coups, c'est couché trop gros,
Comment ! seroit jeu sans pitié.
— Non, non, maître, tenez le tout,
Dit le clerc, je suis de moitié. —

*
* *

Puisque ce beau moys
Va nous invitant
A prendre ses lois,
Nature invitant,
Je danserai tant et tant
Soubz le may,
Que rendray
Content mon amy tant gay.

a bis — 1602

Si voulez ouir chansonnette,
C'est d'une fille d'Alençon,
Quand l'on luy parle d'amourette,
Elle dict n'entendre la façon (bis)
D'aymer, pour le vous dire :
Mais elle sçait bien sa leçon
Lorsqu'on parle de rire.

Il n'est autre bruit par la ville
Que de ceste jeune tendron,
Qui au devis est si gentille,
Ayant un maintien si très bon, (bis)

Qu'un chacun la désire :
Pour tout cela c'est temps perdu,
Car elle n'ayme qu'à rire.

Un soir estant devant sa porte
Avec quelqu'unes de ses sœurs,
L'un de ses serviteurs l'acoste
Pour lui raconter ses douleurs, (*bis*)
Qu'il souffre et le martyre :
Mais c'est à luy tout temps perdu,
Car elle n'ayme qu'à rire.

Vous sçavez, dit-il, ma mignonne,
Que je n'adore que vos yeux,
Et que je ne puis veoir personne
Fors que d'un regard ennuyeux, (*bis*)
Qui mon corps tant empire.
Pour tout cela c'est temps perdu,
Car elle n'ayme qu'à rire.

Je sçay que d'autres vous courtisent,
Non d'une telle affection,
Pourveü qu'avec vous ils devisent,
Et vous content leur passion (*bis*),
Disant : Je meurs martire ;
Mais c'est à luy tout temps perdu,
Car elle n'ayme qu'à rire.

Comme ils étoient en ces devises,
Vint arriver un incongnu,
Luy donnant bonsoir à sa guise :
« Monsieur soyez le bien venu,
Puisque c'est vous beau sire, (*bis*)
Car il sçait fort bien sa leçon,
Et le vray mot pour rire.

Ils entrèrent alors dans la salle
Pour faire la collation,
Ce folastre alors danse et balle,
Ayant si belle occasion
Vous sçavez sans le dire, (*bis*)
Car il sçait fort bien sa leçon
Et le vray mot pour rire.

Le pauvre transi se promène,
Qui contemple en fin ses façons,
Se voyant prins à la cadence,
Et aussi à ses hameçons,
Et si ne l'ose dire, (*bis*)
Voyant bien que c'est temps perdu
Pour luy sans qu'on luy die.

Ils prennent congé l'un de l'autre,
S'entredonnant la bonne nuict,
Elle qui estoit fine et caute,
Assigne monsieur au deduict, (*bis*)
Ce s'entend sans le dire,
Car il sçait fort bien sa leçon,
Elle n'ayme qu'à rire.

Estant montez à sa chambrette,
A la fenestre se sont mis,
Alors Madame la finette
Regarde d'où vient ses amis (*bis*)
Qui entendent à rire,
Y aller pour autre subject
Ce seroit grande folie.

Voyant encor l'autre à la rue,
Elle luy dist ces mesmes mots :
Monsieur, vous vous gastez la veüe
Et encor fort mal à propos, (*bis*)

Je le vous veux bien dire,
Car à vous, c'est tout temps perdu,
Je n'ayme qu'à rire.

Celuy qui la chanson a faicte,
Je ne veux pas le vous nommer,
Car il congnoissoit la fillette
Qui n'entendoit le jeu d'aymer, (bis)
Trop bien aymoit à rire,
Se donnant ainsi du bon temps
Pour chasser fascherie.

B — 1530

Sonnez my donc, quand vous irez
   Garder vos brebietes
     Sur l'herbe.

A l'ombre d'ung arbre vert,
  Auprès d'une esglentine,
Trouvai bergiere à couvert,
  C'estoit ma Valentine
 Qui faisoit un chapelet,
 Tout de roses et de muguet.
Tout joliet est mon amy
Qui m'a dit : virez vos brebietes
  Qui vont manger ma gerbe.

Sonnez my donc quand vous irez
   Garder vos brebietes
     Sur l'herbe.

***

. Sont les filles de Somme
Qui s'en vont au Tresport, dibedot?
Rencontrèrent un homme,
Qui chevauchoit le trot, dibedot.

Voire ma commère, n'en dites, dites,
Voire ma commère, n'en dites mot.

Rencontrèrent un homme,
Qui chevauchoit le trot, dibedot?
Leur demanda : les belles,
Où allez-vous si tost, dibedot.

Voire, etc.

Leur demanda : Les belles,
Où allez-vous si tost, dibedot.
— Nous allons à Courcelles,
Pour achapter des pots, dibedot.

Voire, etc.

Nous allons à Courcelles,
— Pour achapter des pots, dibedot.
Si voulez compagnie,
Je n'iray pas si fort, dibedot.

Voire, etc.

Si voulez compagnie,
Je n'iray pas si fort, dibedot. —
Parle à la plus jolie,
Et l'acoste aussi tost, dibedot.

Voire, etc.

Parle à la plus jolie,
Et l'acoste aussi tost, dibedot.
Il l'empoigne et l'embrasse,
La jeta sur le dos, dibedot.

Voire, ma commère, n'en dites, dites,
Voire, ma commère, n'en dites mot.

B — 1530

Sur le joly jonc,
Ma doulce amye,
Sur le joly jonc
Nous esbatons,
En ce joly may gratieux,
Savoureux et amoureux,
Où nobles amours se rassemblent,
Jay trouvé mamye
Au lieu tant joyeux,
Solatieux,
Ou nostre amour recommençames,
Ma doulce amye,
Sur le joly jonc
Nous esbatons.

Susanne un jour, d'amour solicitée
Par deux vieillards convoitans sa beauté,
Fut en son cueur triste et desconfortée,
Voyant l'effort fait à sa chasteté.
Elle leur dit : Si par desloyauté,

SUZANNE UN JOUR D'AMOUR SOLLICITÉE.

De ce corps mien vous avez jouyssance,
C'est faict de moy si je fais resistance,
Vous me ferez mourir en deshonneur :
Mais j'ayme mieux mourir en innocence
Que d'offencer par péché le Seigneur.

C — 1535

Sus l'herbette, brunette,
Sus l'herbe m'atendez.

M'amyette m'a mandé
 Sus l'herbette, etc.

Que j'allasse à elle parler.
 Sus l'herbette, etc.

Et je n'y sçaurois aller,
 Sus l'herbette, etc.

Mes chevaulx sont deferrez.
 Sus l'herbette, etc.

Nous les ferons enferrer,
 Sus l'herbette, etc.

De cinquante cloux dorez.
 Sus l'herbette, etc.

Mareschal qui les ferrez,
 Sus l'herbette, etc.

Vous n'en aurez ja denier,
 Sus l'herbette, etc.

Qu'ung acoller et qu'ung baiser.
 Sus l'herbette, etc.

✳

Sus compagnons, beuvez à moy,
Afin d'enluminer vos trongnes,
Si jamais je dois estre roy,
Je veux que ce soit des yvrongnes.

Toy, gros nez que j'ay tant chery,
A qui le vin sort de la veuë,
Je te retiens pour favory,
C'est une chose résoluë.

Toy qui ferois peur à la mort,
Et qui tout un jour est à table,
Ton visage me plaist si fort,
Que tu seras mon connetable.

Toy gourmet de vin sans pareil,
Qui vendroit tes habits pour boire,
Je te retiens pour mon conseil,
Et pour escrire mon histoire.

Toy qui entonne si souvent,
Et qui n'es point méluncholique,
Je te retiens comme savant,
Pour le maistre de ma musique.

Toy qui bevroit ainsi que nous,
Un demy muid tout d'une tire,
Il faudra que tu sois mon foux,
Car bien souvent tu me fais rire.

Toy de qui la bouche est un four,
Et dont la langue tousjours tette,
Je veux que tu sois mon tambour,
Ou bien ma première trompette.

Toy qui veux qu'on prenne du vin,
En tout excez de maladie,
Je te retiens comme médecin,
Quelque chose que l'on me die.

Vous autres qui vuidez les plats
Et les pots avec hardiesse,
Je vous retiens pour mes soldats,
Et pour le corps de ma noblesse.

La taverne est mon élément,
Je ne veux jamais d'autre empire,
On mange, on boit à tout moment,
On ne fait que chanter et rire.

W — 1580

CHANSON NOUVELLE

Des estrennes données par les enfants de Paris, à tous les mestiers de la ville, et se chante sur le chant DES CRIS DE PARIS.

Sus, sus, enfans de la ville,
Si voulons pour nos esbats,
Donner estrenne gentille
A toutes sortes d'estats,

Estrennons premier les orphevres
D'os de seche et de bons creuzets,
Et donnons aux apotiquaires
Du papier pour faire cornets.

Ensuyvant l'ordre première,
Pasticiers et rostisseurs,
Et ceux qui viennent derrière,
Comme paintres et brodeurs,
Tireurs d'or et les lapidaires,
Fourbisseurs et passementiers,
Cognoissant leurs promptes affaires,
Estrennez seront volontiers.

Oublier ne faut l'estrenne
Aux cousturiers et frippiers,
Puisqu'ils changent par semaine
De vestement volontiers,
Donnons-leur escarpins et mules,
Car d'abbits ils en ont assez
Pour passer ces grands froidures,
Besoin n'ont que d'estre chaussez.

Aux cordonniers pour estrenne,
Sans oublier les tanneurs,
Dieu leur doint bonne sepmaine,
Et aussi aux corroyeurs,
Ces trois là faut tous d'une voye
Estrenner, car chacun s'ensuit,
L'un tanne et l'autre corroye,
L'autre mect en œuvre le cuir.

Les fourreurs pour leurs estrennes
Auront des peaux ces jours gras,
Et les drappiers de la laine,
Pour faire tisser des draps;

Assemblons du fer de limailles
Pour donner à ces tainturiers,
Les fondeurs auront des mitailles,
Pour faire des beaux chandeliers.

N'oublions à nos estrennes
Serruriers et maréchaux,
Donner nous leur faut des limes,
Des enclumes et marteaux,
Estrennons du bois des Ardennes
Les tourneurs et les menuisiers,
Du Brésil pour faire des dames
A ceux-là qui font des damiers.

A ces faiseurs d'arbalestes
Nous donnerons des jalets,
Et des éguilles bien faictes
Aux triquoteurs de bonnets ;
Puis il faut truelles et ruilles,
Pour donner à tous les massons ;
Dieu garde les couvreux de tuille,
Car ils sont assez bons garçons.

Ceux de l'art de l'imprimerie,
Pour nos estats abbreger,
Et ceux de la librairie,
Ceux de mestier d'orloger,
Chirurgiens, barbiers d'avantage,
Ceux qui jouent de tous instrumens,
Dieu leur doint un bon banquetage
Le jour de caresme-prenant.

Estrennes faut de ferraille
Les cloutiers pour le certain,
Et de l'estain de Cornouaille
Aux maistres potiers d'estain,

Nous avons besoing de briere
Pour donner à tous ces vergers,
Et si faut de toilles aux lingères,
Pour faire collets ouvragez.

Quant aux faiseurs de lunettes,
Ils auront du christalin,
Les tisserands des navettes
Pour faire toille de lin;
Ne laissons au rang de derrière
Les selliers ni les bodroyeurs,
Chaircutiers, bouchers et tripières,
Tous ceux-là porteront nos faveurs.

Les savetiers d'une bande,
Et les chaudronniers aussi,
Crocheteurs, et ceux qui vendent
De ce bon noir à noircy,
Dieu leur doint cent escuz pour homme,
Ce sont gens qui le vallent bien,
Car jamais nul d'eux ne s'esloigne
Loing du pot tant qu'il n'y a plus rien.

Tous ces ferreurs d'éguilettes
Auront du chamoys la peau,
Et les faiseurs de raquettes
De la corde de boyau;
Les cordiers de chanvres bien fortes,
Et du tel chargé dix chevaux,
Par tel si qu'ils feront des cordes
Pour pendre tous les Huguenots.

K — 1552

Sus, sus, qu'on la réveille
    La bouteille,
Il n'est pas temps qu'on sommeille
    Et boire il faut.

Je voudrais qu'il m'eust cousté
Ma robe et mon chaperon,
Et que j'eusse rencontré
Quelque gentil compagnon,
Qui voulust vendenger ma treille
    Sans corbeille.
Je burois à luy du haut
    D'un plein saut.

Sus, sus, qu'on la réveille
    La bouteille,
Il n'est pas temps qu'on sommeille
    Et boire il faut.

U — 1578

Tant vous allez doux,
Guillemette,
Tant vous allez doux ;
Pour un baiser doux,
Guillemette,
M'escondirez-vous ?

Et Guillemette, avés vous desjuné?
Nenni, dit-elle, car je nay point mengé.
Prenez cinq sous en ma joli boursette.

    Tant vous allez doux, etc.

Et Guillemette, coucheray-je avec vous?
Mon doux amy, je m'en rapporte à vous,
Mais que voliés lever la chemisette.

    Tant vous allez doux, etc.

K — 1552

Tout bellement s'en est allé Karesme,
Pasle, transi, aussi facheux de mesme,
Son viandis estoit puant et sale,
Il n'y avoit cuisine, chambre ou salle
Qui toute infecte et puante n'en feust ;
Bon vin se gaste dans un mauvais feust,
Et la poche sent tousjours le haran ;
Du goust j'en ay cuidé mourir dahan,
Luy présent ma bouche rire n'ausa,
Et cognoissant sa fin, il se housa
A pied ou à cheval, s'est mis en voye,
Laissez le aller, le bon Dieu le convoye.

W — 1580

CHANSON NOUVELLE

D'un compagnon, nouveau marié qui n'a sceu jouyr de son espouse jusques à la troisiesme nuict, sur le chant : Sur mon amy, sus et la don.

Un compagnon de village,
    Fort estourdy,
Se voulut mettre en mesnage,
    Comme l'on dict;
Sa femme toute la nuict
    Fut si farouche,
Que toucher ne luy ozit :
Fy de l'amour qui n'a plaisir.

Dès la première nuictée
    Il pensoit bien
Embrasser son espousée,
    Et n'en fut rien,
Car elle gingoit si fort
    Dessus la couche,
Que le lourdaut tresbuchit :
Fy de l'amour qui n'a plaisir.

Les deux premières nuictées
    Ne s'en jouyt
De sa toute bien aimée,
    A son plaisir.
Or devinez ce qu'il fit
    A la troisiesme ?
Par finesse l'attachit :
Fy de l'amour qui n'a plaisir.

Le compagnon print la belle
　　En son dormant,
Luy lia d'une ficelle,
　　Bien doucement,
Les deux pieds aux deux pilliers
　　De la couchette,
Puis en fit à son desir :
Fy de l'amour qui n'a plaisir.

L'espousée se resveille,
　　En la berçant :
Vrayement, voicy, ce dit-elle,
　　Mon bercement ;
Or, ne me liz plus tant,
　　La peine est douce,
Le mal n'est pas pour mourir :
Fy de l'amour qui n'a plaisir.

Lors son mary l'a deslié,
　　Elle luy dit :
Recommencez je vous prie,
　　Sans faire bruict.
Je ne puis, dit le mary,
　　Ma douce amie,
Le courage m'est failly :
Fy de l'amour qui n'a plaisir.

Quand ils ont sceu au village
　　Que ce mary
N'avoit non plus de courage
　　Qu'une soury,
Ils ont fait chary vary,
　　Pour la risée
A un chascun descouvrir :
Fy de l'amour qui n'a plaisir.

A l'heure, dit l'espousée,
    Or voy-je bien
Que je suis femme abusée,
    Fy du vilain,
Le cœur lui faut au besoing
    De la besongne,
Qui me rend le cœur marry :
Fy de l'amour qui n'a plaisir.

En tres grande diligence
    Un bon garçon
Du village, par plaisance,
    Fit la chanson,
Pour de joyeuse façon
    Dancer les festes,
Voicy le beau temps venir :
Fy de l'amour qui n'a plaisir.

R — 1571

Une bergère un jour aux chams estoit
Sous un buisson, prenant chemise blanche ;
Et le berger qui de près la guettoit,
Qui doucement la tira par la manche,
En lui disant : Margot, voicy mon anche,
Jouons nous deux de cette cornemuse,
Car c'est un jeu où souvent tu t'amuse.
Elle sourit, disant en ceste sorte :
J'ay tabourin joly dont tousjours j'use,
Frappez dessus, la peau est assez forte.

M — 1555

Une jeune cousturière
Qui aprenoit son mestier
    Pour labourer,
Elle a laissé ses esguilles,
Ses cizeaulx sont demourez
    Pour labourer.

Labourez bien, si vous voulez,
Car je ne puis plus rien faire ;
Labourez bien, si vous voulez,
Je ne puis plus labourer.

Elle a laissé ses esguilles,
Ses cizeaulx sont demourez ;
    Pour labourer
Elle est allée à Paris,
Pour mieulx faire son mestier,
    Pour labourer,

Labourez, etc.

Elle est allée à Paris,
Pour mieulx faire son mestier,
    Pour labourer :
Se mist à tenir taverne,
Pour les marchans appeller,
    Pour labourer.

Labourez, etc.

Se mist à tenir taverne,
Pour les marchans appeller,
    Pour labourer.
Mist la teste à la fenestre,
Son amy elle a huché,
    Pour labourer.

Labourez, etc.

« Dieu vous gard, ma doulce amie, »
— Et à vous, mon amy cher,
    Pour labourer.
Dictes-moy, je vous suplie,
Avez-vous que desjeuner ?
    Pour labourer.

Labourez, etc.

Dictes-moy, je vous suplie,
Avez-vous que desjeuner,
    Pour labourer ?
Ouy, d'un très bon chapon,
Et d'un conin bien lardé,
    Pour labourer.

Labourez, etc.

Ouy, d'un très bon chapon
Et d'un conin bien lardé,
    Pour labourer.
Montez là hault en ma chambre,
Si serez très bien traicté,
    Pour labourer.

Labourez, etc.

Qui fist ceste chansonnette ?
Un très noble adventurier,
  Pour labourer,
En estant dedans sa chambre,
Attendant son desjeuner,
  Pour labourer.

Labourez bien si vous voulez,
Car je ne puis plus rien faire,
Labourez bien si vous voulez,
Je ne puis plus labourer.

f — 1615

Air n° 29

Une jeune fille
J'aime le printemps,
Quand elle est agille
En ces mouvemens :

Chantons comme drolles,
Tout sert icy bas,
Fussent des pistolles
Ou doubles ducas.

Des moutons la laine
Sert de vestement,
La chair souveraine
Nous sert d'aliment :

Chantons, etc.

Des plus fines toilles
Couvrent nostre dos,
On en fait des voilles
Pour les matellots :

Chantons, etc.

Croyez qu'un vieux singe
Sert à follier [1],
Et nostre vieux linge
Pour faire papier :

Chantons, etc.

Ce que je fiente
C'est pour un pourceau,
Du lard je me vante
D'en remplir ma peau :

Chantons, etc.

Pour nostre lumière
Le flambeau des cieux,
Et nostre paupière
Pour siller [2] nos yeux :

Chantons comme drolles,
Tout sert icy bas,
Fussent des pistolles
Ou doubles ducas.

---

1. *Folier ou follier*, railler, folàtrer, faire le fou.
2. Mettre des cils, des sourcils.

N — 1557

Une jeune fillette
 De noble cœur,
Plaisante et joliette,
 De grand valeur,
 Outre son gré,
On l'a rendue nonnette ;
Cela point ne souhaite,
Dont vit en grand douleur.

Un soir, après complie,
 Seullette estoit,
En grand mélencolie
 Se lamentoit,
 Disant ainsi :
Douce Vierge Marie,
Abrégez-moy ma vie,
Puisque mourir je doibs

Mon povre cœur souspire
 Incessamment,
Aussi ma mort désire
 Journellement,
 Qu'à mes parens
Ne puis mander, n'escrire ;
Ma beauté fort empire,
Je vis en grand tourment.

Que ne m'a on donnée
 A mon amy,
Qui tant m'a désirée,
Aussi ay-je moy luy !

Toute la nuict
Me tiendroit embrassée,
Me disant sa pensée,
Et moy la mienne à luy.

Adieu vous dis, mon père,
Ma mère et mes parens,
Puisque m'avez rendue
Nonnette en ce couvent,
  Où il n'y a
Point de resjouyssance ;
Je vis en desplaisance,
Je n'attens que la mort !

La mort est fort cruelle
  A endurer,
Et si c'est un passage
  Qu'il faut passer,
  Encore est plus
Le grand mal que j'endure,
Q'une peine est si dure
Qu'il ne fault supporter.

Adieu vous dis, les filles
  De mon pays,
Puisqu'en ceste abbaye
  Me faut mourir ;
  En attendant
De mon Dieu la sentence,
Je vis en espérance
D'en avoir reconfort.

M — 1555

Chanson nouvelle et récréative à toutes gens d'une Lynotte et de sa maistresse.

Une lynotte
Qui servoit bien son maistre
De sa cage s'en volla,
Pour aller veoir les prebstres :
    Petite beste,
Je ne t'y nourriray jamais,
Je ne t'y puis congnoistre.

De sa cage s'en volla
Pour aller veoir les prebstres.
Dessus le chevet du lict
Advisa sa maistresse :
    Petite beste, etc.

Dessus le chevet du lict
Advisa sa maistresse :
— Maistresse, que faictes-vous ?
Je le diray à mon maistre.
    Petite beste, etc.

— Maistresse, que faictes-vous ?
Je le diray à mon maistre. —
Linotte, ne le dis pas,
Je te feray la feste.
    Petite beste, etc.

Linotte, ne le dis pas,
Je te feray la feste,
Je te donneray cent escus,
Et la bourse à les mettre.
    Petite beste, etc.

Je te donneray cent escus,
Et la bourse à les mettre.
— De tes escuz je ne veulx point,
Car je n'en ay que faire : —

    Petite beste, etc.

— De tes escuz je ne veulx point,
Car je n'en ay que faire.
Il ne me fault qu'un denier
Pour avoir la navette. —

    Petite beste, etc.

— Il ne me fault qu'un denier
Pour avoir la navette,
Et un petit carolus,
Pour ma cage refaire : —

    Petite beste, etc.

— Et un petit carolus,
Pour ma cage refaire,
Et un petit limasson,
C'est pour me mettre à boire. —

    Petite beste, etc.

— Et un petit limasson,
C'est pour me mettre à boire,
Et puis je prens mon plaisir
A resjouir mon maistre. —

    Petite beste,
Je ne t'y nourriray jamais.
Je ne t'y puis congnoistre.

U — 1573

Une pastourelle gentille
 Et un berger,
 En un verger,
L'autrier en jouant à la bille,
S'entre disoient pour abréger :
  Roger,
  Berger,
  Légère
  Bergère,
 C'est trop à la bille joué,
Chantons noé, noé, noé, noé, noé, noé.

Te souvient-il plus du prophète
Qui nous dit cas de si haut fait,
Que d'une pucelle parfaite
Naistroit un enfant tout parfait ?
  L'effet
  Est fait,
  La belle
  Pucelle
A un fils du ciel avoué,
Chantons noé, noé, noé, noé, noé, noé.

a bis — 1602

Une petite feste
 J'allais cueillir des choux,
C'estoit pour aller vendre
 Au marché à Marlous :
Pierre, Pierre, tenez-moy prez de vous.

C'estoit pour aller vendre
   Au marché à Marlous.
   Quand je fus à la plaine,
   J'ay veu venir des loups,
Pierre, Pierre, etc.

   Quand je fus à la plaine
   J'ay veu venir des loups.
   Hé mon Dieu que feray-je
   Mourray-je sans secours ?
Pierre, Pierre, etc.

   Hé mon Dieu que feray-je,
   Mourray-je sans secours ?
   J'avisay venir Pierre,
   Le valet de chez nous ;
Pierre, Pierre, etc.

   J'avisay venir Pierre,
   Le valet de chez nous :
   Où allez-vous maistresse,
   Quel chemin tenez-vous ?
Pierre, Pierre, etc.

   Où allez-vous maistresse,
   Quel chemin tenez-vous ?
   « Je fuis devant la beste
   Qui accourt droit à nous :
Pierre, Pierre, etc.

   Je fuis devant la beste
   Qui accourt droit à nous,
   Levez votre jaquette,
   Et me mettez dessous :
Pierre, Pierre, etc.

Levez votre jaquette
Et me mettez dessous,
Bendez vostre arbalestre
Et visez à ce loup :

Pierre, Pierre, etc.

Bendez vostre arbalestre
Et visez à ce loup ;
Bendit son arbalestre
Et tira quatre coups :

Pierre, Pierre, etc.

Bendit son arbalestre
Et tira quatre coups :
Or levez-vous maistresse,
La victoire est à vous :

Pierre, Pierre, etc.

Or levez-vous maistresse,
La victoire est à vous.
Ne craignez plus la beste,
Allez vendre vos choux :

Pierre, Pierre, tenez-moy prez de vous.

e bis — 1614

Un franc taupin [1] un si bel homme estoit,
Borgne et boiteux pour mieux prendre visée,
Et si avoit un fourreau sans espée,
Mais il avoit les mules au talon :
    Deriron, vignette sur vignon.

1. Lâche, poltron.

Un franc taupin un arc de fresne avoit,
Tout vermoulu, la corde renouée,
Sa flesche estoit de papier empennée,
Ferrée au bout d'un ergot de chappon :
    Deriron, vignette sur vignon.

Un franc taupin son testament faisoit
Honnestement dedans le presbytère,
Et si laissa sa femme à son vicaire,
Et luy bailla la clef de sa maison,
    Deriron, vignette sur vignon.

Un franc taupin chez un bon homme estoit,
Pour son diner avait de la morue,
Il luy a dit : Jernigoy je te tue,
Si tu ne fais de la soupe à l'oignon,
    Deriron, vignette sur vignon.

Un franc taupin de Henaut revenoit,
Ses chausses estoyent au talon deschirées,
Et s'il disoit qu'il venoit de l'armée,
Mais onc n'avoit donné un horion,
    Deriron, vignette sur vignon.

Un franc taupin en son hostel revint,
Et il trouva là sa femme accouchée :
A donc, dit-il, j'ay la bille vezée,
Depuis un an ne fus en ma maison :
    Deriron, vignette sur vignon.

Cette pièce est une modernisation de *Ung franc archer*, qui se trouve dans l'*Odhecaton* de Petrucci, 1503. Le corps de fantassins, appelés *francs-taupins*, fut levé, en 1448, par Charles VII.

a bis — 1602

Un jour de may par un matin,
Me proumenois dans un jardin,
Dessus l'herbe nouvelle :
Hé baisez-moy la belle donc,
Hé baisez-moy la belle.

La j'aperceus près d'un buisson
Une dame sur le gazon,
Cueillant la violette.
Baisez-moy ma doucette donc,
Hé baisez-moy ma doucette.

Lors je vins à luy demander
S'elle me voulait pas aymer,
Et estre ma maistresse :
Baisez-moy ma déesse donc,
Hé baisez-moy ma déesse.

Car comme au printemps gratieux
Tout ce rend plus gay et joyeux,
Prenant vigueur nouvelle,
Baisez-moy ma rebelle donc,
Hé baisez-moy ma rebelle.

Ainsi les cœurs plus endurcis,
Se doivent lors rendre adoucis
De façon plus gaillarde,
Baisez-moy ma mignarde donc,
Hé baise moy ma mignarde.

Alors elle m'a respondu,
— Las je n'ay jamais entendu
Que c'est qu'amour ordonne :
Baise moy ma mignonne donc,
Hé baise moy ma mignonne.

D'autant que le cours de mes ans
Ne m'a permis ce passe temps,
Pour estre trop jeunette :
Baisez-moy ma brunette donc,
Hé baisez-moy ma brunette.

Jeunette certes je vous voy,
Dont par ce moyen je vous croy
Plus propre à ceste flame :
Hé baisez-moy madame donc,
Hé baisez-moy madame.

Votre bel œil et le beau teint
Qu'en vostre face on veoid de peint
Assez le represente,
Hé baisez-moy la gente donc,
Hé baisez-moy la gente.

Puis la grâce de ton maintien,
Joint à vostre bel entretien
Vous rend de tous aymée,
Baisez-moy Cythérée donc,
Hé baisez-moy Cythérée.

Ne laissez doncques eschapper
Le fruit que vous peut desrober
La saison trop légère :
Baisez-moy ma bergère donc,
Hé baisez-moy ma bergère.

Mais plustot suivant la raison
Employez toute vostre saison
Aux plaisirs d'amourettes :
Baisez-moy ma Nymphette donc,
Baisez-moy ma Nymphette.

K — 1552

Un jour d'yver, Margot oyoit crier
Quelque gaillard, housseur de cheminée,
Criant : je housse haut et bas le fouyer,
Mieux que ne feit oncques personne née.

Margot luy dit : et combien la journée ?
Vous me payerez, dit-il, selon l'ouvrage.
Lors, çà et là, de bien housser fait rage,
De reins, de bras, de pieds, de mains, de cul.

Lors dit Margot, là mon amy,
    Prenez courage,
    Cognez plus fort,
    Poussez plus fort,
Houssez plus fort, vous aurez un escu.

K — 1552

Un jour, l'amant et l'amie
Sous un buisson j'ay trouvé,
Qui jouaient à l'endormie,
Au beau jeu tant esprouvé,

A couvert,
　　　Sous le vert ;
L'amant jouet par nature,
　　　Et l'amie
　　　Sa partie
Tenoit très bonne mesure.

Sous la verte couverture
Le rossignol j'escoutois,
Qui chantoit à l'aventure
Le dessus à haute voix.
　　　Le pinson,
　　　En chanson,
Par devoir, faisait hommage,
　　　La lynote,
　　　Sus la note
Aux amans disoit courage.

U — 1578

Un jour m'en alloys seulette.
Au joly boys soubs les sauls,
En cueillant la violette,
Gardant mes petits aigneaux,
　　　Au chant gratieux,
Délitieux et amoureux
　　　Du Rossignol.
　　　Me print à l'ouir
　　　Si grand plaisir
　　　Du souvenir,
Qu'il m'y convint dormir.

Je me couchay sur l'herbette,
Pensant un peu someiller.
De ma blanche genouillette,
J'en ai fait un oreiller :
Lors est arrivé un chevalier,
  Prompt et légier,
Qui me trouva seulette,
  Qui tant me baisa,
  Et m'acolla,
  Me feit cela
  Qu'a la fin m'éveilla.

B — 1530

Un jour Robin alloyt aux champs,
Jouant, gallant[1] au ton de sa bouteille,
 Mettant souvent le nez dedens,
Riant des dens que cestoit grant merveille.

 Qui prent serpe et serpillon,
  Pour vendenger la treille,
Et puis reprit son boutillon,
Pour mieulx fourrer son coquillon
  Du vin à une oreille.

K — 1552

Un mary fraiz avant, en l'an et le jour,
Venant des champs, trouva sa damoiselle
Dedans sa chambre à point et de séjour ;
Bonsoir, et puis grand chère, ce dit-elle,

---

1. *Galler,* se réjouir.

Et vous et moy, je ne la fis oncq telle.
Souperons nous, ou ferons le déduit ?
Faisons lequel vous plaira. dit la belle,
Mais le souper n'est pas encore cuit.

U — 1583

Un mesnagier vieillard recreu d'ahan,
Fendoit du boys ; sa femme estoit devant
Qui luy a dit : pourquoi faites vous han ?
Affin, dit-il qu'il entre plus avant.
El' tint ce mot, car la nuit en suivant,
En l'embrassant, luy a dit : mon amy,
Coignez plus fort, pas il n'entre à demy,
   Et faites han.
Lors il luy dict : le han ne sert icy,
Contentez-vous, ce n'est boys que veul' fendre.

z — 1703

Un moine de nostre convent
 A le nés long de trois empant [1],
  Dondaine, dondaine,
Ah ! qu'il est long dondon, le nés du moine.

 A le nés long de trois empant, (*bis*)
 Deux nonnes luy vont marchandant,
  Dondaine, dondaine,
Ah ! qu'il est long, etc.

---

1. Un *empant,* longueur depuis l'extrémité du pouce jusqu'au bout du petit doigt.

Deux nonnes luy vont marchandant, (*bis*)
Combien le vendez-vous l'empant ?
   Dondaine, etc.

Combien le vendez-vous l'empant ?
Je le veux vendre cinq cents francs,
   Dondaine, etc.

Je le veux vendre cinq cents francs, (*bis*)
C'est pour l'abbesse de céans :
   Dondaine, etc.

C'est pour l'abbesse de céans, (*bis*)
— Nostre abbesse a bien du contant :
   Dondaine, etc.

Nostre abbesse a bien du contant, (*bis*)
Pour vous le payer largement.
   Dondaine, etc.

Pour vous le payer largement, (*bis*)
Et le loger profondément.
   Dondaine, etc.

Et le loger profondément, (*bis*)
Mais nous qui n'en n'avons pas tant :
   Dondaine, etc.

Mais nous qui n'en avons pas tant, (*bis*)
Donnés nous en pour nostre argent :
   Dondaine, etc.

Donnés nous en pour nostre argent. (*bis*) —
Pour la plus jeune il y consent,
   Dondaine, etc.

Pour la plus jeune il y consent, (*bis*)
Et la plus vieille va disant :
   Dondaine, etc.

Et la plus vieille va disant : (*bis*)
J'aurai celui du frère Jean.
   Dondaine, etc.

J'auray celui du frère Jean, (*bis*)
Il est vrai qu'il n'est pas si grand :
   Dondaine, etc.

Il est vray qu'il n'est pas si grand, (*bis*)
Mais je m'en servirai souvent :
   Dondaine, etc.

Le soir en entrant au convent, (*bis*)
Et le matin en m'éveillant :
   Dondaine, etc.

f — 1615

Air n° 30

Vallet qui aymez par amour,
N'aymez pas fille d'un seignour :
Cheminez, fillettes, cheminez tousjours.

N'aymez pas fille d'un seignour,
J'en aimai une par amour :
Cheminez, etc.

J'en aimai une par amour,
Je m'y promenois l'autre jour :
Cheminez, etc.

Je m'y promenois l'autre jour
Avec madame, par amour :
Cheminez, etc.

Avec madame, par amour,
Qui fesoit un chapeau de flour :
Cheminez, etc.

Qui fesoit un chapeau de flour,
C'est pour donner à son seignour :
Cheminez, etc.

C'est pour donner à son seignour ;
Son mary en devint jaloux :
Cheminez, etc.

Son mary en devint jaloux,
Qui la battoit trois fois par jour :
Cheminez, etc.

Qui la battoit trois fois par jour,
— Amy, pourquoy me batez-vous :
Cheminez, etc.

Amy, pourquoy me batez-vous,
Couchay-je pas o vous :
Cheminez, etc.

Couchay-je pas o vous,
Et le jour avec mes amours :
Cheminez, etc.

Et le jour avec mes amours ;
Toute eau qui passe par un cours :
Cheminez, etc.

Toute eau qui passe par un cours
Elle n'est pas toute en un seignour :
Cheminez, etc.

Elle n'est pas toute en un seignour,
Aussi ne suis-je du tout à vous :
Cheminez, fillettes, cheminez tousjours. —

B — 1530

Vignon, vignon, vignette,
Qui te planta il fut preudhomme,
Vignon, vignon, vignette,
Il me semble advis que jalaicte
Quand tu passes par mon gourgeon :
Vignon, vignon, vignette,
Qui te planta il fut preudhomme.

B — 1530

Vire Jan, vire Jan,
Vire Jan, Jeannette.

C'est mon amy, my fait cela
Deux ou trois foys sans dire hola !
Il me baise à la bouchette,

Vire Jan, vire Jan,
Vire Jan, Jeannette,

L'alaine courte n'as-tu pas?
N'as-tu point veu mamiette?

Vire Jan, vire Jan,
Vire Jan, Jeannette!

W — 1580

Vive la Marguerite
Qui me porte bonheur,
Seray toute ma vie
Son humble serviteur.

Celuy qui se contente,
N'est-il pas bien heureux
D'avoir maitresse gente,
Qui centemple ses yeux,
Car j'en ay choisie une
Qui est bien à mon point,
Blanche comme la lune,
Je ne changeray point :

Vive la Marguerite, etc.

Si elle a bonne grâce,
Les yeux verts et rians,
De vertu se façonne,
Un chacun rend content,
Elle est cointe et jolie,
Belle comme le jour,
Pour cela j'ay envie
De luy faire l'amour :

Vive la Marguerite, etc.

De sa main blanche et nette
Son corps comprins au bas,
Ses tetins et pomettes,
Tout y va par compas ;
Je pence qu'en ce monde
N'y a telle douceur,
Pour cela n'a seconde,
Vrayment j'en suis seur :

Vive la Marguerite, etc.

De sa bouche vermeille,
Ces deux bras de coral,
Et ces cuisses blanchettes,
Et ces dents de cristal ;
Toute beauté en elle,
Rien n'y a de malfaict,
C'est bien la damoyselle
Qui de tout mon cœur paist :

Vive la Marguerite
Qui me porte bonheur,
Seray toute ma vie
Son humble serviteur.

C — 1535

Vivrai je plus guères,
Languiray-je tousjours
Pour l'amour d'une dame
Que j'ayme par amours ?

El m'a sa foy promise
Qu'el n'aymeroit que moy :
Je l'ay trouvée menteuse,
Elle en a deux ou troys !

Rossignolet saulvaige,
Prince des amoureux,
Je te prie qu'il te plaise
De bon cueur gracieulx,

Va moy faire un messaige
A la belle, à la fleur,
Qu'el ne m'y tienne plus
En si grosse rigueur.

Rigueur m'y fait mourir,
Je n'ay autre douleur,
Pour l'amour de m'amye
Qui m'a transy le cueur.

Car elle est trop fière,
Je mourray de langueur.
Adieu mes amourettes,
Je n'ay plus de vigueur.

X ter — 1586

Voicy la mort, voicy la mort
 Qui tient mon cœur en laisse ;
C'est du regret que j'ay de mon amy:
 Je meurs, hélas, je meurs,
 Puisqu'il fault que vous laisse.

O Avignon, ô Avignon,
Cité, fleur de noblesse,
Le mien amy, las, tu tiens en prison :

Je meurs, etc.

Hélas, tu dors, hélas tu dors,
Et mon pauvre cueur veille,
Comme celle qui vit en marri sort :

Je meurs, hélas, je meurs,
Puisqu'il fault que vous laisse.

B — 1530

Voicy le may, le joly moys de may,
Qui nous demaine.
Par ung matin my levay,
Voicy le may, le joly moys de may,
En ung jardin men entray
A la bonne estraine :
Voicy le may, le joly moys de may
Qui nous demaine.

Q — 1567

Voulez ouyr chanson, chansonnette nouvelle?
La fille du chasteau qu'on dit qui est tant belle,
Elle est tant belle, tant parfaicte en beauté,
Voyant sa bonne grâce, m'amour luy ay donné.

Je luy ay faict présent de couleur de livrée,
Je vous jure ma foy, est mignonne et gorrière,
Dont l'un est vert et l'autre est orangé,
Orangé patience, le vert pour gayeté.

Or voyez ma couleur, or voyez ma livrée,
Or voyez, mon amy, comme je suis changée.
La patience je la prends par amours :
Amy, si je l'endure, c'est pour l'amour de vous.

Pourquoy l'endurez vous, m'amye tant souveraine?
Rendez-moy mon acquit, mettez-moy hors de peine,
Rendez-le moy, par amour, mon acquit,
Et me dictes, la belle, adieu mon doux amy!

Amy, si me laissez, je me rendray tant humble
Que je ne parleray à homme de ce monde;
Quant à mon cueur, il sera tout commun,
Et dedans mon courage je n'en aymeray qu'un.

Entre vous, compagnons, qui aimez les fillettes,
Vous en trouverez cent de belles et de laides,
Qui en devant vous feront beau semblant,
Et en derrière de vous s'yront mocquant.

Qui fit ceste chanson? un bon soldat de guerre,
Allant de là les montz, tant par mer que par terre,
En regrettant ses loyalles amours,
Et à la départie sont les grièves doulours.

V — 1579

Voulez ouyr chansonnette
De tous les cris de Paris,
L'une crie des allumettes,
L'autre fusils [1], bons fusils,
Cotterets secs à la male tache,
Verre [2] jolis, qui a des vieux souliers,
A vendre en bloc et en tache?
Beaux œufs frais, gelez choux gelez.

Oranges, citrons, grenades,
Fourmage hors de Milan,
Sallade, belle sallade,
Faut-il du bon pain chalan,
A ramonner la cheminnée
Haut et bas, vieil fer, vieil drappeaux,
Beaux choux blancs, ma belle porée [3],
Moustarde, almanachs nouveaux.

Vinaigre, bon vinaigre,
Sablon à couvrir les vins,
Charbon de rabais en greve,
Le minot [4] à neuf douzains,
Du grais, grais, à la fine esguille,
J'ay la mort au rats et souris,
Entonnoirs, bons foirets et viriles [5],
Ca chalants à curer le puis.

1. *Fusils*, briquets. — 2. De la laine. — 3. *Porée*, porreau.
— 4. Le *minot*, mesure double d'un mètre. — 5. Vrille.

Argent cassé, vieil monnoye,
L'esmouleur gaigne petit,
Croye de Champaigne croye [1],
Oublie, oublie, ou est-il ?
A deux liards les chansons tant belles,
Douces meures, gentil fruit nouveau,
A mes beaux cerneaux, noix nouvelles,
Capandu [2], poires de certeau.

Gros fagots, seiches bourrées,
A mes bons navets, navets,
Chicorée, chicorée,
Argent de mes gros ballets,
Noir à noircir, couvercle à l'essive,
Peigne de bouys [3], gravelée, graveleau,
J'ay du laict à l'escaille vive,
Chaudronnier, qui est-ce qui veut de l'eau ?

A quatre deniers la peinte
Gentil vin blanc, vin clairet,
Esguillettes de fil teinctes,
Argent du fin tresbuchet,
Vert verjus, oignons à la botte,
Harenc sort, panets, beaux panets,
Beau cresson, carotte, carotte,
Pois vers pois, faibves de marets.

Prunes de damas, cerises,
Concombres, beaux abricots,
De bonne encre pour escrire,
Beaux melons, beaux artichaux,

---

1. Craie. — 2. *Capandu*, nom d'une pomme. — 3. Buis.

Harenc frais, maquereau de chasse,
A refaire les seaux et soufflets,
Citrouille, filace, filace,
Qui a des vieux chappeaux, vieux bonnets ?

Fromage de cresme, fromage,
Aux racines de parsin,
Rave douce, belle esparge [1],
Beau houblon, peau de connin [2],
Gerbe de froment, foirre nouveau foirre,
Bons rateliers, chambrière [3] de bois,
Beau may de houx, à la pierre noire,
Ruben blanc, ruben, beaux lassets.

A trente escus l'esmeraude,
Et l'anneau de grand'valeur,
Febves cuictes toutes chaudes,
Pain d'espice pour le cœur,
Beaux chappelets couronne royalle,
De beaux coings, pesches de Corbeil,
Beaux poireaux, gros navets des halles,
Beaux bouquets, qui veut de bon laict.

Figues de Marseille, figues,
Beaux merlus, chervis de Troys,
Carpes vives, carpes vives,
Beaux espinards, lard à poix,
Escargots, tripes de mourue,
Beaux raisins, beaux pruneaux de Tours :
Ainsi vont criant par les rues
Leurs estats chacun tous les jours.

1. Asperge. — 2. Peau de lapin. — 3. *Chambries*, lattes.

K — 1552

Vous qui aymés les dames
Au signe *gemini*,
Ne leur faites nul blasme,
Mais *supplicamini;*

Tatés leurs mamelettes,
Et *obsculamini*
Leurs petites cuissettes,
Lors *aplectimini;*

Si deux fois vous le faites,
Sans *contradimini*,
Vos amours sont parfaites,
Sed non loquimini;

Mettez vous en ouvrage
Sed *operamini,*
On vous dira courage
Cum revertimini.

Yo, yo, compère, commère,
Sy vous ne savez dire yo.

Penotte se veult marier,
On ne scet à qui la donner,
Pourcequ'elle est un peu trop sotte,

M'amye Penotte,
Marotte,
Ma sotte,
Vous n'aurez point de verte cotte
Si vous ne savez dire yo ;
Yo, yo, compère, commère,
Si ne savez dire yo.

Penotte s'en va au marché,
Robin lui porte son panier,
Et si ny a ne œuf ne cocque :

M'amye Penotte, etc.

Penotte s'en va au moustier,
Robin luy porte son psaultier,
Et sy ne scet sa patenotre :

M'amye Penotte, etc.

Penotte s'en va au jardrin,
Robin luy taste son tetin
Qui est rond comme une pelotte :

M'amye Penotte, etc.

Penotte s'en va au moulin
Dessus son asne Baudoyn [1],
Et si n'y a ne sac ne poche .

---

[1]. Au XVIe siècle, et même avant, le nom Baudoin était généralement appliqué aux ânes, d'où nous est resté baudet ; Rabelais dit *Bauddiner*.

M'amye Penotte,
Marotte,
Ma sotte,
Vous n'aurez point de verte cotte
Si vous ne savez dire yo ;
Yo, compère, yo commère,
Si vous ne savez dire yo.

Bibliothèque nationale, man. n° 12744.

AIRS ANCIENS NOTÉS

N° 1

Amour a pris sur moy ri-gour,— A-dieu vous dis Ma-da-me par a-mour, Es-ba-te-ment et chan-te-ri-e, Hé-las! il est fait de ma vi-e!

494 ANCIENNES CHANSONS POPULAIRES

N° 2

1er COUPLET.

As-tu point veu rou-ge nez Le mais-tre des y-vrongnes: Mon pè-re m'y veut ma-ri-er: As-tu point veu rou-ge nez? En un vieil-lard my veut don-ner, Il pleut, il vente, il ton-ne: As-tu point veu rou-ge nez le mais-tre des y-vron-gnes?

ANCIENNES CHANSONS POPULAIRES

N° 3

Au jar-din de mon pè-re, Y a un o-ren-ger, Cel-le que je ré-vè-re, Ve-nant si om-bra-ger: Ai-mez moy ma ber-gè-re, aimez moy sans danger.

N° 4

Bu-vons à ti-re la-ri-got, Chers a-mis à la ron-de; Au Dieu du vin soy-

496 ANCIENNES CHANSONS POPULAIRES

N° 5

N° 6

N° 7

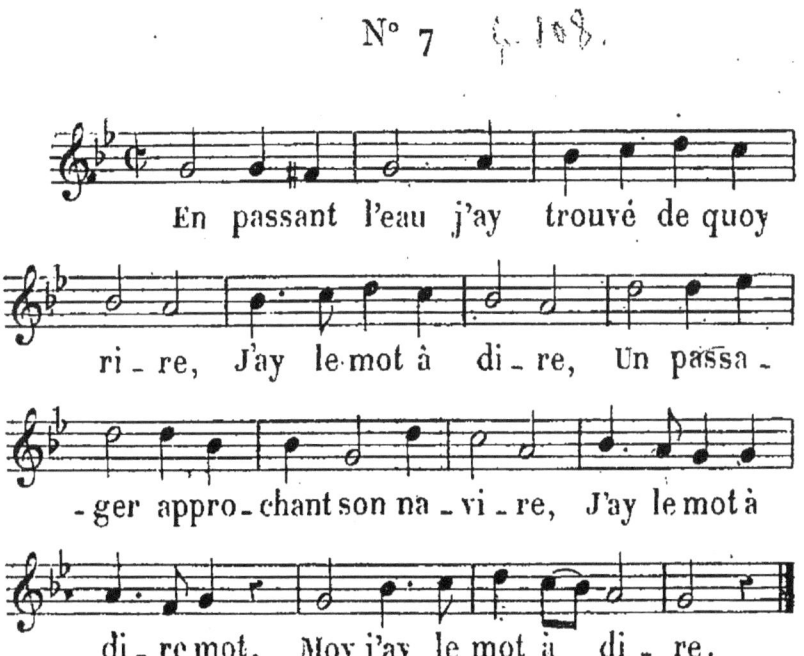

N° 8

ANCIENNES CHANSONS POPULAIRES 499

N° 9

500　ANCIENNES CHANSONS POPULAIRES

N° 10

Il es-toit un bon-hom-me, Il es-toit un bon-hom-me, Jou-ant de la tam--bou-re. Di-be di-be di-be di-be don, Et de la trompet-te, fran fran fran, Et de la my--flus-te, tu-re lu tu, tu-re lu tu tu, Et de la mi fa sol la, fa re la-ri-ret-te, Fa re la-ri-ret-te,

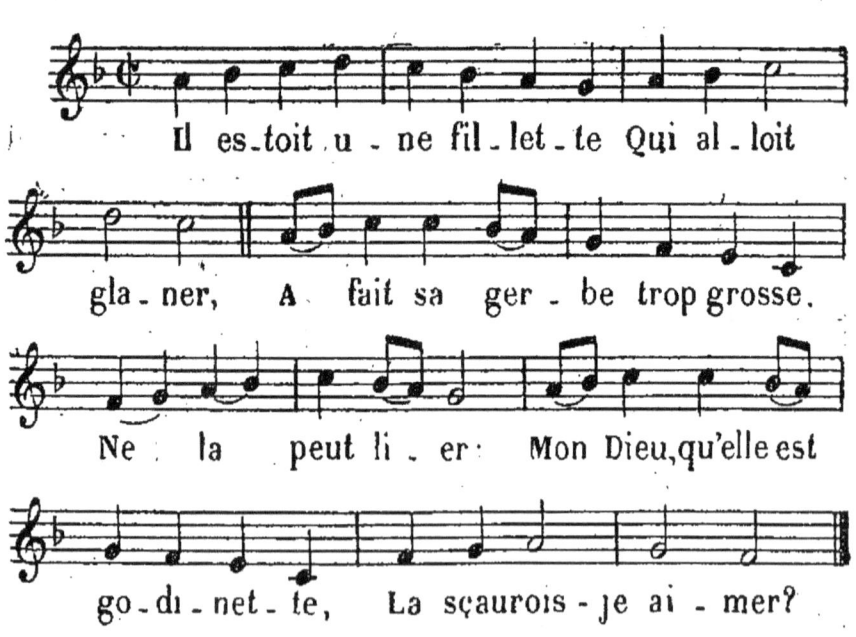

N° 13

N° 14

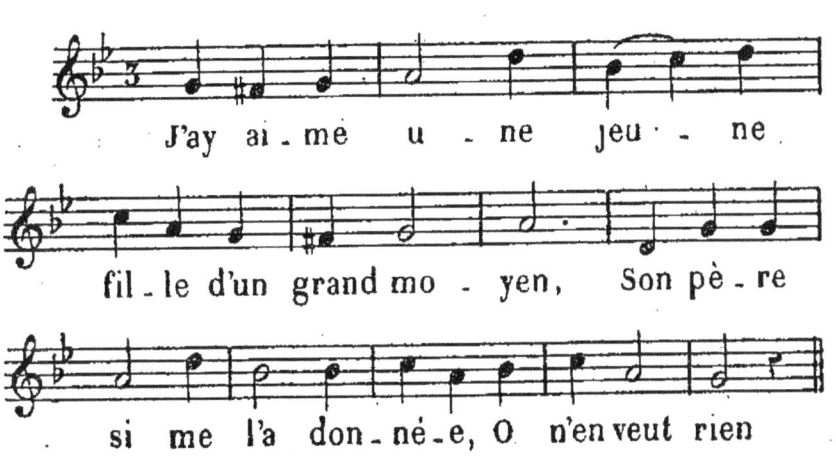

N° 15

ANCIENNES CHANSONS POPULAIRES

N° 16

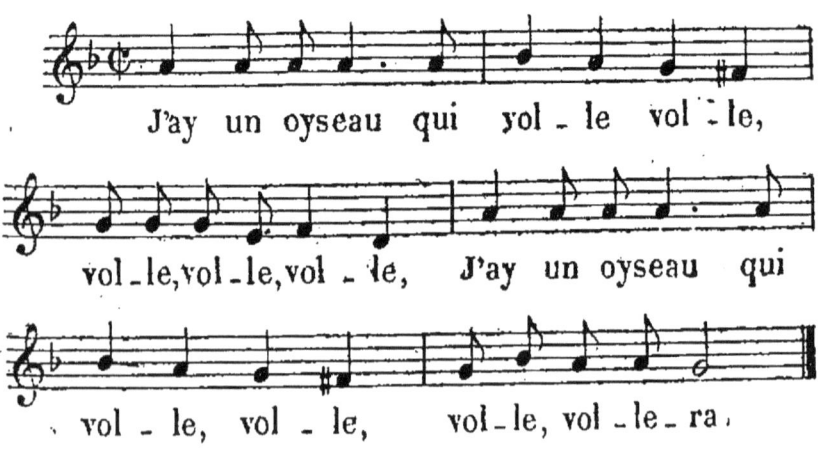

506 ANCIENNES CHANSONS POPULAIRES

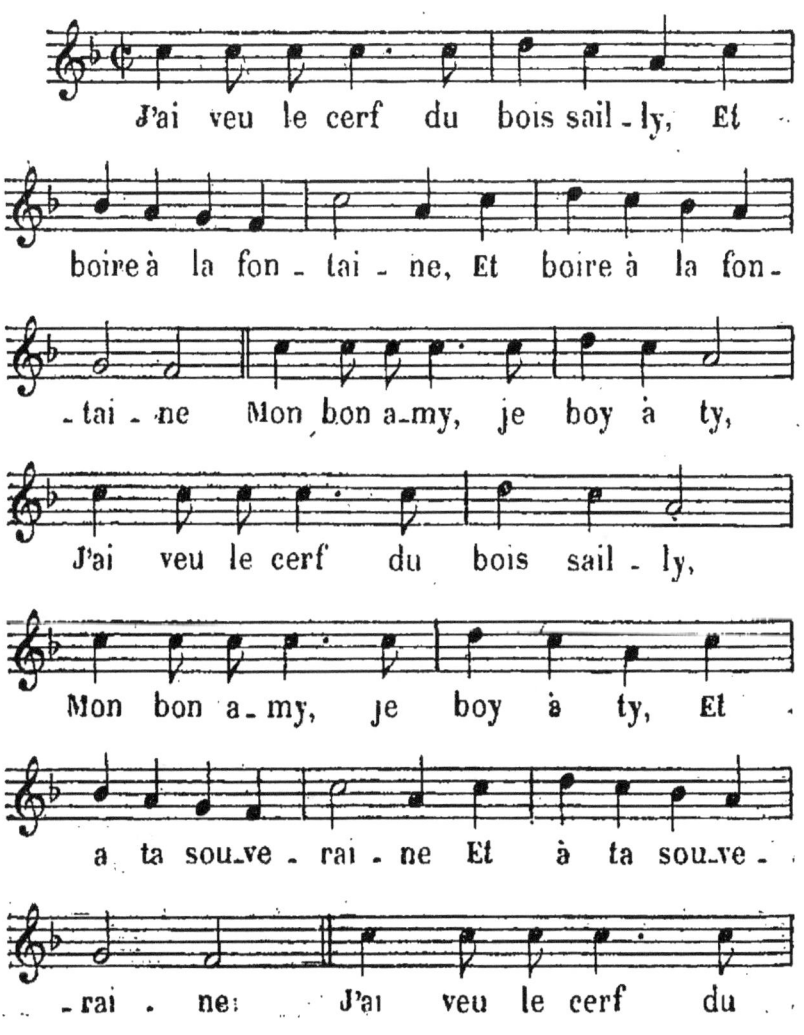

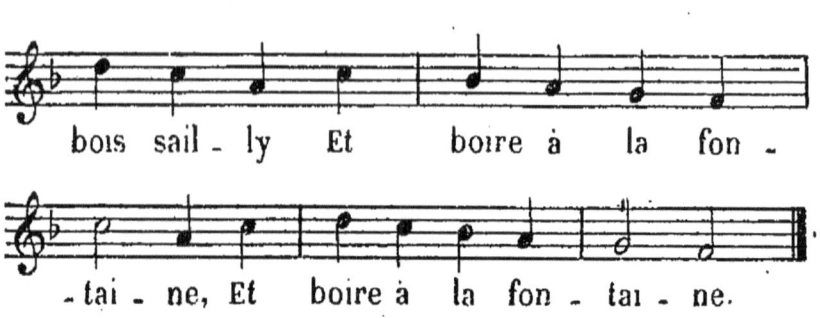

N° 18

N° 19

ANCIENNES CHANSONS POPULAIRES

N° 20

Je ne mettray plus d'eau en mon vin,
Cel-le qui me bat-toit est mor-te, Je me le-
-vay par un ma-tin, Je me le-vay par un ma-
-tin, Je m'en al-lay chez mon voi-sin, Je m'en al-
-lay chez mon voi-sin Voi-sin? — Qu'i a-il? — Ma
femme est mor-te: Pleust-il à Dieu de Pa-ra-
-dis Que la tien-ne fut en la sor-te.

ANCIENNES CHANSONS POPULAIRES 511

N° 22

512 ANCIENNES CHANSONS POPULAIRES

N° 23

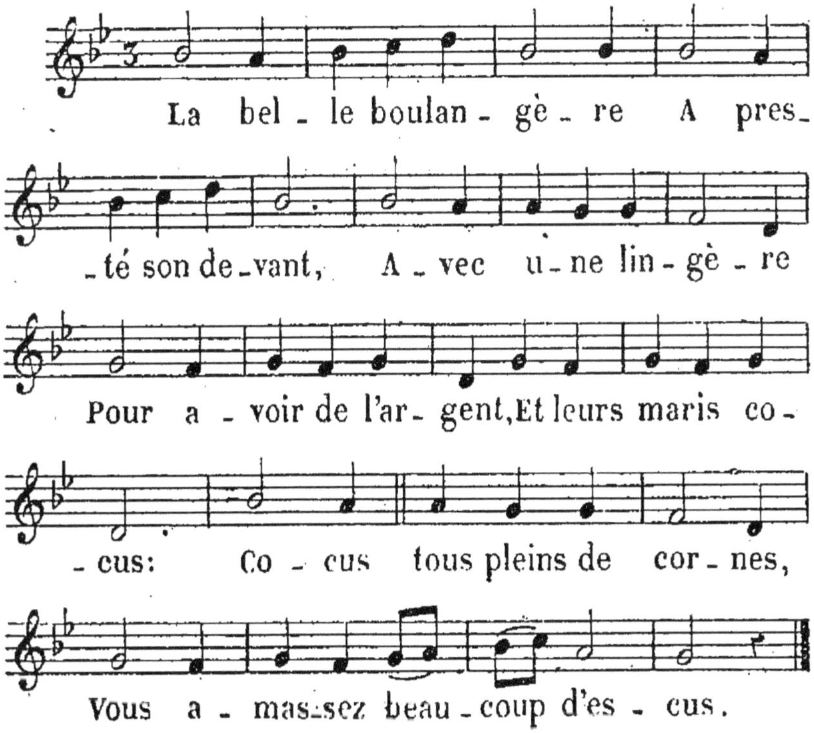

La bel-le boulan-gè-re A pres-té son de-vant, A-vec u-ne lin-gè-re Pour a-voir de l'ar-gent, Et leurs maris co-cus: Co-cus tous pleins de cor-nes, Vous a-mas-sez beau-coup d'es-cus.

N° 24

Ma fem-me m'a tant bat-tu

ANCIENNES CHANSONS POPULAIRES 513

N° 25

29.

N° 26

ANCIENNES CHANSONS POPULAIRES 515

N° 27

516 ANCIENNES CHANSONS POPULAIRES

N° 28

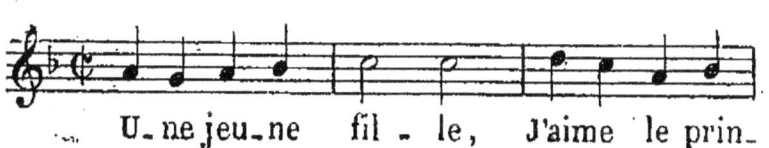

Quand j'es-tois de chez mon pè-re,

Fil-let-te de qua-torze ans,

L'on m'envoy-oit à l'herbet-te,

mes moutons j'a-lois gardant: Brunette, al-lons

gay gay, bru-nette al-lons gay-ment.

N° 29

U-ne jeu-ne fil-le, J'aime le prin-

TABLE ALPHABÉTIQUE

A

Préface. I

Bibliographie chansonnière. XV

À Andely-sur-Seine 1
A cheval, à cheval, pour aller voir 4
Adieu ma mie, je m'y en vas. 5
A la claire fontaine les mains 6
A la claire fontaine mon amy 7
A la foire de Bourgogne. 9
A l'aprochant du boys. 10
Alexandre dont le nom. 12
Alizon a l'œil charmant. 13
Aller my fault sur la verdure. 15
Allons, allons gay m'amye. 16
Allons gay gay bergeres. 17

Allons partons, belle	18
A l'ombre d'un verd buisson	19
Amour a prins sur moy rigour	20
Amours, amours tant tu m'y faictz	21
Amours ont changé de façon	23
A Paris a troys fillettes	23
A Paris y a une fille mariée	24
A qui me dois-je retirer	25
Argent prent villes	28
Assemblons nous filles et garçons	29
As-tu pas vu ma mie?	31
As-tu point vu rouge nez?	32
Au bois, madame, au joli bois	33
Au jardin de ma tante	34
Au jardin de mon père	35
Au joly bois je men vay	37
Au joly boys je rencontray	38
Au joly jeu du pousse avant	38
Au verd boys je men iray	39
Aymez moy belle Margot	39

B

Beau marinier qui marines	41
Bien heureux qui se peut dire	42
Bon jour dame Jacqueline	44
Buvons à tire larigot	45

C

Ce fut à la maleheure (M. de Boisgille)	47
Ce fut la veille d'un dimanche.	52
Ce joly matinet j'ay aperçeu.	53
Ce joly moys de may	56
Celles qui vont au bois.	54
Ce moys de may, ce moys de may ma verte cotte.	55
Ce moys de may sur la rousée	56
Ce n'est pas encore icy.	57
Ce sont les filles de St. Servan.	57
C'est au pays de par de là.	58
C'est dedans Paris	60
C'est la belle patissière.	64
C'est la fille du roy qui est au pied de la tour.	65
C'est le curé de Lyon.	67
C'est le mai, le joli mai.	68
C'est le verdier de Bernay.	69
C'estoit la mère et la fille	71
C'est pour ty belle Marion.	72
C'est sur le pont de Nantes, emmenons.	73
C'est sur le pont de Nantes, vogue	75
Chambrière, chambrière, allez tost	76
Changeons propos, c'est trop chanté	79
Comme j'étais petite.	79
Comment filerois-je.	81
Compagnon marinier	89

D

Dans Orléans, ville de nom 83
De bien aymer je te jure. 85
Dedans cète plaisant desbauche. 86
Dedans la bruyère 87
Della la rivière sont. 88
De Paris à Larochelle. 89
Depuis trois jours d'icy. 90
Dictes que cest du mal, mamye. 92
Dieu met en malle sepmaine. 94
Dieu te gard'ma belle catin 96
Dieu vous gard belle bergère 98
Dieu vous gard ma mignonne 99
Du noir, et en revoulez-vous 101

E

Eh que feront povres gendarmes 101
En baisant m'amye. 103
En ce joly moys de may 104
En entrant en ung jardin 105
Enfans, enfans de Lyon. 106
En m'en revenant de Caen. 107
En passant l'eau j'ay trouvé. 108

En revenant de Charenton.	110
En revenant de la taverne.	102
En revenant de Lorraine.	113
En revenant de Rouen la jolie.	114
En revenant dung bourg.	116
Entre nous tous pelerins.	118
Entre vous filles qui aimez.	119
Entre vous gens de *dia-hault*	120
Entre vous gens (hay dia hau).	121
Entre vous gentils galands.	122
En un lieu où lon ne voit goutte.	124
Escoutez je vous prie d'un compagnon	125
Escoutez je vous prie la chanson	127
Escoutez je vous supplie les complaintes	129
Escoutez la chanson composée dans Paris	133
Escoutez la manière, c'est d'une	135
Et d'où venez-vous madame Lucette	137
Et je les ay les frisques amourettes	138
Et moulinet vire, tourne	138
Et où avez vous tant esté	139
Et quand le diable vit venir	140
Et saute donc, dit la fillette	138

F

Faictes le moy, faictes le moy.	140
Femmes battez vos marys	141
Fuyons tous d'amour le jeu	142

G

Gente fleur de noblesse. 144
Gentil duc de Lorraine. 146
Gentilz gallans de France. 147
Girard est un bon compagnon. 148
Gros Jan menoit hors de Paris. 151
Guillot Che valeton des premiers. 151

H

Hau hau hau le boys. 152
Hau le boys vignerons gentilz. 153
Hier au matin my levay, allez vous en 153
Hier au matin my levay, laissez moi. 154
Hola hé par la vertu goy. 156

I

Il a brûlé la hotte. 156
Il est bel et bon bon bon. 157
Il est jour dit l'alouette. 158
Il estoit trois mercerots. 158
Il estoit un bon homme. 160
Il estoit un cler qui aymer 162

Il estoit une fillette dormant. 163
Il estoit une fillette qui alloit. 164
Il estoit une fillette qui chantoit. 166
Il estoit une fillette qui vouloit. 167
Il estoit un gris moyne. 170
Il fault que je vous dye. 171
Il nous faut avoir des tondeux 173

J

J'ay aimé une fillette. 174
J'ay aimé une jeune fille. 176
Jay bien esté sept ans. 178
Jay fait une chansonnette. 179
Jay faict ung amy d'estrange pays. 180
J'ayme en ce village. 180
Jay tant battu jay tant vané. 183
Jai trouvé à la feugère. 184
Jay ung mari qui est bon homme. 186
Jay un oyseau qui volle. 186
Jay veu le cerf du bois sailly. 187
Jay veu le cerf du bois saillir. 188
Jean de Nivelle a trois enfants. 188
Je ayme une jeune fille. 189
Je demanday à la vieille. , ... 191
Je fermay arsoir de sorte 193
Je fermay hyer soir de sorte. 195
Je fille quand Dieu my donne. 197

Je me levay par un matin. 197
Je m'en allay à Bagnolet. 199
Je m'en vay à Livaro. 200
Je men voys au verd boys. 200
Je m'en vois par le monde. 201
Je me plains de Jeanneton 203
Je my levay par ung matinet 204
Je my levay par ung matin. 205
Je my levay par un matin, Trouvis 206
Je my levai un jour de grand matin 208
Je ne me puis tenir. 209
Je ne mettray plus d'eau en mon vin. 210
Je ne suis pas si sot berger. 442
Je n'eus jamais desir 211
Je ne vis pas mais je languis. 213
Je suis ce fameux Savoyard. 214
Je suis devenu amoureux. 215
Je suis l'illustre savoyard. 216
Je suis si fort epris d'amour. 218
Je suis tailleur couturier. 219
Je viens apporter des nouvelles. 221
Je vouldrois qu'il m'eust cousté. 223
Je vous vends l'orloge de sable. 225
Je voys, je viens, mon cœur s'en volle. 227

L

La belle boulengère. 228
La belle chambrière. 229

La belle s'en va au moulin.	232
La belle se siet au pied de la tour.	234
La fille de la forge.	234
Là haut, dans ce bois y a un hermite.	236
Là haut dans ces bois.	239
Là haut, là haut dans ce bocage.	241
La la la, loysillon du boys.	242
La mariée est bien malade.	242
Langueo damours ma doulce.	243
La piaffe des filles.	244
La rosée du moys de may.	247
La roze fleurie.	248
Las je n'yray plus jouer au boys.	249
Las je suis mal mariée.	250
L'autre jour je my levay.	251
L'autre jour je revenois.	254
L'autre jour je vis par un.	255
L'autre jour m'acheminay.	256
L'autre jour m'allay pourmener.	258
L'autre jour m'aloye parmy ces chams.	260
L'autre jour me promenois.	261
L'autrier en revenant de Tour.	262
Lautrier priay de danser deux fillettes.	263
Le bergier et la bergiere.	264
Le franc archer à la guerre s'en va.	264
Le grand vielleur Boniface.	265
Le noble roy Henry troisième.	266
Le plus souvent tant il mennuye.	269
Le roy seant en plaine Cour.	272
Le roy sen va de la les mons.	275
Les chevalliers preux de la Table ronde.	276

Le seigneur de la Marche	276
Lorsque j'étais petit gas	279
L'otre jour je cheminoie	280
L'un des jours de la sepmaine	281

M

Madame a fait un estat.	288
Madame dit à monsieur.	288
Madame la gorrière.	289
Madame s'en va au marché.	291
Ma femme m'a tant batu	292
Malheur vient après moy.	293
Mamye ma fait de sa main.	295
Mamye pourquoy las m'estes si rude.	297
Mamie voulez vous dancer.	299
Margot un jour estant.	300
Marguerite, ma doulce amie.	300
Marguerite qui souspire.	301
Marianson dame jolie.	303
Marion est bien malade.	305
Mauldit soit jalousie	306
Me levay par un matinet	307
Menons rejouissance, compagnons.	308
Mon amy sen est allée	312

Mon beau riban vert.	314
Mon chemin je cheminois.	315
Mon compagnon et moy.	316
Mon père a des brebis tant.	317
Mon père a fait faire trois.	318
Mon père aussi ma mère.	319
Mon père avoit deux garçons	321
Mon père est bon homme.	322
Mon père et ma mère leur foy ont juré.	324
Mon père et ma mère n'avoient enfant que moy.	326
Mon père et ma mère n'ont que moy d'enfant. .	328
Mon père et ma mère n'ont que moi d'enfant . .	331
Mon père je vous ay servi	333
Mon père m'a donnée à un jeune advocat	335
Mon père m'a donné mary	337
Mon père m'a mariée à sa fantaisie	338
Mon père m'a mariée à un bossu	342
Mon père m'a mariée l'autre jour a la mal-heure.	343
Mon père m'a mariée toute noire que je suis . .	345
Mon père m'envoye garder les moutons	347
Mon père m'envoie garder les moutons	350
Mon père, mon père, vous avez faict mal.	351
Mon père n'a fille que moy.	354
Mon père n'a pas voulu.	355
Mon père s'en va au bois.	356
Mon père si m'a mariée.	358
Mon père si mi maria.	359
Mon père trois moulins avoit.	359
Mon petit cueur	360
Monsieur l'abé et monsieur son valet.	361
My levay par ung matin.	361

N

— Navet n'avait point de vin	362
N'a vous point veu la peronnelle	363
Ne sçauroit on trouver	367
Nostre chambriere se lieve de matin	369
Nous estions troys compaignons qui alions	372
Nous estions troys compaignons qui venaient	372
Nous estions troys galans	374
Nous estions trois dames	375
Nous estions trois jeunes filles	377
Nous estions trois jeunes hommes	379
Nous meismes à jouer	380
Nous sommes une bande	382
Nous yrons jouer	384

O

Ol est vray que Jon Tallebot	386
On dit qu'à Vaugirard ill y a	386
Or escoutez gentils galans	388
Or m'y rendez mon karolus	389
Or oyez entre vous gens	390
Or regardez dy quou vilain	391
Or sus quant à moy France	393
Oyez par bonne façon	396

P

Passant melancholie.................. 398
Pendant nostre jeune aage 400
Petite beste je ne te nourriray........... 401
Point ne flates ne sembles............. 401
Pourquoy sont venus en France.......... 402
Pour un galand, pour un mignon 403
Puisque ce beau moys 443
Puisque jay perdu mon amy 404
Puisque l'on ne ma donnée 405

Q

Quand Colinet faisoit l'amour............ 407
Quand j'entris dans Marseille............ 409
Quand je partis de ceste ville............ 411
Quand jestois chez mon père............ 414
Quand j'estois de chez mon père......... 416
Quand la bergere va aux champs......... 417
Quand le gril chante au son du gringoulin.... 418
Quand Marion, tendre épousée.......... 420
Quand mon mari vient de dehors......... 421
Quand nous plantons le may............ 421
Quand une dame a un mary............. 422
Quand jay beu du vin clairet............ 422

Qui sont ces gentilz hommes. 423
Qui veut ouyr chanson. 425

R

Ramonnez moy ma cheminée. 428
Resveillez vous Piccards 428
Reveillez vous tous, chantres 429
Reveillez vous tous, gentils compagnons. 429
Robin a bon crédit. 430
Rossignolet du bois. 432
Rossignolet du boys ramé. 434

S

Serpe et la serpette 435
Si j'avois fait amie 453
Si javois faict demande 437
Si jestois du tout aymée. 439
S'il est à ma porte 441
Si planteray-je le may. 441
Si voulez ouir chansonnette. 443
Sonnez my donc quand vous irez 446
Sont les filles de Somme. 447
Soyons joyeux 442
Sur le joly jonc. 448
Susanne un jour 448

Sus l'herbette, brunette 449
Sus compagnons, beuvez 450
Sus, sus, enfans de la ville 451
Sus, sus, qu'on la reveille. 455

T

Tant vous allez doux. 455
Tout bellement s'en est allé. 456

U

Un avocat dit à sa femme. 442
Un compagnon de village. 457
Une bergère un jour. 459
Une jeune cousturière. 460
Une jeune fille 462
Une jeune fillette. 464
Une lynotte qui servoit bien. 466
Une pastourelle gentille. 468
Une petite feste. 468
Un franc taupin, un si bel 470
Un jour de may par un matin. 472
Un jour d'yver Margot 474
Un jour l'amant et l'amie. 474
Un jour men alloys seulette. 475
Un jour Robin alloyt aux champs. 476

Un mary fraiz avant en l'an. 476
Un mesnagier vieillard 477
Un moine de nostre convent 477

V

Vallet qui aimez par amour 479
Vignon, vignon, vignette. 481
Vire Jan, vire Jan. 481
Vive la Marguerite 482
Vire la serpe. 79
Vivray je plus gueres. 483
Voicy la mort. 484
Voicy le may le joly. 485
Voulez ouyr chanson, chansonnette 485
Voulez ouyr chansonnette de tous les cris 487
Vous qui aymés les dames. 489

Y

Yo, yo, compère, commère 490

Paris. — Imp. des Arts et Manufactures, 12, r. Paul-Lelong, J. Dejey, dir.

TABLE DES CHROMOS

A. Andely-sur-Seine.   1
Enfans, enfans de Lyon. 106
Jean de Nivelle a trois enfants 188
Suzanne un jour. . . . . 447.

OUVRAGES DE M. WECKERLIN
publiés par la librairie Garnier frères :

Chansons populaires des provinces de la France, notices par Champfleury, transcription et accompagnement des airs par J. B. Weckerlin. Illustrations par Bida, Courbet, Jacque, Staal, etc. Vol. in-8°.

Chansons et rondes enfantines, airs populaires avec notices et accompagnement de piano. Illustrations de Henri Pille. Vol. in-8°.

Nouvelles chansons et rondes enfantines, airs populaires avec notices et accompagnement de piano. Illustrations de Henri Pille, Jules David. A. Sandoz, Le Natur, V. A. Poirson, etc. In-8°.

Musiciana, extraits d'ouvrages rares ou bizarres, anecdotes musicales, etc., avec figures et airs notés. Vol. in-18.

COLLECTION DES MEILLEURS OUVRAGES FRANÇAIS ET ÉTRANGERS
COLLECTION DES VOLUMES GRAND IN-18 JÉSUS A 3 FR. 50

BELLOT (J.-R.) **Journal d'un Voyage aux mers polaires**, exécuté à la recherche de sir John Franklin, en 1851 et 1852, accompagné de son portrait et d'une carte. 1 vol.

BÉRANGER **Œuvres complètes**. 4 vol.
— **Chansons anciennes**. 2 vol.
— **Œuvres posthumes. Dernières chansons** (1834 à 1851), avec des notes de Béranger sur ses anciennes chansons. 1 vol.
— **Ma Biographie. Ouvrages posthumes de Béranger**. Suivi d'un appendice. 1 vol.

BIBLE (Sainte), traduite en français par LEMAISTRE DE SACY. 2 forts vol.

BOSSUET. **Méditations sur l'Evangile**. Revues sur les manuscrits originaux et les éditions les plus correctes. 1 v.
— **Elévations à Dieu**. Sur les mystères de la Religion. Edition revue. 1 vol.
— **Traité de la connaissance de Dieu et de soi-même**. 1 v.
— **Oraisons funèbres. Panégyriques**. 1 vol.
— **Sermons**. (Edition complète.) 4 vol.
— **Traité de la concupiscence. — Maximes et réflexions sur la comédie. — La logique. — Traité du libre arbitre**. 1 vol.

CHARPENTIER. **La littérature française au dix-neuvième siècle**. 1 vol.

DARBOY (Mgr). archevêque de Paris. **Les Femmes de la Bible**. Vignettes de STAAL. 1 fort vol.

DE PARDIEU (M. le comte Ch.). **Excursion en Orient, l'Egypte, la Palestine, la Syrie**. 1 vol.

DUFAUX DE LA JONCHÈRE (Mlle F.) **Ce que maîtres et les domestiques doivent savoir**. 1 fort vol. in-18.

DUPONT (Pierre). **Chansons et Poésies**. Quatrième édition, augmentée de chants nouveaux. 1 vol.

ELGET. **Guide pratique des Ménages**. 1 vol.

FAVRE (Jules), de l'Académie française. **Conférences et discours littéraires**. 1 vol.

FLOURENS (Œuvres de). 11 v. **De l'Unité de composition et du Débat entre Cuvier et Saint-Hilaire**. 1 vol.
— **Examen du livre de M. Darwin sur l'origine des Espèces**. 1 vol.
— **Ontologie naturelle**, ou Etude philosophique des êtres. 3e édition revue et en partie refondue. 1 vol.
— **Psychologie comparée**. Raison, Génie, Folie. 2e édit. 1 v.
— **De la Phrénologie et des études vraies sur le cerveau**. 1 vol.
— **De la Longévité humaine et de la quantité de vie sur le globe**, 3e édition revue et augmentée. 1 vol.

— **De l'Instinct et de l'intelligence des animaux**. 4e édition, entièrement refondue et augmentée. 1 vol.
— **Histoire des travaux et des idées de Buffon**. 1 vol.
— **Cuvier. Histoire de ses travaux**. 3e édition, revue et augmentée. 1 vol.
— **Des Manuscrits de Buffon**, avec des fac-simile de Buffon. 1 vol.

FRANÇOIS DE SALES (Saint). **Nouveau choix de Lettres**. 1 vol.

GARNIER (Le Dr P.). 4 volumes. **Le Mariage dans ses devoirs, ses rapports et ses effets conjugaux**, etc. 1 vol. 3e édition.
— **La Génération universelle**. Lois, secrets et mystères chez l'homme et la femme. 1 v. avec figures.
— **Impuissance physique et morale chez les deux sexes**. Causes, signes, remèdes. 1 vol. avec figures.
— **La stérilité humaine et l'Hermaphrodisie**. 1 vol. avec figures.
— **Onanisme seul ou à deux sous toutes ses formes et leurs conséquences**. 1 vol.

GERUZEZ. **Essai de littérature française**. 2 vol. 1er volume : *Moyen âge et Renaissance* ; 2e volume : *Temps modernes*. 3e édition.

JAMES (Dr Constantin). **Toilette d'une Romaine**. 1 vol.

JOUVENCEL (Paul de). I. **La Vie** (sa nature, son origine). Deuxième édition revue et augmentée. 1 vol.
— II. **Les Déluges** (Développements du globe et de l'organisation). 1 vol.

LAMARTINE, **Histoire de la Révolution de 1848**. 4e édition. 2 vol.

LAMENNAIS. **L'imitation de J.-C.**, belle édition (caractère très lisible), frontispice en couleurs, grav. 1 vol.

MARTIN (Aimé). **Éducation des Mères de famille** ou de la Civilisation du genre humain par les femmes. Ouvrage couronné par l'Académie française. Nouvelle édition. 1 vol.

MACHIAVEL. **Le Prince**, traduction Guiraudet, notes de M. DEROME. 1 vol.

MENNECHET (Œuvres de Ed.). 8 vol.
— **Matinées littéraires**. Cours complet de littérature moderne. Cinquième édition. 4 vol.
— **Nouveau Cours de littérature grecque**, revu et complété par M. CHARPENTIER, agrégé de la Faculté des lettres. 1 vol.
— **Nouveau Cours de littérature romaine**, revu par le même. 1 vol.
— **Histoire de France**, depuis la fondation de la monarchie. 2 vol. Ouvrage couronné par l'Académie française.

NAGEOTTE (Professeur de littérature ancienne). **Histoire de la littérature grecque** depuis ses origines jusqu'à nos jours ; carte, plans, bustes. 1 v.

NECKER DE SAUSSURE (Mme) **Education progressive**, ou Etude du cours de la vie. Nouvelle édition. 2 vol.

OLLIVIER (Ouvrages de M. Emile) de l'Académie française.
— **Lamartine**, précédé d'une préface sur les incidents qui ont empêché son éloge en séance publique de l'Académie française. 1 vol.
— **Principes et conduite**. 1 v.
— **Le ministère du 2 janvier**. Discours. 1 vol.
— **L'Eglise et l'Etat au concile du Vatican**. 2 vol. (Par exception, 8 fr.)

PRÉVOST (l'abbé). **Manon Lescaut**. Notice par J. Janin, 150 gravures, par Tony Johannot. 1 vol.

RICARD (Adolphe). **L'Amour, les Femmes et le Mariage**, historiettes, pensées et réflexions. 4e édition. 1 vol.

SAINTE-BEUVE (Œuvres de). 20 volumes.
— **Causeries du Lundi**. 15 vol. Ce charmant recueil contient une foule d'articles non moins variés qu'intéressants. Chaque volume se vend séparément.
— **Portraits littéraires et derniers portraits**, suivis de *Portraits de Femmes*. Nouvelle édition. 4 vol.
Tome Ier — Boileau, Pierre Corneille, La Fontaine, Racine, Mathurin Régnier, André Chénier, Diderot, Andrieux, Jouffroy, Ampère, Bayle, La Bruyère, Millevoye, Ch. Nodier, etc.
Tome II. — Molière, Delille, Bernardin de Saint-Pierre, Fontanes, Joubert, Léonard, Joseph de Maistre, Gabriel Naudé.
Tome III. — François Ier poète, le chevalier de Méré, Mlle Aïssé, Benjamin Constant, M. de Rémusat, Mme de Krüdner, Mme Staal de Launay, etc.
Tome IV. — **Portraits de Femmes**. — Mme de Sévigné, Suza, de Duras, de Staël, Roland Guizot, de la Fayette, Mme de Longueville, Deshoulières, Krüdner, Rémusat.
— **Table générale et analytique des Causeries du Lundi, des Portraits Littéraires, et des Portraits de Femmes**. 1 vol.

SCUDO. **La musique ancienne et moderne**. 1 vol.

TALLEMANT DES RÉAUX. **Historiettes Mémoires pour servir à l'histoire du seizième siècle**, publiés sur le manuscrit autographe de l'auteur. Deuxième édition, par M. MONMERQUÉ. 10 fr., en 5 vol. 10 portraits gravés sur acier.

UN AMATEUR. **Le Whist rendu facile**, suivi des Traités du Whist de Gand, du Boston de Fontainebleau et du Boston russe. 1 vol.

Paris. — Imprimerie des Arts et Manufactures, 12, rue Paul-Lelong.

www.ingramcontent.com/pod-product-compliance
Lightning Source LLC
Chambersburg PA
CBHW060303230426
43663CB00009B/1565